A ECLOSÃO DO TWITTER

Nick Bilton

A ECLOSÃO DO TWITTER

Uma aventura de dinheiro, poder, amizade e traição

TRADUÇÃO
Elvira Serapicos

PORTFOLIO
PENGUIN

A Portfolio-Penguin é uma divisão da Editora Schwarcz S.A.

Grafia atualizada segundo o Acordo Ortográfico da Língua Portuguesa de 1990, que entrou em vigor no Brasil em 2009.

TÍTULO ORIGINAL Hatching Twitter: A True Story of Money, Power, Friendship, and Betrayal
CAPA Eduardo Foresti
PROJETO GRÁFICO Mateus Valadares
PREPARAÇÃO Juliana Moreira
REVISÃO Thaís Totino Richter e Huendel Viana

Dados Internacionais de Catalogação na Publicação (CIP)
(Câmara Brasileira do Livro, SP, Brasil)

Bilton, Nick
A eclosão do Twitter : Uma aventura de dinheiro, poder, amizade e traição / Nick Bilton ; tradução Elvira Serapicos. — 1ª ed. — São Paulo : Portfolio-Penguin, 2013.
Título original: Hatching Twitter: A True Story of Money, Power, Friendship, and Betrayal.

ISBN 978-85-63560-82-7

1. Empresários - Estados Unidos - Biografia 2. Indústria da Internet - Estados Unidos 3. Negócios e economia 4. Redes sociais on-line - Estados Unidos 5. Twitter (Redes sociais on-line) I. Título.

13-12229 CDD-006.754

Índice para catálogo sistemático:
1. Twitter : Redes sociais on-line : Ciência da computação 006.754

[2013]
Todos os direitos desta edição reservados à
EDITORA SCHWARCZ S.A.
Rua Bandeira Paulista, 702, cj. 32
04532-002 — São Paulo — SP
Telefone (11) 3707-3500
Fax (11) 3707-3501
www.portfolio-penguin.com.br
atendimentoaoleitor@portfoliopenguin.com.br

Para Sandra, Terry, Leanne, Elissa,
suas respectivas famílias e Pixel

NOTA DO AUTOR

JULIAN BARNES ESCREVEU: "A história é a certeza produzida até o momento em que as imperfeições da memória encontram as inadequações da documentação".

O que você está prestes a ler é resultado de várias centenas de horas de entrevistas com funcionários e ex-funcionários do Twitter e da Odeo, funcionários do governo, parentes e amigos dos executivos do Twitter e pessoas de empresas concorrentes, além de conversas com quase todos aqui mencionados. Embora o Twitter, a empresa, tenha se recusado a me dar acesso oficial aos seus dados, os membros antigos e atuais do conselho diretor e os quatro cofundadores concordaram em conceder mais de 65 horas de entrevistas. Ainda que a maioria dessas entrevistas tenha sido gravada para garantir a precisão dos diálogos reproduzidos neste livro, todas as conversas foram realizadas como "pano de fundo", com o entendimento de que o material não seria explicitamente atribuído a fontes específicas. Apenas algumas pessoas mencionadas neste livro se recusaram a conceder entrevistas.

Durante as conversas ficou evidente que as lembranças que as pessoas têm do passado mudaram ao longo do tempo. Somente em pouquíssimas ocasiões duas pessoas concordaram que determinada reunião realmente ocorreu, mas as memórias relativas ao local e ao momento foram extremamente diferentes na maioria dos casos. Em todas as ocasiões possíveis, tentei chegar ao momento e ao local exatos dos acontecimentos usando documentos que obtive e, é claro, as redes sociais. Há casos em que isso não foi possível; nessas circunstâncias, fiz o melhor que pude para me aproximar das informações corretas. Preferi deixar fora desta narrativa os momentos da história relatados de maneira muito diferente. Em certas passagens, os acontecimentos são mencionados alguns meses antes de terem ocorrido para que o leitor compreenda o significado real de determinado momento.

Este livro também se baseia em milhares de documentos que obtive ou examinei enquanto investigava a verdadeira história, incluindo e-mails de funcionários, apresentações do conselho, registros de investimentos, contratos, calendários de funcionários, documentos da sociedade, comunicações de nível governamental, correspondências por mensagens instantâneas, artigos de jornais, blogs, além de avisos legais e e-mails altamente confidenciais do Twitter. Nas passagens deste livro em que as cenas são descritas em detalhes, muitas vezes visitei o local pessoalmente. Qualquer exemplo de monólogo interior ou estado emocional de um personagem é baseado em entrevistas com essa pessoa, não é fictício.

Mesmo com as centenas de horas de entrevistas e documentos internos, o registro mais exato de fatos passados estava espalhado pela internet nas mídias sociais. Com a ajuda de um pesquisador, examinei dezenas de milhares de tuítes, fotos e vídeos.

Ficou claro que as inexatidões das lembranças das pessoas com quem conversei haviam ficado mais evidentes com o correr da última década. Mas o que permaneceu intacto foram as centenas de milhares de fotos, vídeos e tuítes que elas trocaram ao longo dos anos, o que ajudou a determinar o momento exato, as roupas, as conversas e o estado de espírito. Sem o conhecimento das pessoas na época, o uso das ferramentas que elas criaram, principalmente o Twitter, garantiu que houvesse pouquíssimas inadequações de documentação que pudessem arruinar os verdadeiros acontecimentos que compõem esta história.

SUMÁRIO

A ECLOSÃO DO TWITTER

#Start

4 de outubro de 2010, 10h43
Escritório do Twitter

"SAIA", DISSE EVAN WILLIAMS para a mulher que estava parada na porta de seu escritório. "Eu vou vomitar."

Ela recuou e fechou a porta. Um som metálico ecoou pela sala enquanto ele pegava o cesto de lixo preto no canto do escritório com as mãos úmidas e trêmulas.

Foi isso. Seu último ato como CEO do Twitter seria vomitar em um cesto de lixo.

Ele ficou ajoelhado por algum tempo, o jeans escuro no piso acarpetado. Depois se sentou e encostou na parede. Lá fora, o vento frio de outubro soprava entre as árvores da Folsom Street. Os ruídos agudos do tráfego da rua se misturavam com o som abafado das conversas do lado de fora da porta.

Pouco depois alguém informou sua esposa, Sara, que também trabalhava no Twitter: "Está acontecendo alguma coisa com Ev". Ela correu até a sala dele. Seu cabelo preto encaracolado balançava levemente enquanto ela caminhava.

Sara conferiu seu relógio e se deu conta de que Ev teria de falar com os trezentos funcionários do Twitter e dar a notícia dali a apenas 45 minutos. Ela abriu a porta e entrou.

Na outra ponta do corredor, a equipe de relações públicas do Twitter revisava o texto que seria postado no site às 11h40, assim que Ev concluísse seu comunicado à empresa e passasse o microfone para o novo CEO, transmitindo o poder com um gesto tão simples quanto o do atleta que passa o bastão para o outro corredor.

O post, que seria copiado por milhares de blogs e veículos de imprensa do mundo inteiro, anunciava alegremente que o Twitter, a rede social criada havia quatro anos, agora contava com 165 milhões de pessoas registradas, enviando incríveis 90 milhões de tuítes diariamente. Cinco parágrafos abaixo, o post informava que Evan Williams, "atual CEO", estava deixando o cargo por vontade própria.

"Decidi convidar nosso COO, Dick Costolo, para assumir o cargo de CEO do Twitter", dizia o post, supostamente escrito por Ev.

Isso não era verdade, claro.

Ev, sentado no chão da sala com as mãos em torno do cesto de lixo, não tinha a menor intenção de dizer aquilo. Filho de um agricultor do Nebraska, ele havia chegado a San Francisco uma década antes trazendo apenas algumas malas com roupas baratas, largas e gastas, e dezenas de milhares de dólares em dívidas no cartão de crédito. Ev queria continuar na liderança da empresa que havia ajudado a criar. Mas isso não aconteceria. De nada adiantava o fato de que ele agora valia mais de 1 bilhão de dólares ou que tivesse dedicado sua vida ao Twitter. Ele não tinha escolha: havia sido forçado a sair da empresa num golpe perverso do conselho, executado por pessoas que ele próprio tinha contratado e por alguns dos investidores que haviam financiado o Twitter.

Ev levantou a cabeça ao ouvir Sara entrar e limpou a sujeira do queixo com a manga do suéter.

"Como você está?", perguntou Sara.

"Ferrado", disse ele, sem saber se era apenas nervosismo ou se estava ficando doente. Ou ambas as coisas.

No final do corredor que levava ao saguão principal do escritório do Twitter, exemplares da *New Yorker*, da *Economist* e do *New York Times* estavam espalhados na mesinha branca quadrada da área de espera. Cada uma dessas publicações continha artigos sobre o papel do Twitter nas revoluções que estavam ocorrendo naquele momento no Oriente Médio — rebeliões que, por meio do Twitter e de outras redes sociais, acabariam levando à queda de ditadores na Tunísia, no Egito, na Líbia e no Iêmen e detonariam protestos de massa no Bahrein, na Síria e no Irã.

Em sua sala, Biz Stone, outro dos quatro cofundadores do Twitter, finalizava um e-mail em que informava os funcionários que haveria uma reunião geral na cafeteria às 11h30. A presença de todos era obrigatória e não seria permitida a entrada de pessoas de fora da empresa. Tratava-se de uma notícia importante. Ele apertou o botão "Enviar"; depois levantou e foi até a sala de Ev para tentar animar o amigo e chefe por quase uma década.

Jason Goldman, responsável pelo desenvolvimento de produto do Twitter e um dos poucos aliados de Ev no conselho composto por sete pessoas, já estava sentado no sofá quando Biz chegou e despencou ao seu lado. Agora, Ev estava bebendo água tranquilamente, o olhar perdido no horizonte, repassando mentalmente o turbilhão de acontecimentos daquela semana nonsense.

"Você se lembra quando...", Goldman e Biz disseram em coro, tentando animar Ev com histórias engraçadas dos últimos anos no Twitter. E havia muitas histórias para contar. Como quando Ev participou do programa de Oprah Winfrey, nervoso, desajeitado, diante de milhões de telespectadores. Ou quando o presidente russo apareceu no escritório, com atiradores de elite e o serviço secreto, para enviar seu primeiro tuíte exatamente no momento em que o site parou de funcionar. Ou quando Biz e Ev foram jantar no apartamento de Al Gore no St. Regis e ficaram completamente bêbados enquanto o ex-vice-presidente dos Estados Unidos tentava convencê-los a lhe vender uma parte da empresa. Ou outras tentativas de aquisição bizarras, como a de Ashton Kutcher à beira de sua piscina em Los Angeles, ou de Mark Zuckerberg, em encontros estranhos em sua casa parcamente mobiliada. Ou quando Kanye West, will.i.am, Lady Gaga, Arnold Schwarzenegger, John McCain e tantas outras celebridades e políticos chegavam ao escritório, muitas vezes sem avisar, cantando, dançando, rezando, tuitando (alguns estavam até chapados ou bêbados), tentando entender como aquela coisa bizarra que estava mudando o mundo podia ser controlada e como poderiam garantir um pedacinho daquilo.

Ev se esforçou para sorrir enquanto seus amigos falavam, fazendo o melhor que podia para esconder a tristeza e a sensação de derrota.

Mas havia apenas uma pessoa que poderia ter conseguido fazer Ev sorrir: o homem que agora andava de um lado para o outro na sala ao lado, a cabeça careca curvada, o telefone grudado na orelha: Dick Costolo, que já fora um comediante bastante conhecido, tendo atuado com Steve Carell e Tina Fey. O mesmo Dick Costolo que Ev havia "decidido convidar" para ocupar o cargo de novo CEO do Twitter, o terceiro de uma empresa de apenas quatro anos.

Mas Dick também não estava de bom humor. Estava falando com os membros do conselho que haviam se envolvido no golpe, confirmando o texto do post que logo seria enviado para a mídia e também o que ele diria às centenas de funcionários do Twitter quando pegasse o microfone das mãos de Ev.

"Eu sei, eu sei", Dick disse ao telefone. "Eu *vou* trazer Jack de volta, mas antes preciso pensar na melhor maneira de fazer isso."

O Jack a quem Dick se referia era Jack Dorsey, o primeiro CEO do Twitter e outro cofundador, que havia sido afastado da empresa por Ev em uma luta pelo poder muito parecida com a que estava acontecendo agora. Naquela manhã, Jack esperava fazer um retorno triunfante à empresa que havia construído obsessivamente antes de sua própria expulsão.

Mas Jack fora informado por Dick algumas horas antes que sua volta arrasadora ao Twitter não aconteceria naquele dia; seria adiada mais uma vez. O ex-CEO estava a apenas alguns quarteirões dali, caminhando de um lado para o outro em sua sala no escritório da Square, empresa de pagamentos por celular que ele havia criado recentemente.

Ele havia acordado em sua cobertura no Mint Plaza e se vestido para trabalhar com sua caríssima marca registrada: blazer azul-escuro, camisa Dior e relógio Rolex. Conjunto muito diferente da camiseta amassada e gorro de lã pretos que ele usava dois anos antes, ao ser expulso do Twitter.

Mas apesar de estar usando um uniforme diferente, ele continuava desprezando Ev, seu ex-amigo, que havia frustrado seu retorno ao

Twitter. Apesar de Ev ter sido removido do cargo de CEO, ainda não tinha sido demitido publicamente da empresa, como se imaginara de início. Pelo menos ainda não.

No escritório do Twitter, Ev olhou para o relógio, que se aproximava das 11h30. Estava na hora.

Ev não imaginava que dentro de poucos meses ele não teria mais qualquer função no Twitter. Biz e Jason o acompanharam pelos corredores, como haviam feito durante anos, sem imaginar que eles também seriam colocados para fora no seu devido tempo.

Eles caminharam em silêncio até a cafeteria da empresa, passando pelas paredes coloridas, pelas cadeiras de balanço brancas e pelos funcionários confusos, que estavam se acomodando para ouvir o anúncio confidencial. Nenhum deles sabia o que iria ouvir de seu adorado chefe, Evan Williams. Não tinham ideia de que a empresa para a qual trabalhavam, a empresa que havia transformado o mundo de inúmeras formas, estava prestes a mudar para sempre.

I
#FUNDADORES

@Ev

OS PNEUS DA BICICLETA DE EV trituravam o cascalho da estrada de terra enquanto ele passava pelas intermináveis fileiras de videiras verdes e amarelas. O brilho alaranjado da luz do sol matinal batia em suas costas enquanto ele pedalava, ganhando velocidade para percorrer pouco mais de seis quilômetros até o trabalho.

Quando se aproximou da Morris Street, em Sebastopol, os carros que passavam por ele levantavam poeira ao seu redor, o que ajudava a secar as pequenas gotas de suor que se juntavam em suas sobrancelhas. Era nesse momento que Ev dizia a si mesmo, mais uma vez, que algum dia conseguiria comprar um carro para ir ao trabalho, em vez de ter que pedalar numa bicicleta velha emprestada de um colega.

É claro que ele não havia imaginado que as pessoas precisavam de carro para se locomover em San Francisco, para onde ele achava que estava se mudando ao chegar na Califórnia, no início daquele ano de 1997, em plena corrida do ouro da era moderna — o chamado boom pontocom. Jovens nerds, fanáticos por tecnologia, como Ev, junto com designers e programadores, iam para lá em busca de um novo sonho, que, dizia-se, poderia deixá-los ricos, vendendo números em vez de nuggets.

Ev estava com 25 anos, os bolsos vazios e muito idealismo. Ao chegar em San Francisco, descobriu que o emprego para o qual havia sido contratado — redigir o material de marketing para uma empresa chamada O'Reilly Media — ficava em Sebastopol, uma cidadezinha hippie e tranquila, a uma distância de noventa quilômetros ao norte da cidade grande.

Quando vista no mapa aberto na mesa da pequena cozinha de sua mãe em Nebraska, Sebastopol parecia muito mais próxima de San Francisco. Ev decidiu que não tinha outra escolha senão aceitar o emprego. Ele não tinha um diploma universitário e também não sabia nada de programação. As chances de encontrar emprego em outro lugar eram quase nulas. Além disso, a O'Reilly pagava 48 500 dólares por ano, o que ajudaria a aliviar as dívidas do cartão de crédito e do empréstimo estudantil referente ao único ano em que frequentou a faculdade. Ele também imaginava que seu novo empregador, que publicava manuais de tecnologia, lhe proporcionaria o lugar perfeito para aprender programação. Assim que foi contratado, alugou uma quitinete na periferia de Sebastopol, em cima de uma oficina, por seiscentos dólares mensais.

Ev encontrou uma surpreendente sensação de bem-estar na solidão de Sebastopol, cercado pelos sons do nada, que lembravam a fazenda de Clarks, Nebraska, onde havia crescido. No dia em que ele foi embora para a Califórnia, a população de Clarks caiu de 374 para 373 pessoas.

Em seu novo escritório, ele se sentava diante do computador usando jeans largo e barato, uma camiseta enorme — quase sempre enfiada para dentro da calça — e, se o dia permitisse, um gorro estranho.

Questões de estilo não costumam fazer parte da conversa do café da manhã de uma família de agricultores. Muito menos start-ups* de tecnologia ou a cidade de San Francisco, razão pela qual o pai, Monte, não conseguia entender por que o jovem Ev estava indo para a Califórnia brincar com computadores em vez de cuidar do sítio da família. Mas a família Williams nunca havia compreendido Ev.

---

* Start-up é o termo próprio para designar empresas ainda em fase embrionária de constituição. O conceito se tornou popular internacionalmente durante a bolha especulativa da internet, no final da década de 1990 e começo dos anos 2000, quando um grande número de empresas pontocom foi fundado. (N. T.)

Desde o instante em que começou a andar, Ev se mostrou um sonhador. Quando menino, ficava sentado na lateral do trator da família olhando para o céu. Era tímido e às vezes se comportava de maneira estranha: não se encaixava socialmente, passava horas sozinho, perdido em pensamentos. Quando cresceu, como mandava a tradição de Clarks, foi obrigado a sair para caçar com o pai e o irmão. Como todos os meninos do Meio-Oeste, aprendeu a atirar, a manejar um arco, a estripar um cervo e a pescar truta e robalo nos lagos do Nebraska. Também teria que se apaixonar por futebol americano. E, é claro, todas essas coisas deveriam ser feitas dirigindo uma grande picape. Tudo isso fazia parte do Sonho Americano.

Mas Ev preferia ficar em seu quarto, montando maquetes de plástico, ou passar horas desmontando suas bicicletas para depois montá-las novamente, ou desenhar video games que pretendia criar quando fosse mais velho — quando pudesse comprar um computador. Armas, futebol e caça simplesmente não tinham nada a ver com ele.

Quando chegou a hora de comprar seu primeiro carro, ele preferiu uma BMW amarela em vez de uma grande picape marrom. As quatro rodas e quatro portas lhe trouxeram popularidade no colégio. Para um adolescente do Meio-Oeste, um carro é como um bebedouro no meio do deserto. Em pouco tempo ele estava dando carona aos novos amigos e frequentando festas, onde conheceu garotas e começou a beber cerveja em copos de plástico.

Mas essa vida sem preocupações foi interrompida quando, no último ano do colégio, seus pais se divorciaram. A fofoca se espalhou pela cidadezinha. Insinuavam que sua mãe havia se apaixonado pelo sujeito que vendia fertilizante. Ev foi levado para outra cidade e outra escola, onde voltou a cair no esquecimento e em seu próprio isolamento.

Sua mente estava sempre cheia de projetos de negócios malucos. A maioria deles nunca deu em nada. Com o crescimento da internet na costa oeste americana, Ev teve a ideia de produzir uma fita VHS explicando o que era essa coisa chamada internet. Passou o verão dirigindo sua BMW amarela para cima e para baixo, tentando convencer os comerciantes locais a comprar a fita. Não vendeu muitas.

Mas quando Ev punha uma coisa na cabeça, não descansava enquanto não a colocasse em prática. Talvez fosse mais fácil interromper a rotação da Terra do que impedir Evan Williams de concretizar uma de suas crias idealizadas.

Depois do colégio, ao contrário do que acontece com grande parte dos adolescentes americanos, Evan não se afastou muito de casa e ingressou na Universidade de Nebraska, em Lincoln. Mas depois de um ano e meio começou a achar que a faculdade e seus professores eram perda de tempo. Em uma tarde de 1992, ele estava lendo em seu dormitório na universidade quando se deparou com um artigo sobre um guru da publicidade que vivia e trabalhava na Flórida. Ficou tão impressionado com o artigo que tentou telefonar para o homem para perguntar se ele estava contratando gente. Depois de falar várias vezes com a secretária eletrônica, Ev soltou alguns palavrões, pegou a velha van da família e dirigiu mais de 3 mil quilômetros até Key West, na Flórida. Sem dinheiro algum, o estudante fugitivo pagava a gasolina com o cartão de crédito e dormia na van. Dia após dia, acordava com o sol batendo em seu rosto e dirigia pelas estradas desertas ouvindo algum áudio-livro — geralmente sobre marketing ou negócios. Ao chegar à Flórida, bateu na porta do publicitário, exigindo que ele o contratasse. Impressionado com a tenacidade e capacidade de persuasão de Ev, ele o contratou na hora. Mas, depois de alguns meses, Ev percebeu que o homem era mais um artista de bobagens do que um artista da publicidade. Por isso, fazendo o caminho de volta — com uma breve passagem pelo Texas —, Ev voltou para casa.

Sua determinação muitas vezes era mal interpretada. Na O'Reilly Media, uma vez lhe pediram para produzir o material de marketing de um dos novos produtos da empresa. Ev respondeu ao pedido com um e-mail destinado a todos os funcionários da O'Reilly dizendo que não faria o trabalho porque o produto era "uma merda".

Sua sinceridade ácida também não o ajudou a conquistar muitos amigos quando chegou à Califórnia, por isso todas as noites voltava para casa de bicicleta, passando pelas vinhas que logo estariam em uma garrafa de algo que ele não teria condições de comprar. Uma vez instalado na quitinete em cima da oficina, tomava cerveja barata sozinho no quarto, onde cabia apenas um colchão, um fogão e seu bem mais valioso: um computador.

Ali ele aprenderia sozinho como criar linguagem de programação. Seus únicos amigos eram os grilos, que ele ouvia enquanto aprendia a falar uma língua que só os computadores podiam entender.

Mais tarde ele fugiria dos confins sonolentos do norte da Califórnia e iria para Palo Alto, onde trabalharia para a Intel e depois para a Hewlett-Packard, criando softwares e, aos poucos, fazendo amigos que trabalhavam na área. Nos fins de semana, ia de trem para San Francisco, onde seus novos colegas o levavam a festas com criadores de start-ups. A cidade acabou por seduzi-lo, e ele decidiu alugar um apartamento barato no bairro da Missão.

Lá, Ev conheceu uma garota, Meg Hourihan, uma jovem programadora que compartilhava a mesma paixão que ele por discussões acaloradas e computadores. Começaram a namorar e, apesar de o relacionamento não ter durado muito, decidiram criar uma empresa. Reuniram um pequeno grupo de amigos e surgiu a Pyra Labs, que funcionava no pequeno apartamento de Ev. O grupo planejava construir um software para aumentar a produtividade no local de trabalho. Porém, como aconteceu com Ev várias vezes em sua carreira, algo melhor surgiu acidentalmente.

Ev e um funcionário haviam construído um site que funcionava como um diário interno para ajudar os funcionários da própria Pyra a se manterem atualizados em relação ao andamento do trabalho. Meg não gostou do projeto paralelo e não escondeu o que pensava, afirmando que aquilo era mais uma das distrações de Ev. No verão de 1999, quando ela estava em férias, Ev lançou o "diário on-line", batizando-o de Blogger — palavra que ainda não existia à época. Ele acreditava que o Blogger ajudaria as pessoas que não sabiam nada de programação de computadores a criar um "web log", ou "blog".

Quando a popularidade do Blogger cresceu entre os nerds, Meg acabou reconhecendo seu potencial, mas não mudou de ideia em relação a Ev. Ela achava que ele não tinha as qualidades necessárias para administrar um negócio: as contas não eram pagas e a papelada ia se acumulando. Seguiu-se uma disputa pelo poder, com Meg tentando assumir o controle da empresa e Ev recusando-se a sair. No final, as cinco pessoas que compunham a Pyra debandaram, deixando Ev sem amigos, sem namorada, tocando uma empresa sozinho em seu apartamento.

Nessa época, o boom tecnológico, que se transformaria na bolha pontocom, eclodiu. As ações começaram a despencar, com trilhões de dólares evaporando da Nasdaq. Em poucos meses as festas acabaram. Os empregos tornaram-se raros. Start-ups fecharam. E a maioria das pessoas que tinha ido para o Vale do Silício em busca de riqueza deixou a região.

Mas Ev ficou. Ele tinha uma ideia para o Blogger. Queria que o site virasse uma plataforma em que qualquer um pudesse ter seu próprio blog, o que equivalia a ter seu próprio jornal on-line. Ao contrário da solidão da época do colégio, o isolamento de Ev foi minimizado por uma conexão com o mundo através de centenas de blogs que foram surgindo numa cidade, cujas bases ele havia criado: Blogger, com uma população de dezenas de milhares.

Em seu próprio blog, EvHead.com, ele forjou amizades digitais. Durante o dia criava linguagem de programação, geralmente por catorze ou dezesseis horas seguidas, expandindo o Blogger e construindo novos aplicativos para o site. À noite, escrevia em seu blog sobre a música eletrônica que estava ouvindo, os filmes aos quais havia assistido, uma reunião com os agentes da receita federal americana por causa de alguns impostos atrasados. Depois, com a lua brilhando alto no céu, voltava a dar uma última olhada nos blogs, dizia boa-noite para as pessoas da internet, enrolava-se no sofá cercado por caixas de pizza e garrafas de refrigerante vazias e dormia. Nenhum amigo, nenhum empregado, nenhum dinheiro. Apenas Ev.

Logo ele descobriu que basta dar um microfone a um número suficiente de pessoas para que alguém acabe ofendendo outra pessoa. Começaram a chover reclamações no Blogger. As pessoas estavam contrariadas com blogs políticos, blogs religiosos, blogs nazistas, blogs que usavam termos ofensivos e preconceituosos. Ev percebeu que seria impossível fiscalizar todos os posts compartilhados no site, por isso optou pela mentalidade do vale-tudo.

À medida que o Blogger, e a arte de "blogar", foi se infiltrando no dia a dia da sociedade, Ev começou a ganhar algum dinheiro — através de anúncios e doações de pessoas que usavam o site — até contratar um pequeno grupo de programadores. Em 2002, eles se mudaram para um espaço minúsculo, que mais parecia um velho escritório de detetive particular, pagando quatrocentos dólares mensais de aluguel.

Nessa época, o Blogger havia crescido e hospedava os blogs de quase 1 milhão de pessoas de todo o mundo, com cerca de 90 milhões de posts — números gigantescos em 2002. Mas o "escritório" não era maior do que um apartamento tipo estúdio de Nova York, contando com menos de quarenta metros quadrados. O quarto era escuro e úmido. Um dos três pequenos relógios brancos pendurados na parede estava parado havia muito, como se tivesse simplesmente resolvido dormir, com a mãozinha deitada no sete e o ponteiro maior hibernando perto do dez.

Logo ficou evidente que Ev precisava de alguém para gerenciar o escritório e cuidar de todas as tarefas rotineiras, como contas e pagamentos, além da avalanche de reclamações sobre conteúdo. Foi aí que Ev contratou Jason Goldman, um careca precoce de 26 anos, que havia estudado astrofísica na Universidade Princeton mas abandonara os estudos em busca da terra prometida da tecnologia. Jason estava mais do que disposto a trabalhar para aquela pequena empresa sem dinheiro no caixa, recebendo apenas vinte dólares por hora.

Jason Goldman não era o primeiro Jason entre as seis pessoas que começaram o Blogger. Na verdade, era o terceiro. Para evitar que os três respondessem quando um deles fosse chamado, Ev decidiu que iria se referir a eles pelos sobrenomes: Jason Sutter, Jason Shellen e Jason Goldman. Eram, portanto, Sutter, Shellen e Goldman.

"Goldman!", Sutter gritou em tom de brincadeira num dos primeiros dias de trabalho do novato. "Você vai cuidar dos e-mails de atendimento ao cliente."

"O que é isso?", Goldman perguntou, olhando para Sutter por cima do aro dos óculos. "E por que é que você está rindo?" Goldman era alto e magro, a cabeça em formato de ovo. Tão sem estilo quanto Ev na época, costumava usar roupas muito largas e calças compridas demais.

"Você vai ver. É o endereço de e-mail que usamos no site para as reclamações das pessoas sobre outros blogs." Os outros esboçaram risadinhas enquanto Sutter mostrava a Goldman como verificar a conta. "Comece com essa mensagem", ele disse, apontando para a tela do computador. Goldman leu o e-mail: era uma reclamação de uma mulher do Meio-Oeste, exigindo a suspensão imediata de um blog. Ele abriu o link da mensagem, e a tela foi tomada pela imagem de um grupo de homens nus fazendo sexo em um trampolim.

"Ah... Caramba... E o que é que eu tenho que fazer com relação a isso?", Goldman perguntou, meio sem graça, enquanto os outros davam risada. Ele olhou para a tela, com a cabeça meio enviesada, tentando entender o que aqueles homens estavam fazendo e quem, se é que havia alguém, poderia se interessar por aquela bizarrice.

"Nada", respondeu Ev, "*Push-button publishing for the people.*" Esse era o lema do Blogger e significava que qualquer pessoa poderia publicar o que quisesse com apenas um clique. Havia canecas espalhadas pela sala com essa frase, manchas de café por cima das letras grandes que estampavam o código moral do Blogger: PUSH-BUTTON PUBLISHING FOR THE PEOPLE. E Ev estava determinado a defender esse lema. Houve um caso em que uma empresa escocesa de mineração de carvão ameaçou processar o Blogger se eles não tirassem do ar um blog do sindicato que vinha sendo usado para expor as coisas erradas que estavam acontecendo em uma mina de carvão. Ev sempre se manteve firme, preferindo fechar o negócio a ceder à pressão corporativa. A empresa de mineração acabou desistindo.

A atividade dos blogs teve um efeito colateral inesperado para Ev. À medida que a empresa crescia, junto com outras ferramentas para os blogs, Ev começou a ser procurado e a aparecer nas publicações dedicadas à tecnologia. Ele foi ficando popular no Vale do Silício, e, em pouco tempo, as noites intermináveis passadas no sofá começaram a mudar: sua vida pessoal reacendeu. Da mesma forma que na adolescência, quando ele apareceu em uma BMW amarela no colégio, Ev passou a ser chamado para as poucas festas que ainda eram realizadas por ali. Conheceu garotas e, de novo, tomou cerveja em copos de plástico.

Fora do pequeno enclave do Vale, a maioria das pessoas não acreditava na promessa dessa esquisitice dos blogs. Alguns diziam que era "estúpida" e "infantil". Outros se perguntavam por que alguém compartilharia publicamente coisas tão pessoais.

Mas não Ev. Ele estava determinado a ver o Blogger crescer, a permitir que qualquer pessoa com um computador pudesse publicar o que desejasse com apenas um clique. Queria perturbar o mundo da comunicação. Perturbar o mundo em geral. Uma coisa de cada vez.

@Noah

NOAH GLASS QUASE DEIXOU CAIR o exemplar da *Forbes* quando viu a foto estampada na revista. Como dois ímãs que se atraem, ele aproximou o rosto do papel. Era a atração gravitacional da curiosidade em ação.

Era uma tarde quente do verão de 2002, e ele estava descansando em seu apartamento. O barulho do tráfego e dos vagabundos da Church Street entrava pela janela como um cheiro se espalha pelo ambiente. Ele folheava a revista quando se deparou com o perfil de um homem de vinte e poucos anos que estava por trás de um site em ascensão, o Blogger.

Noah ficou olhando para a revista, mas não foram as palavras que quase o fizeram cair da cadeira. Foi a foto de Evan Williams, o fundador do Blogger, posando orgulhosamente para o fotógrafo diante de um computador com um adesivo laranja brilhante no canto inferior da tela. Ao longe, atrás de um Ev sorridente, havia uma cozinha. Inteiramente igual àquela onde Noah estava sentado naquele exato momento.

Noah girou a cadeira e levantou a revista, olhando pela janela na direção do apartamento que ficava do outro lado da rua, bem em frente ao seu, onde o mesmo computador da revista estava na vida real. O mesmo adesivo laranja estava colado no canto inferior da tela — e lá estava o homem apresentado na matéria que ele tinha em mãos: Evan Williams.

"Uau! Puta que pariu!", disse Noah em voz alta, abrindo um enorme sorriso de orelha a orelha. Ficou parado por alguns segundos, comparando de novo a foto e a imagem da vida real.

A revista parecia pequena nas mãos de Noah. Ele era grande demais em todos os sentidos: alto e largo, com um rosto quadrado e grande, os olhos caídos como os de um filhote tristonho. E, como os filhotes, tinha a energia de uma usina atômica.

Ele abriu a porta de trás da cozinha e correu para a varanda. "Hei, Blogger!", gritou Noah. Ev virou-se, confuso com o barulho. "Você é o Evan Williams, do Blogger, certo?", perguntou Noah. "Meu nome é Noah. Noah Glass."

"É, sou eu", Ev disse, ainda um pouco espantado, saindo para a varanda.

Noah olhou além dos ombros de Ev, tentando enxergar mais do apartamento. Ele se lembrava de ter visto umas cinco pessoas enfiadas naquele espaço no início do verão, sempre sentadas na cozinha, diante de seus computadores, trabalhando. Lembrava-se também de um conjunto de servidores que mal se distinguia das caixas de pizza que alimentavam todo o Blogger. Mas agora o local de trabalho estava vazio, a não ser por Ev.

"Você está blogando? Está blogando agora?", Noah perguntou, muito agitado.

"Sim", Ev respondeu — e depois soltou uma gargalhada. Eles continuaram conversando, falando de uma varanda para outra. Noah não parava de rir, feliz e orgulhoso por serem vizinhos.

Nessa época, Noah usava o cabelo totalmente raspado. Quando ele deixava o cabelo crescer, vivia desgrenhado, como um surfista de beira de praia, o que ele havia sido na adolescência. Noah nascera em uma casinha decrépita, perto de um celeiro ainda mais decrépito, onde vivia uma comunidade de hippies em Santa Cruz, no norte da Califórnia. Sua mãe e os membros da comunidade faziam velas e outras quinquilharias para pagar as contas.

Seu pai saiu para comprar leite pouco tempo depois de seu nascimento — e nunca mais voltou.

A vida comunitária não durou muito, e Noah foi morar com os avós ali perto. Um de seus parentes, um homem bruto das montanhas, assumiu o papel paterno até ele se tornar adulto. Em uma de suas memoráveis lições, quando um dos cavalos da propriedade de seu avô acertou o irmão de Noah na perna, o tal homem pegou um cano e bateu no cavalo até matá-lo. "É assim que vocês têm que se defender", ele disse aos meninos, segurando o cano cheio de sangue. Noah ficou parado, em estado de choque. Ele tinha uma alma doce, não havia sido programado para agir com tanta dureza. Era mais artista que revolucionário e sempre preferiu se refugiar em sua mente criativa.

Apesar de ser mais distante e calado, Ev gostou da personalidade efervescente de Noah, e logo se tornaram amigos. Em outra era, poderiam ter formado uma daquelas duplas estranhas da TV. Eram dois vizinhos completamente diferentes, que se encontravam regularmente para tomar uma ou duas cervejas em suas respectivas varandas. Quase sempre era Noah quem falava, e Ev quem ouvia. A amizade foi crescendo, e eles passaram das varandas para os cafés da vizinhança, aos almoços no Barney's Burgers, até finalmente ficarem mais tempo juntos que separados.

Goldman, que havia ficado muito amigo de Ev, costumava juntar-se a eles quando saíam.

Noah estava sempre olhando pela janela da cozinha para saber se o novo amigo estava em casa. Às vezes aparecia de repente, batendo na porta sem mais nem menos (mais de uma vez enquanto Ev estava na companhia de uma garota) e entrando no apartamento fazendo o maior barulho.

Também estava sempre se oferecendo para ajudar. Um dia, Goldman e Ev estavam tentando levar um sofá para o apartamento de Ev pela escada. Quando pararam para descansar, Noah apareceu, empurrou os dois para o lado e levou o sofá praticamente sozinho.

No final de 2002, o Blogger deixou a sala de detetive e voltou temporariamente para o apartamento de Ev. Noah acordava, tomava seu café perto da janela e observava os programadores na cozinha de Ev com admiração. Ele queria fazer parte daquilo. É claro que o Blogger não era uma start-up convencional: não tinha mesa de bilhar, geladeira cheia de cerveja ou festas barulhentas — e os cheques das pessoas às vezes voltavam porque a empresa tinha problemas para pagar suas contas —, mas Noah sonhava em fazer parte daquele grupo de amigos reunidos para tentar mudar o mundo com sua linguagem de programação.

Fazia dois anos que Noah estava trabalhando em casa num projeto de rádio pirata que permitiria a qualquer pessoa montar uma estação. Mas estava sempre sozinho, sem ter com quem dividir suas ideias. Erin, sua esposa, nunca estava em casa, estudando direito dia e noite. Noah era como um filho único brincando sozinho em uma caixa de areia gigante.

Do outro lado, no apartamento de Ev, a situação era bem diferente.

Quando Noah chegava, eles ouviam música, trocavam ideias. Ev geralmente ouvia e ria, mexendo a cabeça de um lado para o outro, enquanto Noah andava de lá para cá, falando de coisas que poderiam se tornar realidade.

Um dia Ev contou a Noah porque o Blogger estava funcionando na cozinha de seu apartamento e não mais no escritório que eles haviam alugado no início daquele ano.

"Você não pode contar a ninguém", disse Ev.

"Claro, claro. Não conto", respondeu Noah. "Prometo."

Ev explicou que havia sido procurado pelo Google. A empresa estava interessada em comprar o Blogger. Naquela época, já havia mais de 1 milhão de blogs hospedados no Blogger, e Ev estava dividido. Ele poderia pegar dinheiro dos investidores do Vale do Silício ou, se o Google estivesse decidido a realizar o negócio, vendê-lo por "milhões de dólares". Com o fim do contrato de aluguel, Ev e seus funcionários resolveram voltar para o apartamento antes de decidir o que fariam.

Noah não cabia em si de orgulho e alegria com a notícia. Significava que Ev, que estava sempre tão duro que nem conseguia comer direito, ficaria tão rico que jamais precisaria se preocupar com uma refeição novamente. Nos meses seguintes, Noah viu Ev assinando papéis — junto com Goldman — e ficou esperando para saber se o negócio fora realizado.

Então, no dia 15 de fevereiro de 2003, ele recebeu um telefonema. Evan Williams era o mais novo milionário dos Estados Unidos. Dezenas de milhões de dólares.

"A venda é um grande estímulo para um gênero extremamente diversificado de publicação on-line que começou a mudar o cenário das notícias e informações na internet", escreveu o repórter do *San Jose Mercury News*, que publicou a notícia do acordo. "Parte dessa visão, compartilhada por outros pioneiros do mundo dos blogs, envolve a democratização da criação e do fluxo de notícias em um mundo no qual grandes empresas controlam boa parte do que a maioria das pessoas vê."

Apesar de Ev não ter recebido os milhões de dólares referentes à venda imediatamente após o acordo, pôs a mão em uma pequena quantia, suficiente para comprar um Subaru novinho (mais uma vez, amarelo). Antes de sair da concessionária, ele fez questão de colar um adesivo do Blogger no para-choque traseiro.

A equipe do Blogger se mudou para o fantástico campus do Google, com comida farta e gratuita, e Ev ficou famoso. Ao menos para um grupo específico de San Francisco. As pessoas começaram a reconhecê-lo nos eventos de tecnologia à medida que ele ia aparecendo cada vez mais em blogs e noticiários.

Noah havia retomado seu projeto de rádio pirata, mudando o foco para trabalhar com o Blogger. Ele criou um aplicativo chamado AudBlog, ou áudio-blog, que permitia a qualquer pessoa postar mensagens de voz nos blogs a partir de um telefone. Graças à aquisição do Google, o projeto de Noah também recebeu mais atenção.

Não demorou muito para que Noah, depois de muitas conversas com os amigos, decidisse transformar o AudBlog em uma empresa e, assim que Ev começou a embolsar a grana do Google, Noah perguntou se ele não queria investir alguns milhares de dólares para ajudar a fazer sua ideia decolar.

"Eu adoraria", Ev disse sinceramente, "mas gosto muito da nossa amizade e não quero investir ou trabalhar com você, não quero que isso afete nossa relação." Afinal, Ev já havia passado por isso antes e perdera todos os amigos com a implosão da Pyra e do Blogger alguns anos antes.

"Imagina!", Noah respondeu, confiante. "Nós podemos trabalhar juntos e continuar amigos."

Ele insistiu até convencer Ev a entrar com o dinheiro de que ele precisava para começar. Noah tocou o projeto, postando um anúncio de emprego freelance para uma empresa chamada Citizenware.

Começaram a chegar alguns e-mails de programadores, mas um deles se destacou. Era de um hacker que conhecia a "Ruby on Rails", uma novíssima linguagem de programação. Após uma rápida troca de e-mails, eles marcaram uma entrevista num café no bairro da Missão.

O entrevistado se apresentou como Rabble, embora seu nome verdadeiro fosse Evan Henshaw-Plath. Ele era alto, com a cabeça e os ombros levemente curvados para a frente, como os de um bêbado se apoiando em um poste para não cair no chão. "Fale um pouco sobre você", disse Noah com os braços cruzados. Rabble explicou que estava em San Francisco com a noiva, Gabba, e que ficariam até conseguirem dinheiro para seguir viagem e participar de manifestações e protestos pelo mundo. Esse era o emprego deles "em período integral", Rabble explicou. Mas eles não eram ativistas tradicionais. Eram "hacktivistas": faziam parte de um grupo de ativistas que usava laptops em vez de cartazes, blogs em vez de buzinas, e que marchavam pela internet em vez de marchar pelas ruas. Rabble disse a Noah que pretendia trabalhar por apenas algumas semanas e depois pegaria a estrada de novo em busca de outro protesto e de outra forma de mandar "o homem" à merda. Explicou que tinha encerrado seu trabalho com os ativistas envolvidos na eleição presidencial de 2004 e, assim que juntasse mais algum dinheiro, iria para a América do Sul causar danos digitais a algum governo de lá.

Noah não perdeu tempo e logo começou a falar entusiasticamente a respeito de seu projeto de um novo áudio-blog, um tipo de serviço que permitiria a qualquer um fazer e compartilhar podcasts, que poderiam ser baixados no relativamente novo iPod. Noah também passou boa parte da entrevista falando efusivamente a respeito de Ev, de seu envolvimento, de sua importância para o negócio.

Rabble tinha uma barba vermelha longa, espessa, com fios que iam em todas as direções. Enquanto Noah falava, Rabble ouvia, acariciando o bigode bagunçado com a mão esquerda — gesto típico dele — e depois descendo com os dedos pelo queixo.

Rabble contou outras histórias de seu hacktivismo: em Boston, em Nova York, em Seattle e na Itália. Contou sobre sua participação no May Day, manifestações anticapitalistas em Londres, em que os manifestantes conseguiram fugir da polícia usando aplicativos de celular que Rabble havia ajudado a criar. É claro que ele não tinha ido pessoalmente a Londres, principalmente depois de ter sido preso e deportado em Praga, onde havia participado de protestos. Ele havia ajudado o May Day no conforto de um cubículo da Palm, Inc., fabricante de PalmPilots, onde trabalhou como freelance, usando os servidores e os computadores da empresa (sem o conhecimento de seu supervisor, é claro) para causar estragos aos banqueiros que usavam... PalmPilots.

A falação foi interrompida quando Ev chegou e ocupou uma cadeira ao lado. Noah se endireitou enquanto Ev observava em silêncio. Ev interrompeu algumas vezes para fazer perguntas a respeito do conhecimento e dos hábitos de trabalho de Rabble. Quando se levantou para sair, Ev comprimiu os lábios e acenou levemente com a cabeça em sinal de aprovação.

Rabble e Noah ficaram e continuaram a conversa por mais algum tempo. No fim, Rabble perguntou por que a nova empresa se chamava Citizenware.

"Bom...", Noah parou por um momento e depois se inclinou para a frente, "o nome do projeto é Odeo, Citizenware é apenas o codinome que estamos usando", ele sussurrou. "Ev agora é muito visado, por isso não queremos que ninguém saiba o que estamos fazendo."

Rabble saiu do café com a certeza de que seria contratado e foi para casa contar tudo a Gabba. Como era de esperar, a casa de Rabble não era do tipo "tradicional". O casal vivia em uma van estacionada na Valencia Street, com a lataria amarela amassada, decadente, e a ferrugem se espalhando como uma hera.

Durante as primeiras semanas, o escritório oficial da Odeo não era bem "oficial". Os cafés espalhados pela cidade se transformaram em locais de trabalho improvisados.

Noah logo descobriu que a construção de uma start-up é muito parecida com a construção de uma casa, por isso teve que recrutar mais trabalhadores. Noah esboçou o plano de negócios do site: ele era o arquiteto da casa. Rabble criou a linguagem de back-end, equivalente ao encanamento e à fiação elétrica. Gabba também foi recrutada para ajudar, criando a versão desktop do Odeo, basicamente a entrada e a garagem da casa. Ray McClure, desenvolvedor de Flash, um homem baixo, de fala mansa, foi contratado para trabalhar nas ferramentas do site — Ray era uma espécie de decorador da casa que eles estavam construindo.

Toda noite, depois de longos dias criando linguagem de programação, Rabble e Gabba deixavam o café em que estavam trabalhando e desapareciam no interior da van. Escalavam os bancos de couro rasgados e os carpetes manchados e dormiam em uma cama improvisada feita com madeira compensada e pregos enferrujados até o sol nascer algumas horas depois, dando início a mais um dia de trabalho incansável.

Assim que Ev conseguiu passar para a frente todas as suas ações do Google, ele saiu decidido a nunca mais voltar para a empresa, ou para qualquer outra do tipo. A equipe do Blogger havia sido jogada em uma sala sem janela chamada "Drano" por ficar muito perto dos banheiros. Ele não se entrosou com os colegas programadores, que passavam o almoço se vangloriando de seus diplomas de faculdades respeitadas. Esses mesmos programadores não entendiam o sentido dos blogs, e Ev logo descobriu que a aquisição do Blogger havia sido pensada apenas para colocar anúncios nos blogs das pessoas e não para tentar desenvolver a ideia da publicação em um clique.

Mas, mesmo depois que saiu do Google, ninguém conseguia encontrar Ev na Odeo. Ele praticamente se aposentou aos 32 anos de idade. Sua conta bancária havia passado de três dígitos — muitas vezes, mal dando para cobrir o aluguel — para dois dígitos de milhões de dólares. Para Ev, aquele era o momento de aproveitar a vida e não se envolver na criação de mais uma start-up. Ele começou a frequentar um curso de culinária italiana e a visitar museus. Comprou uma casa digna de milionário, com amplas janelas e vista para San Francisco, e um carro novo para colocar em sua garagem. Tirou férias com sua nova namorada, Sara, que ele havia conhecido em uma festa dos funcionários do Google.

Mas enquanto Sara e Ev tornavam-se especialistas na arte de preparar espaguete, Noah e sua equipe de programadores davam duro, enfiados nos cantos dos cafés ao redor da cidade, com os cabos de alimentação dos computadores passando entre xícaras e açucareiros.

Eram os Beatles da nova era. Seus instrumentos: os laptops; sua música: a linguagem de programação.

A mente de Noah vivia acelerada, seus pensamentos, voando na velocidade de um vaga-lume, tentavam iluminar um estádio de futebol inteiro com seu movimento. Alguns achavam que poderia ser DDA, TDAH, TOC,* ou uma sopa de letras dos três; mas isso não tinha importância: esse era Noah. Sempre fora assim.

Certa vez, no fim da adolescência, a polícia o pegou em Bakersfield, Califórnia, porque estava agindo de maneira estranha. Os policiais acharam que tivesse ingerido cogumelos ou metanfetaminas. Ele foi algemado e jogado na viatura. Apesar de Noah ter negado o consumo de qualquer outra coisa além de umas xícaras de café, a polícia o fichou e fez todos os testes imagináveis para ver se encontrava alguma droga em seu sangue. Noah passou a noite em uma cela e no dia seguinte mostrou o mesmo comportamento do dia anterior. Ele não havia ingerido droga alguma: tinha sido preso pelo simples fato de ser Noah.

De vez em quando, Ev aparecia num dos cafés e começava a fazer perguntas. Noah, que se sentia em dívida com Ev pelo dinheiro que havia financiado a Odeo até ali, não tinha alternativa a não ser responder. Não demorou muito para que o medo de que os negócios arruinassem a amizade começasse a se tornar realidade.

A Odeo acabou se mudando para o pequeno apartamento de Noah, mas foi preciso convencer Erin, a esposa de Noah, de que seria algo temporário. Ela não fazia questão alguma de esconder o desprazer que sentia ao ver sua sala invadida por programadores. (Rabble costumava usar uma das mãos para trabalhar enquanto coçava o saco com a outra.)

Às vezes, a mão no saco, o cheiro e o barulho despertavam a fúria de Erin. "Noah, venha até o quarto", Erin gritava. "AGORA!"

Como uma criança que havia feito algo errado, ele a seguia até o quarto, a cabeça baixa, o coração triste. Todos podiam ouvir seus gritos, os pedidos de desculpas de Noah, os saltos atravessando a sala e a porta batendo quando ela saía. Então ele ressurgia na sala como se nada

---

* Siglas para Distúrbio de Atenção, Distúrbio de Atenção e Hiperatividade e Transtorno Obsessivo Compulsivo, respectivamente. (N. T.)

tivesse acontecido, sorrindo, contando piadas, incentivando todos a "continuar detonando"!

Com o passar do tempo, o site de podcasting começou a tomar forma, mas o resto do negócio desmoronou. O dinheiro virou fumaça e a situação no apartamento piorou, ameaçando o casamento de Noah. Ele tinha duas alternativas: ou parava o desenvolvimento da Odeo ou pedia mais dinheiro a Ev.

Noah procurou Ev novamente e pediu 200 mil dólares para que a Odeo passasse de uma ideia a um negócio de verdade. Ev concordou em continuar financiando o projeto e ainda prometeu que conseguiria financiamento de outros investidores, mas com uma condição: ele seria o CEO da empresa. Não era bem um golpe, mas uma espécie de acerto. Para Noah, que ainda não tinha um nome na área, significava que Ev, uma pessoa conhecida e com credibilidade, agora estaria ligado à Odeo permanentemente. Para adoçar o acordo, Ev se ofereceu para continuar pagando o aluguel de seu antigo apartamento, que poderia se tornar o primeiro escritório de verdade da Odeo.

Para Ev, a situação era paradoxal. Ele não tinha qualquer interesse em podcasting, mas começava a gostar da imagem que a mídia e os blogueiros haviam criado a seu respeito: um pioneiro em tecnologia, que havia ajudado a popularizar os blogs. Essa era sua chance de fazer o mesmo pelo podcasting.

Estava na hora de mostrar que ele não era autor de um único sucesso. E se Noah quisesse ter êxito, desmontar o rádio e montá-lo de novo, sabia que precisava deixar o camponês do Nebraska comandar o show.

Com as mãos atadas, Noah concordou, entregando o papel de CEO da Odeo para Ev em troca de um investimento de 200 mil dólares e as chaves do antigo apartamento de Ev, que ele vira pela primeira vez em uma foto na revista *Forbes*.

@Jack

POUCAS PESSOAS NOTARAM o homem de 28 anos sentado todos os dias junto à janela do Caffe Centro. As pessoas entravam para almoçar ou passavam na calçada, mas poucos o viam ou falavam com ele. Ele gostava que fosse assim, e estava sempre com fones — o leve zumbido de música punk nos ouvidos enquanto os dedos passeavam pelo teclado.

Estava sempre olhando pela janela, como fizera durante quase toda a sua vida. Para muitas pessoas, ele parecia invisível: um vidro através do qual se podia ver claramente. Jack nascera com um problema de fala, o que lhe causou dificuldades quando criança — era incapaz de pronunciar mais de uma sílaba. Quando as pessoas perguntavam seu nome, em vez de dizer "Jack Dorsey" dizia "Ja". Apesar de ter superado o problema de fala com terapia, havia ficado uma marca indelével em sua capacidade de comunicação.

A dificuldade de Jack para falar tinha suas vantagens. Em St. Louis, cidade onde cresceu, podia andar de ônibus de graça e apreciar a imensidão do bairro operário em que vivia, sua imaginação vagando em cada curva. O problema de fala também o ajudou a encontrar um amigo: um computador que chegou em sua casa quando completou oito anos de idade, um velho IBM PC Junior. Ele se apaixonou rapidamente pela tela monocromática e aprendeu a falar sua língua.

Nos fins de semana, sua mãe o arrancava da frente do computador e arrastava Jack e seus irmãos pelas ruas de St. Louis à procura de uma bolsa, "a última", ela dizia. Jack ficava sentado em silêncio nos corredores das lojas femininas enquanto Marcia fazia compras. Foi nessa época que ele também começou a desenvolver uma paixão por bolsas, especialmente as bolsas a tiracolo de lona.

Anos depois, em San Francisco, a bolsa faria parte de sua indumentária diária. Uma Filson clara que contrastava com as roupas escuras: camisa preta, jeans, suéter fechado até o pescoço e um tênis pesado para completar o visual. Os ombros, sempre caídos, davam a impressão de que os paletós estavam pendurados no corpo magro e esguio. Às vezes usava um *piercing*, uma argola de prata em uma das narinas.

Ele adorava esse *piercing*. Anos antes, ao fazer um trabalho como freelance criando um software para um sistema de venda de ingressos para turistas que quisessem visitar a prisão de Alcatraz, seu empregador lhe disse que não poderia usar a argola no trabalho. Em vez de tirá-la, preferiu escondê-la com um band-aid. O problema é que isso dificultava sua respiração no escritório e ele precisava andar de boca aberta. Mas ele dizia que era preferível defender seu direito de usar o *piercing* no nariz e lidar com a dificuldade de respiração a tirá-lo por ordem do patrão.

Na época em que ficava sentado no Caffe Centro, seu empregador não era muito melhor. Jack estava trabalhando para uma empresa sem graça de venda de ingressos, criando uma linguagem de programação de baixo nível. Era como se estivesse em uma prisão. Sempre que possível, fugia do escritório com o laptop ou seu caderno de desenho e ia para uma área de San Francisco chamada South Park. Colocava os fones de ouvido e se refugiava nos cafés e lanchonetes. Mas essa área da cidade não era como as outras. Aquela era a Meca dos nerds.

Gostava de ficar por ali o máximo de tempo possível. Nas tardes sombrias, o brilho da tela do laptop iluminava seu rosto como uma lanterna em um porão escuro. Às vezes ele desenhava, olhando pela janela para os *bike messengers* e pequenos empresários que passavam. Outras vezes ficava no parque, uma área ovalada coberta de grama, que parecia pertencer ao palácio real de Londres e não à região dos armazéns de San Francisco. No centro do parque havia um velho conjunto de balanças marrons.

O South Park havia tido um papel crucial no final dos anos 1990 para muitas das start-ups de tecnologia mortas com a explosão da bolha. A Pets.com e muitas outras que haviam torrado centenas de milhões de dólares em festas absurdas, salários estúpidos e dispendiosos anúncios de TV encontraram a morte contemplando o South Park.

O parque nem sempre fora o epicentro da tecnologia. Antes de essas empresas começarem a chegar, o parque era o lar de bordéis, traficantes de drogas, hotéis sórdidos e antros. Depois da explosão da bolha, praticamente voltara às suas raízes, mas em meados de 2005 o South Park e as start-ups estavam voltando. No lado norte do parque, empresas como a PC World e a VideoEgg tinham começado a alugar espaços para seus escritórios. No lado sul, a revista *Wired* havia se mudado para um loft espaçoso. E perto dali, em meio aos barzinhos e moradores de rua, ficava uma pequena empresa de podcasting chamada Odeo.

Jack sempre fora um grande fã de rotinas, por isso se sentava todos os dias no mesmo lugar no Caffe Centro, em uma frágil cadeira de madeira, vendo o mundo passar como num filme mudo.

Nos dias ensolarados, ele se sentava no parque e deixava seu computador enfiado na grama enquanto tentava captar o sinal de uma empresa que deixasse sua rede desprotegida. Mas dizem que não há nada mais frio do que um verão em San Francisco, e Jack sentiu isso na pele naquele dia sombrio de junho de 2005.

Ele estava se sentindo especialmente melancólico naquela tarde, enquanto contemplava o parque do interior do café. A vida que estava levando em San Francisco não era exatamente a que esperava. Ao deixar St. Louis alguns anos antes, depois de uma temporada em Nova York trabalhando para uma empresa de *bike messengers*, tinha a esperança de trabalhar para uma start-up de tecnologia de verdade, mas não tivera muita sorte.

Enquanto pensava em como poderia sair daquele beco profissional sem saída, reparou em uma figura familiar passando diante da janela. Jack nunca havia conversado com ele, mas reconheceu o cabelo preto curto, o nariz pontudo, o queixo quadrado e os tênis de cor viva. Havia muitas histórias espalhadas pela internet a respeito daquele homem e da empresa que ele havia vendido por alguns milhões de dólares. Para surpresa de Jack, o homem entrou no café e pegou a fila para fazer seu pedido.

O homem não percebeu que Jack estava olhando para ele, estudando metodicamente cada movimento seu. Se tivesse percebido alguma coisa, provavelmente se sentiria invadido. Mas Jack encarou aquilo como um sinal: abriu seu computador rapidamente e procurou "e-mail Evan Williams" no Google.

Jack não tinha um currículo tradicional. Havia criado o último quando se candidatou a um emprego na Camper, a loja de sapatos. Tinha passado horas escolhendo e ajustando as letras pretas e vermelhas; depois dividiu o currículo em três seções: Jack. Vida. Amor. Sem sobrenome, apenas Jack. A Camper nunca respondeu. Ainda assim abriu o currículo no computador, tirou todas as referências a sapatos e mandou para Ev dizendo que tinha acabado de vê-lo no café. No e-mail, perguntava se ele estava contratando. Depois de uma rápida troca de mensagens, Jack foi chamado para uma entrevista.

A Odeo havia saído do velho apartamento de Ev e agora ocupava um espaço maior a alguns quarteirões do parque, na Third Street. Era um lugar aberto e amplo, mas conservava os sinais da produção desorganizada de Ev e Noah.

As mesas do novo escritório eram baratas, raquíticas, com o tampo de fórmica e as pernas de metal. (Ev havia comprado alguns móveis no brechó de uma igreja.) Apesar da grande janela em arco na ponta da sala, a luz atingia apenas uma parte do loft. Parecia que estava com medo de se aproximar demais dos programadores encardidos da Odeo. Um pequeno tapete oriental bem surrado parecia ter sido colocado no chão para alegrar o ambiente. Mas o pior de tudo era o banheiro no fim do corredor. Cheirava tão mal que as pessoas cobriam o nariz com a camiseta ao entrar. O vão da escada também não cheirava bem, pois servia de abrigo para vários moradores de rua.

Quando Jack saltou do elevador antigo e barulhento, o escritório da Odeo estava estranhamente silencioso. Alguns nerds desleixados batucavam nos teclados. Cortinas brancas da Ikea caíam do teto criando divisões menores no amplo espaço. Jack foi levado para a sala de reuniões.

Quando Ev entrou, puxou uma cadeira e começou a fazer as perguntas de sempre a respeito do último emprego de Jack, de onde ele era e como havia chegado a San Francisco. Mas a entrevista logo foi interrompida por barulhos fortes vindos do corredor. De repente a porta abriu, batendo na parede, e um sujeito grandão entrou espalhafatosamente. "Ei! O que é que está acontecendo?", ele perguntou cheio de entusiasmo. "Ei! Eu sou o Noah!", ele disse para Jack. "Noah Glass."

Noah estava levando uma grande tigela, cheia de salada. Quando entrou na sala, várias folhas de alface caíram no chão. Noah ocupou um lugar na ponta da mesa, longe de Jack e de Ev.

"Então você cuida de expedição?", Noah perguntou a Jack, como se Ev não estivesse na sala.

Jack, meio confuso com o espetáculo, olhou para Ev, que lhe pareceu tenso. Os dois olharam para Noah. "Sim, eu fazia a programação do sistema de expedição dos *bike messengers*", Jack respondeu.

"Legal, legal", Noah comentou, balançando a cabeça. "O que nós fazemos aqui é uma espécie de expedição", disse ele, enfiando a salada na boca, com algumas folhas de alface penduradas do lado de fora. "É, nós fazemos som, como um podcast e depois", mais uma pausa enquanto seu cérebro pensava no que diria em seguida, "depois esses podcasts são despachados para os usuários!"

Ev ficou em silêncio enquanto Noah divagava. A relação entre os dois estava cada vez mais estremecida. Não havia muita clareza em relação a quem tomava as decisões, e Ev, geralmente mais recluso, às vezes era ofuscado por Noah, que costumava falar mais alto. Claro que Jack ainda não sabia nada disso.

Quando a entrevista acabou, Jack foi apresentado a Rabble, que fez algumas perguntas pertinentes a respeito de seus conhecimentos sobre programação, mas que na verdade só estava interessado em saber quais eram suas tendências políticas.

Enquanto Ev e Noah brigavam para ver quem tomava as decisões na empresa, Rabble havia recrutado a maioria dos engenheiros da

Odeo, contratando amigos, geralmente simpatizantes do "foda-se todo mundo" preconizado por ele. Um desses amigos, Blaine Cook, um canadense de 24 anos, tinha sido recrutado para ajudar com a programação de back-end. Outro ex-hacktivista que participara de protestos antigovernamentais também fazia parte da equipe, trabalhando remotamente para ajudar a configurar os servidores que armazenariam todos os podcasts da Odeo.

Alguns dos amigos de Rabble eram antiestablishment demais, até mesmo para trabalhar com Rabble. Um deles, conhecido como Moxie Marlinspike, pesquisador de segurança, recusou descaradamente o convite para fazer parte do grupo. "Eu não vou trabalhar pra vocês, seus malditos pontocom", disse o hacker magricela de cabeça loura coberta de dreadlocks desgrenhados.

Podendo escolher entre contratar um hacker e um programador, Rabble sempre escolhia o primeiro. Jack, com suas tatuagens e o *piercing* no nariz, falando abertamente sobre a época em que vivia em St. Louis e ficava xeretando todos os fóruns de hackers on-line, se encaixava perfeitamente no perfil.

Jack também tinha antecedentes anarquistas. Uma de suas tatuagens, na perna direita, era uma estrela preta e vermelha, símbolo de um grupo desordeiro. Durante anos ele havia vociferado on-line seu desprezo pela guerra e pelas grandes corporações. Havia escrito a respeito desses temas em seu próprio site, que ele chamou de gu.st, e também discorreu sobre os perigos do capitalismo, seu desdém pelas instituições bancárias e a sede americana por petróleo. Ele também frequentou fóruns simpatizantes do feminismo.

Quando saiu do prédio, repassando a entrevista em sua cabeça, Jack sabia que conseguiria o emprego. Ele acreditava que a entrada de Ev naquele café tinha sido um sinal.

Jack tinha uma capacidade incrível para amarrar momentos como esses, mesmo que não tivessem nada a ver. Sua outra tatuagem era um exemplo perfeito dessa característica. Uma grande mancha de tinta preta na forma de um S cobria boa parte do antebraço esquerdo, mas por trás dela havia uma história oculta. Debaixo do S escuro, havia uma palavra: "Odaemon!?".

Existem inúmeras explicações. A palavra "daemon", segundo ele, se referia a um programa de computador que roda em background. Para Jack, isso representava o que ele via em si mesmo, uma pessoa que vivia "nos bastidores" e tinha pouca influência. O ponto de exclamação representava seu entusiasmo pela vida. O ponto de interrogação, sua curiosidade pelo mundo. Ele também decidiu fazer a tatuagem de cabeça para baixo.

Mas a tatuagem tinha sido coberta. Jack já fizera muitas coisas na vida e, em certo momento, trabalhara até como massagista. Quando as pessoas deitavam na cama de massagem e olhavam para seu braço, imaginavam que "daemon" significasse "demo", e que Jack tivesse alguma adoração pelo diabo. Desnecessário dizer que a maioria dos clientes não voltava.

Jack foi contratado como freelance na Odeo quase imediatamente e se adaptou à cultura da empresa sem nenhum problema. Ele tinha mentalidade de hacker, nenhum diploma e adorava programação. Também tinha uma sólida ética profissional e executava qualquer tarefa com rapidez e exatidão.

Ele tinha aprendido programação ainda muito jovem, ajudando seu pai, Tim, com projetos ligados ao trabalho. Quando criança, em vez de pedir carrinhos ou armas de brinquedo, Jack ficava olhando para os folhetos da RadioShack, recortando e pendurando em seu quarto a calculadora que queria ganhar no Natal. Também sentiu o gostinho da pirataria quando estava trabalhando na cidade de Nova York e invadiu o site de uma empresa para mostrar como era vulnerável. Para Jack, o emprego de programador do site da Odeo equivalia a entregar um cortador de grama para um mecânico experiente.

Ainda assim ele era metódico no trabalho. Com os fones nos ouvidos, um livro de programação aberto em cima da mesa, a linguagem de programação começava a jorrar no monitor de seu computador. Em pouco tempo ele começou a vencer o Prêmio Quem Faz Mais Merda, concurso criado por Ev para premiar o programador que mais trabalhasse na semana. Às sextas, eles passavam um chapéu pelo escritório e todo mundo colocava um papel com o nome do funcionário mais produtivo da semana. Depois de contar os votos, Ev e Noah anunciavam o ganhador.

"O Prêmio Quem Faz Mais Merda vai para...", Ev dizia, fazendo uma pausa dramática, "Jack!" Então todo mundo aplaudia e Jack sorria, cheio de orgulho ao se levantar para aceitar seu prêmio. Às vezes o prêmio era uma quantia em dinheiro; outras vezes, uma engenhoca.

Apesar de gostarem de Jack, as pessoas do escritório não escondiam que achavam suas ideias um pouco estranhas. Ele estava sempre testando conceitos muito peculiares. Um dia, apareceu no trabalho usando uma camiseta branca com o número de seu celular estampado em números enormes na frente. Explicou para um colega que era uma experiência. Pretendia andar pelas ruas de San Francisco exibindo o número de seu telefone para ver o que aconteceria. Apesar de a maioria das pessoas não ter dado importância ao número ambulante, alguns decidiram ligar.

"Alô?"

"Alô", Jack respondia.

"Quem fala?"

"Meu nome é Jack. E o seu?"

As conversas logo descambavam para aquelas brincadeiras estranhas, geralmente reservadas para os momentos em que você encontra sua ex na rua. Nem é preciso dizer que os telefonemas cessaram rapidamente.

Jack havia feito outras experiências bizarras antes de chegar na Odeo. Em 2002, com vinte e poucos anos, ele se apaixonou pelo eBay. Ele estava tão duro que não tinha nada para vender, por isso montou leilões oferecendo-se para ler um famoso livro infantil, *Boa noite, Lua*, pelo telefone, para quem fizesse o maior lance. Ele conseguiu vender seus serviços de leitura para quatro pessoas diferentes, uma das quais pagou cem dólares para ouvir Jack. "Boa noite, relógio; boa noite, meias", ele dizia pelo telefone. "Boa noite, casinha; boa noite, ratinho." E terminou: "Boa noite, estrelinhas. Boa noite, ar. Boa noite, barulhos em toda parte".

No entanto, mesmo com sua tendência para a esquisitice, ele se entrosou rapidamente com a maioria dos colegas de trabalho. Muitas vezes saía à noite com Noah, Ray e alguns outros programadores da Odeo, explorando a cidade de bicicleta ou circulando a pé. Eles entravam e saíam de boates, shows de música e bares onde se fumava narguilé; ou exploravam bares de vinho ou saquê e galerias de arte. Quase sempre estavam de ressaca pela manhã.

Jack havia encontrado o que andara procurando a vida inteira. Um emprego com alguém que admirava: Ev. Colegas de trabalho com espírito de hackers: Rabble e companhia. E um novo amigo: Noah.

@Biz

EM OUTUBRO DE 2005, Biz Stone sentou-se em uma sala de reuniões com seu chefe no Google. O logo colorido da empresa estava estampado na parede atrás dele; pufes vermelhos decoravam a sala. O cabelo loiro espetado e o sorriso de Biz pareciam combinar com a atmosfera festiva da sala.

"Estou me demitindo!", Biz disse com um sorriso largo.

O chefe olhou para ele sem saber se Biz, o gozador do Google, estava brincando ou falando sério.

"Sério", Biz continuou. "Estou me demitindo."

"Você não liga para o dinheiro?"

"Sim, eu ligo para o dinheiro."

"Biz, você percebe que se sair agora estará abrindo mão da opção de compra de todas as suas ações?", disse o chefe. Ele o lembrou de que Biz estava no Google havia apenas dois anos, o que significava que suas ações ainda não haviam sido transferidas e só seriam dali a mais dois anos.

"Quanto eu estou deixando pra trás?"

"Mais de 2 milhões de dólares", disse o chefe de Biz, imaginando que esse número faria o jovem mudar de ideia. Para a maioria das pessoas, 2 milhões de dólares ou nada é uma conta fácil de resolver. Para Biz também. Só que ele fez as contas de uma maneira um pouco diferente.

Biz estava longe de ser rico. Finalmente havia conseguido pagar a dívida de 50 mil dólares do cartão de crédito, que se arrastara durante anos, e agora vivia um mês após o outro em um pequeno apartamento em Palo Alto com a esposa, Livia, e vários cães e gatos.

Apesar de estar zerado no banco, o emprego no Google — onde até mesmo o chefe valia vários milhões de dólares — não representou algo novo para Biz. Quer dizer, para ele sempre havia sido assim: um pobretão entre os ricaços.

Biz crescera em Wellesley, subúrbio rico de Boston, onde a renda familiar média era seis dígitos acima da média americana. Apesar de os vizinhos de Biz serem absurdamente ricos, a vida da família Stone era bem diferente.

Ele fora criado com cupons de alimentos.

Sua mãe havia sido adotada por um casal suíço e, quando eles morreram, deixaram a casa para ela e os filhos.

Alimentar várias bocas famintas não era algo fácil para uma mãe solteira, por isso ela teve uma ideia: vender a casa e se mudar para um lugar menor em Wellesley. Assim as crianças poderiam frequentar as boas escolas do distrito, e o dinheiro ganho com a venda da casa seria usado para pagar as contas. Quatro anos depois, venderam a casa de novo e se mudaram para uma menor.

Biz cresceu em casas que se encolhiam à medida que ele ia crescendo. Tudo era racionado. Os cortes de cabelo, por exemplo, eram feitos em casa, com a mãe colocando uma tigela em cima de sua cabeça e cortando tudo o que ficasse para fora.

Quando menino, Biz era um pequeno gerador de ideias. Nos fins de semana, ele costumava visitar um amigo da família que era eletricista e passava horas no porão da casa construindo aparelhos estranhos. Certa vez montou um capacho com uma campainha que tocava quando chegava alguém na porta da frente. Outro empreendimento, que falhou, foi um equipamento de mergulho feito com garrafas de coca-cola e tubos de borracha.

Mas a maior parte do tempo Biz passava na companhia de seu melhor amigo da terceira série, Marc Ginsberg, cujo pai era rico o bastante para ter um computador. Biz não saia da casa de Marc, usando o Apple II da família Ginsberg para jogar video games e desenhar.

O pai de Biz, que trabalhava como mecânico em Boston, era totalmente ausente; quando aparecia em casa acabava se embebedando e batendo na mulher. Ela acabou no hospital em mais de uma ocasião até decidir expulsá-lo de vez, permitindo que visitasse as crianças somente aos domingos. Biz decidiu acabar com as visitas semanais logo depois de completar dezesseis anos.

Uma infância traumática como essa pode transformar um menino em uma pessoa reclusa, alguém que talvez precisasse de muita terapia. Mas não foi o que aconteceu com o jovem Christopher "Biz" Stone. Na verdade, ele acabou se tornando um verdadeiro palhaço. Desde pequeno vivia fazendo piadas para divertir a mãe e as irmãs depois das bobagens de bêbado ditas pelo pai. Sempre foi o palhaço da classe no colégio. Abandonou a faculdade duas vezes; primeiro a Northeastern University e depois a Universidade de Massachusetts, mas enquanto esteve por lá fez os amigos rirem em vez de se concentrar nos estudos. As brincadeiras continuaram em todas as reuniões do Google.

Além de ser muito útil na carreira e na vida social, o senso de humor de Biz fazia com que ele evitasse qualquer tipo de conflito, e às vezes as pessoas tiravam proveito disso — principalmente no ambiente de trabalho. Entre 1999 e 2001, ele trabalhou no Xanga, um site que hospedava blogs. Seus colegas de trabalho levaram a empresa numa direção que Biz considerava pouco ética, enganando as pessoas que usavam o serviço e aproveitando informações pessoais para ganhar dinheiro. Em vez de brigar, Biz preferiu sair da empresa.

Depois de um tempo morando no porão da casa de sua mãe, acumulando contas, acabou procurando um emprego no Blogger. Na época, verão de 2003, Ev estava trabalhando no Google havia alguns meses, tentando se adaptar ao gigante empresarial. Biz tinha lido a respeito de Ev e de sua filosofia de "publicação em um clique" e queria ajudar a espalhar a ideia dos blogs.

Em meados de 2003, Biz enviou um e-mail para Ev dizendo que ele, Biz Stone, era o "membro que faltava no grupo". Depois de algumas entrevistas por telefone, algumas piadas e discussões éticas a respeito da importância dos blogs e da facilidade de publicação de conteúdo para qualquer pessoa que tivesse um computador, Ev decidiu contratar Biz. Mas o Google não pensava da mesma forma; Biz não tinha experiência em programação e havia abandonado a faculdade. Após muito trabalho de convencimento e politicagem, Ev finalmente pôde oferecer um emprego a ele.

Depois de Biz receber uma carta com a oferta de emprego do gigante de buscas, o negócio quase degringolou. Em algum momento da infância, Biz desenvolveu um medo terrível de andar de avião. Ele preferia viajar durante horas entre Boston e Nova York de trem ou ônibus em vez de pegar um voo de apenas cinquenta minutos. Quando percebeu que teria de pegar um avião até Mountain View, na Califórnia, desistiu do emprego sem dar explicações. O Google, que a princípio havia se negado a contratá-lo, não gostou da recusa e começou a oferecer mais dinheiro e opções de ações para convencê-lo. Quando Biz explicou a situação a um amigo, o sujeito respondeu com uma única palavra: "Valium".

"O que é isso?", Biz perguntou.

"Vamos dizer apenas que você não terá medo de andar de avião."

Biz aceitou o emprego e engoliu um comprimido antes de embarcar. Durante o voo, passou a maior parte do tempo um pouco grogue, falando, dirigindo-se a qualquer pessoa que se dispusesse a ouvi-lo.

A jovialidade de Biz ficou evidente para os executivos do Google no momento em que ele pôs os pés na empresa. Ele não chegou no Google e simplesmente se adaptou à cultura de engenheiros quietos e isolados. Em vez disso anunciou seu novo emprego com um press release falso na internet: "O Google Inc. adquiriu todo o staff e a propriedade intelectual do Genius Labs, serviço de blogging com sede em Boston formado inteiramente por Biz Stone", ele escreveu em seu site pessoal no dia 7 de outubro de 2003, em um post intitulado "Google adquire o Genius Labs". "Os termos financeiros da aquisição não foram revelados." Ele concluiu o comunicado falso fazendo uma gozação com o novo empregador. "O programa de café e lanche gratuito do Google tem atraído elogios da elite da indústria e suas tecnologias de busca inovadoras também são muito bacanas."

Quando chegou no serviço de buscas, não sossegava em nenhum departamento por causa de suas brincadeiras. Como Ev, Goldman e os outros membros da equipe do Blogger, Biz se sentia deslocado em meio à acirrada mentalidade comercial da empresa. Como um grupo de crianças impopulares na escola, os desajustados do Blogger comiam juntos na cafeteria da empresa, bebiam em um canto nas reuniões realizadas toda sexta-feira e faziam piadas a respeito dos programadores sisudos.

Ev não lembrava em nada os chefes tradicionais com quem Biz havia trabalhado antes. Quando contratava uma pessoa nova, em vez de esperar para passar informações confidenciais ou atribuir tarefas importantes, Ev partia da confiança imediata. Biz sentiu uma grande sensação de orgulho e confiança em Ev por tratá-lo dessa maneira e os laços entre os dois se estreitaram rapidamente. Em pouco tempo, graças ao senso de humor, Biz, Ev e Goldman tornaram-se grandes amigos.

Depois que Ev saiu do Google, em 2004, Biz não ficou nada contente, pois seus novos chefes não confiavam nele e nem o tratavam com respeito. Por isso, em 2005, ele decidiu que já tinha aguentado o bastante e resolveu acompanhar Ev em seu novo projeto, a Odeo. Mas ele ainda teria que enfrentar uma questão difícil: abrir mão de alguns milhões de dólares para trabalhar no pequeno serviço de podcast, com Ev e seu novo sócio, Noah.

"Eu não me mudei para a Califórnia para trabalhar no Google", Biz disse a Livia quando conversaram sobre os milhões de dólares que estariam jogando fora com essa decisão. "Eu vim pra cá trabalhar com Ev."

Diante da grande amizade que havia surgido entre os dois nos últimos anos, a decisão acabou se revelando bem mais fácil. Ele foi para o trabalho no dia seguinte e devolveu seu crachá branco do Google, e o dinheiro que viria com ele, em troca da liberdade.

Quando começou na Odeo, em 6 de setembro de 2005, ele rapidamente percebeu que a mudança seria muito maior do que havia imaginado. As refeições e lanches, o transporte para o trabalho e mais uma porção de coisas gratuitas oferecidas pelo Google foram substituídas por um escritório onde havia moradores de rua dormindo no vão da escada, o único transporte gratuito eram seus dois pés e só havia comida e bebida grátis se Ev decidisse pagar a conta.

A diferença cultural também era gigantesca. A mentalidade robótica e esterilizada do Google, com seus engenheiros sabichões e chefes mandões, foi substituída por hackers tatuados com uma filosofia de "faça-o-que-você-quiser". Essas pessoas não tinham nada além de desprezo por Googlers, que não paravam de se vangloriar de seus diplomas de Stanford e do MIT. Os funcionários da Odeo eram todos desistentes de faculdades medianas.

E Biz, trabalhando ao lado do melhor amigo e antigo chefe, em meio aos sem-teto e ao caos, à sujeira e ao desleixo, sentiu-se em casa.

II
#NOAH

Águas turbulentas

NO FINAL DE 2005, o barco cruzou a névoa espessa e os funcionários da Odeo puderam enfim olhar a paisagem. As velas batiam no mastro enquanto o vento os empurrava para a frente e, ao longe, a ponte Golden Gate exibia um brilho alaranjado.

"Estamos nos aproximando da marina em Tiburon", disse Ariel Poler, um dos investidores da Odeo enquanto manobrava o barco na baía de San Francisco. "O Sam está aberto, isso é ótimo", ele acrescentou.

Noah filmava tudo enquanto fazia perguntas para os colegas, produzindo mais um vídeo que depois postaria em seu blog. Ele enfiava a lente da câmera no rosto das pessoas como uma criança empunhando um pirulito. "Alguma coisa a dizer?", Noah perguntou a Biz, tentando puxar algum assunto a respeito do passeio.

"Está tudo bem. Não perdemos ninguém no caminho pra cá, mas, quem sabe na volta, perderemos um ou dois", Biz disse para a câmera, encolhendo-se por causa do frio. Ev, sentado à sua direita, os olhos escondidos pelas lentes escuras dos óculos de sol, disse: "Não vejo problema em perder alguém".

Ev estava brincando. Mas, se não pretendia atirar Noah para fora do barco, certamente ficaria feliz em colocá-lo para fora da Odeo.

Ev e Noah discordavam em praticamente tudo. A cor dos logos. O tipo de produto que deveriam priorizar. Quem mandava. Eles não conseguiram sequer concordar com a data de abertura do site para o público.

"Não. Ainda não está pronto!", Ev havia dito no início do ano, balançando a cabeça de um lado para o outro enquanto Noah tentava negociar. "Estou falando, eu sou o CEO. Já fiz isso antes. Não vamos colocar o site no ar ainda!"

Rabble e Ray, o jovem designer de Flash que havia sido contratado quando a Odeo ainda funcionava nos cafés, recostavam-se nas cadeiras para ficarem mais confortáveis enquanto assistiam às discussões entre Ev e Noah. Ev ainda não se sentia preparado para anunciar ao mundo seu novo projeto. Ele sempre tivera dificuldade para tomar decisões e apertar o botão do lançamento. O que não acontecia com Noah, que estava transbordando de emoção e ansiedade.

Mas já não importava quem ganharia a discussão. Sem que eles soubessem, Rabble decidiu: "Está no ar!", disse, com um sorriso malicioso no rosto, o cabelo caótico preso em um rabo de cavalo. Ev e Noah continuaram a discussão. Rabble falou de novo: "Está no ar, meus camaradas". E elevando a voz para que eles parassem de falar: "Eu coloquei o site no ar".

Eles pararam de brigar e olharam para ele. Noah deu uma risada, um sorriso de orelha a orelha: "Sério?". Ev apenas balançou a cabeça.

O site que eles haviam acabado de lançar pretendia ser o principal destino dos podcasts na internet. As pessoas poderiam criar e gravar arquivos de áudio e depois compartilhar por meio do Odeo Studio, usando apenas um Adobe Flash. Tudo isso seria inteiramente gratuito.

Com o nome de Ev ligado à empresa, a Odeo chamou a atenção da imprensa e do público em geral durante todo o ano de 2005; isso acabou atraindo investidores como Ariel Poler, que achava que o podcasting poderia concorrer com o rádio da mesma forma que os blogs estavam concorrendo com a imprensa em geral. Em agosto de 2005, sem nem um modelo de negócios, a Odeo recebeu um investimento de 5 milhões de dólares da Charles River Ventures e de vários outros investidores menores — uma aposta no podcasting e em Ev, não necessariamente na empresa ou nas pessoas que trabalhavam nela.

Com muito dinheiro no banco para contratar novos engenheiros e colocar a empresa em todas as direções ligadas ao podcasting, Noah e Ev continuavam sem chegar a um acordo a respeito do que quer que fosse. Depois de um mês com o dinheiro parado no banco, Noah começou a reclamar para o conselho da empresa — telefonando para George Zachary, principal investidor da Odeo —, expressando sua frustração com a incapacidade para tomar decisões e falta de liderança de Ev. Em várias ocasiões, Noah tentou provocar um motim e sugeriu que o conselho tirasse Ev do cargo de CEO e o colocasse como novo comandante. Ev, que sempre fora avesso a conflitos, decidiu lidar com a disputa ignorando-a. Para não ter de enfrentar a ira de Noah, cada vez mais frenético, muitas vezes simplesmente evitava ir ao escritório.

"Quem é que vocês poderiam perder? Quem faria menos falta?", Noah perguntou a Biz e Ev no barco, enquanto atravessavam a água fria, sorrindo, pois já sabia qual seria a resposta.

"Ah, essa é uma escolha difícil", Biz disse, olhando para Ev, que não respondeu.

"Provavelmente eu", Noah falou com sarcasmo, girando a câmera para filmar o próprio rosto, o sorriso largo ocupando toda a tela. "Provavelmente eu, provavelmente eu", ele disse, rindo.

Biz e Ev não o desmentiram.

Noah disparou como uma bola de pingue-pongue, batendo aqui e ali, filmando todos que estavam a bordo.

Jack estava em pé na proa, sonhando acordado, vestindo seu uniforme diário — calça jeans preta e jaqueta jeans combinando. O cabelo escuro estava desgrenhado pelo vento. Ele adorava velejar e aquele passeio havia despertado um antigo sonho: comprar um barco e ir com ele para o Havaí, sozinho: uma viagem de quase 4 mil quilômetros que, segundo suas pesquisas, levaria cerca de um mês.

Quando o barco de Ariel se aproximou do cais, o grupo começou a esticar as pernas, como grandes lagartas acordando de uma soneca.

Era o primeiro passeio de barco organizado para a tripulação da Odeo, uma espécie de viagem para um pequeno grupo de funcionários muito diferentes que estavam se tornando amigos próximos — pelo menos alguns deles.

Em quase todas as excursões, o álcool era usado para ajudar a azeitar a conversa entre o time. Em pouco tempo, o grupo já estaria ocupando as cadeiras de plástico brancas do café Sam's Anchor assiduamente, sob as gaivotas que rondavam suas comidas. Tomavam taças de vinho, contavam piadas e riam.

Jack sempre ficava quieto, ouvindo. Ele nunca fora de falar muito. Quando o fazia, expressava-se em frases curtas, como se estivesse racionando as palavras, calculando o quanto dizer em voz alta em um único dia. Mas ninguém lhe dava atenção mesmo... Afinal, era um dos funcionários mais novos da Odeo. O marinheiro do barco, o pracinha do exército, o programador terceirizado de uma start-up. Apesar de falar muito pouco com Jack, Ev se referia a ele como o "cara das ideias" por causa de seus projetos mirabolantes. Alguns eram completamente bizarros, como a sugestão de criar uma empresa que reunisse programadores trabalhando juntos de uma forma nada convencional; enquanto um cuidava da programação, por exemplo, outro programador massageava seus ombros — depois eles trocariam de lugar.

Jack estava sempre falando com os colegas a respeito de um novo filme, livro ou álbum que eles deveriam ver, ler ou ouvir; ou então a respeito de uma mostra de arte ou de uma festa, à qual todos poderiam ir juntos para aprofundar seus laços de amizade.

Jack também passava muito tempo calado, absorvido por seus pensamentos. Seus devaneios, porém, terminavam em um beco sem saída quando a conversa entre os nerds apreciadores de cerveja chegava ao destino final: trabalho. Isso acontecia sempre. Cafés da manhã, almoços, jantares, reuniões e festas eram sempre pontuados por conversas ligadas a trabalho.

Foram essas conversas — entre Noah, Ev, Biz, Rabble, Jack e outros engenheiros da Odeo — que deram origem a uma poção que acabaria transformando uma empresa de podcasting, que não tinha rumo definido, em algo que mudaria o mundo e todas as pessoas reunidas no cais do Sam's naquele dia.

Às vezes, Ev e Biz falavam dos tempos do Blogger, sobre como as pessoas usavam o serviço para trocar informações. Contar histórias. Agitar a mídia.

Em um dos passeios do grupo, Rabble e Blaine lembraram histórias de seu tempo de hackers, quando usavam celulares para ajudar manifestantes que protestavam contra a guerra e os governos a fugir da polícia. Noah falou das estações de rádio pirata. Jack lembrou de sua época como *bike messenger*.

Outros mencionaram os concorrentes, incluindo o Dodgeball, serviço de localização através de mensagens instantâneas que começava a se tornar muito popular em Nova York.

Jack introjetava tudo isso, processando as ideias que ouvia em silêncio, como sempre. Mas tudo isso iria mudar. Um novo funcionário começaria a trabalhar na Odeo na semana seguinte.

Uma garota.

"Ah, aquela é a Crystal", Jack ficou sabendo quando perguntou quem era a mulher que estava no escritório. "Nem adianta, ela tem namorado." Mas Jack se apaixonou instantaneamente. Era compreensível. Crystal Taylor tinha o cabelo preto espetado, olhar profundo e um sorriso de parar o trânsito. Por ser pequena, parecia uma fadinha de contos infantis.

Em sua primeira semana na Odeo, Jack arrumou mil desculpas para falar com ela. Ficava parado ao lado de sua mesa, mexendo nervosamente em suas coisas. Olhava para ela durante o almoço, brincando com o *piercing* do nariz. Finalmente criou coragem para perguntar a Crystal sobre o tipo de música que ela ouvia em seus fones. A conversa logo passou para o tipo de banda que os dois gostavam, e Crystal perguntou se ele queria assistir a um show com ela e um grupo de amigos.

"Claro, eu adoraria", Jack disse, todo animado. "Eu te ligo mais tarde, aí a gente combina onde vamos nos encontrar."

"Hum, eu não uso muito o telefone. Por que você não manda uma mensagem de texto?", ela sugeriu.

"Como assim? Mensagem de texto?", Jack perguntou, confuso.

"Mensagem de texto. Não diga que você nunca usou mensagem de texto!"

Nos dias de hoje, uma conversa dessas pode parecer estranha. Seria como perguntar a alguém se nunca ouviu falar da internet, ou de carros, ou dessa bola de fogo gigantesca chamada sol. Mas, em 2005, apesar de já ter decolado em outros países e entre as adolescentes americanas, as mensagens de texto ainda eram uma forma de comunicação relativamente exótica para a maioria.

"Não", Jack respondeu, apreensivo. "Nunca ouvi falar disso. O que é?"

"Vou te mostrar", Crystal disse e explicou a ele como enviar um SMS do celular, forma de comunicação que até então Jack desconhecia, mas que havia se espalhado pelo restante da sociedade como uma espécie de epidemia que atingia qualquer garota dotada de um celular.

Por ser um engenheiro quietão na época, com seu ar de nerd esquisito e avesso ao contato pessoal, ele não tivera a oportunidade de interagir com muitas garotas, que, já naqueles dias, se comunicavam basicamente por mensagens de texto. Isso até conhecer Crystal.

Apesar de ter dito a ele que tinha namorado, Jack ficou obcecado por ela. Descobriu que ela gostava de suco; então, na hora do almoço, todos os dias, ele deixava uma garrafa de suco na mesa de Crystal. Mas, como isso não deu em nada, ele tentou uma de suas especialidades: o origami perfeito.

Jack aprendera a fazer um origami em formato de cegonha quando decidiu fazer mil deles como presente de casamento para um amigo. Aprendera a dobrar meticulosamente cada pedaço de papel com tamanha perfeição que era capaz de fazê-lo de olhos fechados. Decidiu então que Crystal merecia um presente desses.

Um dia ele chegou bem cedo no escritório e deixou um origami em cima do teclado da garota. Depois foi para sua mesa, fingindo que trabalhava quando ela chegou com seu café e encontrou a ave de papel diante do computador. Sorrindo, Crystal colocou o origami de lado e trabalhou o dia inteiro normalmente. No dia seguinte, ela encontrou outro origami. E mais um no outro dia, até começar a ficar chateada com a insistência de Jack, principalmente pelo fato de ele saber que ela tinha namorado.

"Você não precisa me trazer suco", disse ela, lembrando-o de que estava namorando. "E acho esses origamis uma graça, mas já chega."

"Você reparou na letra onde eu os coloquei?", Jack perguntou, praticamente ignorando o pedido para que respeitasse seus limites. Ela não havia reparado que os origamis tinham sido colocados em letras diferentes para formar seu nome. "Não!", ela respondeu, irritada, e se afastou. Mas ele continuou insistindo, acreditando que alguma coisa acabaria acontecendo entre ele e ela.

Jack teve mais sorte nas amizades com seus colegas de trabalho.

Em cada evento social, formavam-se os grupos. As pessoas se aproximavam como uma espécie de mistura química estranha, que se separava e depois coagulava novamente. Em uma ponta do espectro estava o pelotão de Blaine e Rabble, com sua mentalidade anarquista antitudo. Na outra ponta, Ev e Biz, os especialistas em jantares, que gostavam mesmo era de tomar um bom vinho tranquilamente em torno de uma grande mesa de madeira. No meio estavam Noah, Jack, Crystal e os outros, que logo se transformaram em um grupo inseparável. Às vezes iam a shows de música ou assistiam a um filme estrangeiro. Frequentavam bares, faziam longas caminhadas ou andavam de bicicleta. Gostavam de tomar saquê em caixinhas quadradas e de dançar a noite inteira.

Apesar de os grupos se misturarem às vezes, com Noah indo às festas de Ev e Ev tomando cerveja com Noah, eles geralmente ficavam cada um em seu barco navegando nas mesmas águas. E apesar de ainda não saberem, essas águas estavam prestes a ficar ainda mais turbulentas. Metade da tripulação do HMS Odeo seria jogada para fora do barco.

Status

"ACHO QUE VOU SAIR DA ODEO", Jack disse a Noah quando ele encostou o carro na calçada da Valencia Street. Caía uma chuva tão pesada que parecia que um balde de bolinhas de gude estava sendo jogado no para-brisa. A rua estava completamente vazia. Uma luz azulada iluminou o rádio, lembrando-os de que já eram quase duas horas da manhã; a falta de sono e a costumeira ressaca dariam o ar de sua graça dali a algumas horas, quando acordassem.

Estavam no final de fevereiro de 2006, depois de mais uma longa noitada de música, bebida e Red Bulls regada a longas conversas sobre amor, perdas e solidão.

O casamento de Noah com Erin estava desmoronando. Ela era advogada; ele, um artista: duas visões de mundo fundamentalmente diferentes. Noah havia confidenciado a Jack o quanto se sentia solitário e triste. Jack entendia perfeitamente como ele estava sentindo. Apesar de ter amigos em San Francisco, também estava perdido: meio *punk rocker*, meio engenheiro, sonhava em algum dia ter um barco e esperava que Crystal se apaixonasse por ele. Ou pensava em dizer adeus aos computadores de uma vez por todas.

"O que você quer fazer?", Noah perguntou, olhando para a rua vazia, o hálito exalando vodca.

"Vou largar esse negócio de tecnologia e me tornar designer de moda", Jack disse. "Além do mais, a Odeo é uma zona." Nem mesmo as pessoas que trabalhavam ali usavam o site, ele disse.

Noah suspirou, incapaz de argumentar. Ele havia tentado fazer com que as pessoas usassem mais o Odeo Studio, colocando o velho sofá bege de Ev no meio da sala para que as pessoas vomitassem banalidades em um microfone. Mas os microfones lá ficavam, ignorados, relíquias do passado em uma empresa que estava tentando reinventar o futuro.

A constatação de Jack de que a empresa estava uma zona ia além da triste realidade de que nenhum dos funcionários da Odeo estava usando o serviço que eles estavam construindo. Havia problemas muito maiores.

Um deles era o fato de a tensão entre Ev e Noah ter piorado. Os conflitos de personalidade entre os dois haviam transbordado em várias ocasiões, na frente de todos os funcionários.

"Eu é que devia estar tocando essa droga de empresa", Noah gritou para Ev diante de todos mais de uma vez. "Eu faria um trabalho muito melhor do que você! Você não sabe o que está fazendo!" Devido à aversão de Ev a conflitos, ele ficava parado, tentando acalmar o outro com seu silêncio, mas Noah continuava a atacá-lo com seus discursos inflamados. Os investidores também tinham ataques nervosos com alguma frequência. Não sabiam quem dirigia a empresa: se um Ev ausente ou um Noah errático. Estavam apavorados com a possibilidade de os 5 milhões de dólares investidos na Odeo para a construção de um site que pudesse centralizar os podcasts da internet estarem indo para o ralo.

A única coisa sobre a qual Noah e Ev tinham conseguido concordar nos últimos meses fora a mudança para um novo escritório, na South Park Street, n. 164.

Mas as brigas entre os dois eram apenas um aspecto do grande problema que envolvia a Odeo. Outro elemento complicador era a cultura anarquista presente no DNA da empresa desde o primeiro dia, principalmente devido aos hackers que haviam sido contratados para programar o site. Rabble e Blaine eram chamados de "Os Anarquistas", rótulo do qual se orgulhavam, pois sua ilegalidade não podia ser controlada.

As tentativas de acabar com o caos instaurado na empresa geralmente não davam em nada.

Um dos funcionários com perfil mais corporativo, Dom Sagolla, tinha sido contratado em outubro de 2005 para ajudar a testar novas ferramentas de podcasting. Ele tinha trabalhado na Adobe, gigante do software, e costumava usar jargões do mundo corporativo na Odeo, tentando incutir um pouco de organização na start-up. Uma de suas iniciativas foi a criação de um quadro na parede ao lado de sua mesa. Escreveu o nome de todos os funcionários na primeira linha do quadro e embaixo dos nomes colocou fichas com todas as tarefas semanais rotineiras de cada pessoa. Assim que Dom se afastava de sua mesa, os engenheiros davam um jeito de trocar as fichas, colocando as tarefas que não queriam debaixo de outro nome.

Tim Roberts, vice-presidente da Odeo, organizava reuniões diárias rápidas todas as manhãs. Os funcionários ficavam em pé para ouvir as instruções. Mas duas pessoas permaneciam sentadas em seus lugares: Rabble e Blaine. "Não vou me levantar para participar dessas malditas reuniões", Rabble disparava quando lhe diziam para levantar da cadeira como todo mundo.

Os Anarquistas desafiavam qualquer norma. Um dia Tim decidiu que em vez de ficarem todos em pé, faria a reunião com todos sentados. Enquanto todo mundo pegava uma cadeira e se acomodava para a reunião matinal, Blaine e Rabble se levantaram e ficaram orgulhosamente em pé.

Mas pior do que a anarquia interna era o grande buraco que a Apple havia aberto no casco da empresa.

Alguns meses antes, os funcionários da Odeo tinham se reunido em meio a seus computadores para assistir a Steve Jobs, o venerável CEO da Apple, anunciar o último iPod.

Mas ficaram completamente atônitos quando Jobs declarou que a Apple iria incluir podcasts no iTunes. Após as declarações, o gigante da tecnologia transmitiu um comunicado à imprensa cujo fatídico título dizia: APPLE TAKES PODCASTING MAINSTREAM [Apple populariza o podcasting]. Nesse momento, o podcasting, que havia sido a razão de existir da Odeo, havia se tornado uma simples extensão para a Apple.

Ev percebeu imediatamente que esse era um golpe fatal para a Odeo. Como eles poderiam competir com a Apple, dona do iTunes, o maior serviço de música do mundo? Não poderiam. Seria como uma corrida entre um triciclo e um carro de Fórmula 1.

Nada disso precisou ser dito naquela noite, enquanto a chuva caía no para-brisa do carro e o cheiro de álcool impregnava o ar. Noah continuou a falar sobre os últimos meses enquanto Jack olhava desconsoladamente para a rua vazia. Era sempre assim: Noah falando sem parar de algo, enquanto Jack respondia com monossílabos. "Então, o que é que você quer fazer mesmo? *De verdade*", Noah perguntou a Jack.

"Quero entrar para o mundo da moda", Jack respondeu tranquilamente. "Quero fazer jeans."

"Está certo, ótimo, já é alguma coisa. E o que mais você gostaria de fazer?", Noah insistiu.

Jack e os outros não sabiam, mas Ev havia dito a Noah que estava pensando em fechar tudo, abandonar o barco da Odeo. Ele estava cansado e não via uma solução possível para a empresa. Mas Noah estava tentando desesperadamente capturar ideias dos funcionários para salvar o barco. Ou pelo menos as pessoas que trabalhavam ali.

Jack começou a listar as coisas de que gostava, incluindo música, programação e velejar. Então ele falou de seu conceito de "status".

Alguns meses antes, Jack desenterrara essa ideia em uma de suas noitadas com Crystal e Noah. Na verdade, a ideia havia surgido no início de 2000, quando ele ainda morava em um prédio sujo chamado Biscuit Factory, em uma área perigosa de Oakland.

Na época, Jack usava um serviço de blogs chamado LiveJournal, um concorrente do Blogger. O LiveJournal oferecia a seus usuários a possibilidade de postar pequenas mensagens de status em seus blogs para dizer o que estavam fazendo naquele momento. A maioria dos blogueiros usava esse aplicativo para postar atualizações sucintas a respeito deles mesmos.

A ideia de postar um "status" no computador surgiu em 1997, quando a AOL lançou um serviço de mensagens instantâneas. Naquele momento, a empresa se via diante de um desafio relacionado à maneira como as pessoas se comunicavam: como você mostraria aos outros que não está diante do computador se eles não podem ver você? A solução encontrada pela AOL foi disponibilizar uma ferramenta para colocar uma "mensagem de ausência". Em um pequeno fragmento de texto, as pessoas podiam dizer se estavam disponíveis, em uma reunião ou simplesmente ocupadas, de forma que seus amigos on-line soubessem de seu paradeiro. Quando os adolescentes começaram a usar mensagens desse tipo, mudaram completamente a abordagem, falando de seu humor ou sobre a música que estavam ouvindo. Nerds, como Jack, Crystal e Noah, logo começaram a imitar os adolescentes e a criar mensagens de ausência contando aos outros a música que estavam ouvindo.

Em uma noite de insônia no Biscuit Factory, Jack ficou pensando sobre a rápida evolução da ferramenta de status que ele estava usando em seu blog no LiveJournal e conjecturou a seu respeito: e se essa ferramenta pudesse ser separada do blog e se tornasse o próprio site? Ele pulou da cama e começou a fazer anotações sobre o conceito, chegando a construir um protótipo muito cru.

Nesse momento, seis anos depois, sentado no carro de Noah, ele falou sobre esse conceito de site, em que as pessoas entrariam para compartilhar seu status. "Você poderia dizer que música está ouvindo", Jack disse. "Ou dizer às pessoas que está no trabalho."

Noah sempre achou que essa ideia de Jack parecia muito fria. As atualizações, como a voz de Jack, pareciam muito curtas e monótonas para ele. A ideia também lembrava muito o Dodgeball, que havia sido lançado em 2000 e ajudava as pessoas a compartilhar sua localização com os amigos por mensagens de texto. Além disso, havia o Facebook, que estava começando a se tornar popular entre os universitários.

Noah ficou olhando pela janela, processando aquela informação. O efeito do álcool estava começando a se dissipar. Ele pensou em Erin e no fracasso de seu casamento. Em Crystal e em como gostaria que ela estivesse ali no carro com ele e Jack. Parte de Noah também queria que Ev estivesse ali; tinha saudade da amizade perdida. Gostaria que todos estivessem ali, juntos, participando daquela conversa melancólica sobre perdas e fracassos, na rua vazia, debaixo da chuva. Então ele teve um insight. "É isso!"

Essa coisa de "status" poderia ajudar as pessoas a se conectar com outras que não estivessem por perto. Não se tratava apenas de compartilhar a música que você estava ouvindo ou de dizer onde você estava naquele momento; o negócio era conectar as pessoas e fazer com que elas se sentissem menos sozinhas. Teria de ser uma tecnologia que amenizasse o sentimento de solidão de toda uma geração quando olhava para a tela do computador. Uma emoção que Noah, Jack, Biz e Evan sentiram enquanto cresciam, encontrando consolo no monitor. Emoção que Noah sentia noite após noite vendo seu casamento e sua empresa desmoronarem.

Havia sido o sentimento de solidão que levara Ev a ficar tão entusiasmado com o Blogger, sentado em seu apartamento, sozinho, sem amigos, mas podendo se conectar com o mundo através de seu teclado. Foi também por isso que Biz começou a blogar no porão da casa de sua mãe anos antes. O mesmo motivo levou Jack a abrir uma conta no LiveJournal em St. Louis, passando horas sozinho nos cafés, falando com gente que se escondia em fóruns na internet — todos tentando se conectar. A ideia de "status" poderia ser um antídoto para tudo isso, uma cura para a solidão, Noah pensou.

"E se tivesse áudio?", perguntou Noah, entusiasmado. "E se...", ele parou para pensar, "e se fossem mensagens de texto em vez de e-mail?" As ideias começaram a brotar. "E se... E se... E se..."

Jack também começou a se empolgar com as sugestões. Propôs integrar a ideia ao Odeo Studio: atualizações de status por meio de voz. "Talvez funcionasse melhor se existisse a possibilidade de anexar um arquivo de áudio", disse ele.

No dia 27 de fevereiro de 2006, segunda-feira, Noah e Jack foram se arrastando para o trabalho, a cabeça explodindo após uma noite de pouco sono. Noah imediatamente arrastou Ev e Biz até uma sala de reuniões para contar a eles a conversa que havia tido com Jack na noite anterior. Jack ficou observando enquanto Noah explicava aquele negócio de "status" para Ev e Biz.

"Tem tudo a ver com as outras coisas que andamos discutindo!", Noah proclamou.

Desde janeiro eles sabiam que a Odeo não funcionaria. Apesar de as pessoas se cadastrarem no site, raramente voltavam. As desavenças entre Ev e Noah impediam o desenvolvimento de novas ferramentas, deixando-os em um impasse permanente. A entrada da Apple na briga pelo podcasting tinha sido a pá de cal no projeto da Odeo. Ainda assim, Ev e Noah sabiam que precisavam fazer alguma coisa e por isso tiveram várias reuniões com Jeremy LaTrasse, engenheiro sênior da Odeo, e Tim Roberts, tentando encontrar um novo rumo para a empresa moribunda — ou talvez desfazer tudo e começar do zero.

Mudar o foco de uma start-up de tecnologia não é tão complicado quanto transformar um negócio tradicional — como tentar metamorfosear uma loja de roupas em uma construtora, por exemplo. Está mais para a mudança do cardápio de um restaurante. Apesar das mudanças na cozinha, às vezes drásticas, os mesmos cozinheiros e garçons podem continuar a preparar a comida e servi-la. Ou, no caso da Odeo, os mesmos programadores, designers e gestores.

As reuniões costumavam ser realizadas no apartamento de Ev, onde Jeremy, Tim, Noah e Ev tomavam cerveja em volta da mesa da cozinha e discutiam o que fazer.

O maior medo de Ev estava prestes a se tornar realidade: com o fracasso da Odeo, Ev — o fenômeno dos blogs — seria autor de um único sucesso. Mas ele acreditava que, se conseguisse transformar a Odeo em outra coisa, seu nome estaria a salvo no Vale do Silício.

"E se acabássemos com a parte de áudio da Odeo?", Ev havia sugerido algumas semanas antes. "Ou se a transformássemos em uma plataforma de mensagens, onde as pessoas pudessem deixar uma mensagem para um grupo de amigos?" As conversas sobre a reinvenção da Odeo se concentraram no conceito de "amigos seguindo-se uns aos outros" em uma plataforma de mensagens. A grande questão que nenhum deles conseguia responder era: o que esses grupos de pessoas realmente queriam compartilhar uns com os outros? Era aí que o conceito de status de Jack se encaixava perfeitamente.

Quando Biz soube dessa ideia, lembrou-se de algo que o havia deixado obcecado quando estava no Google. Na época, ele tinha um celular chamado Treo, com uma tela em preto e branco, que também funcionava como PalmPilot. Ele começou a sugerir aos seus chefes que o Google deveria criar seu próprio "Phone-ternet".

"Que diabos é um Phone-ternet?", perguntavam seus colegas de trabalho.

"É uma espécie de internet para telefones celulares!", dizia Biz às pessoas que prestavam atenção nele. "Você entende? Telefone mais internet. Phone-ternet!" As pessoas reviravam os olhos.

Mas agora, ao ouvir sobre a ideia de Jack a respeito de status, misturada com celulares, grupos de amigos e a explicação de Noah para tudo aquilo, Biz, como Ev, ficou encantado.

Quando a reunião terminou, Noah correu para atender um telefonema. Ev aproveitou a oportunidade para dar ordens a Jack e Biz: "Vejam bem", Ev disse, inclinando-se para a frente e falando em voz baixa com seus funcionários. "Gosto dessa ideia, mas não quero que Noah se distraia com outra coisa. Por isso quero que *vocês* dois comecem a trabalhar calmamente para produzir esboços sobre essa coisa de status. Mas não contem a ninguém", Ev disse a Jack e Biz, que se empolgaram com a missão secreta. "E não deixem que Noah se envolva demais."

Mas já era tarde. Noah tinha metido a ideia na cabeça. Todos eles haviam metido a ideia na cabeça. E juntos estavam prestes a construir algo que mudaria suas vidas para sempre.

Twitter

As páginas do livro mexiam-se silenciosamente no ar enquanto Noah folheava uma a uma com o polegar. Ele estava nisso havia horas, virando cada folha com o cuidado de um cirurgião cardíaco, estudando cada palavra.

Quando encontrava uma que talvez fizesse sentido, murmurava-a para si mesmo para ver como soava em voz alta. "Adoração." "Rapidez." "Tremor." Depois balançava a cabeça em sinal de desaprovação e continuava a folhear o dicionário.

No fim do dia, ele deixava o escritório e ia para casa, onde continuava a procura por um nome para o novo projeto. Até que a finalmente parou diante de uma palavra — e soube imediatamente que a tinha encontrado. Ele leu a definição, releu e então disparou um e-mail para o grupo.

Os esforços de Ev para manter Noah fora do projeto haviam durado cerca de vinte minutos. Assim como no início da Odeo, se Ev dizia uma coisa, Noah fazia exatamente o oposto.

Mas Ev tinha outros problemas para resolver: estava tentando reunir documentos para a próxima reunião do conselho, na qual pretendia sugerir a venda da Odeo pela melhor oferta. Ou por qualquer oferta.

Todos os engenheiros que não estavam envolvidos com o Projeto Status trabalhavam incessantemente no que restava da Odeo. Havia dias que o pequeno grupo envolvido com o novo projeto vinha discutindo sugestões de nomes, apesar de não terem chegado a um consenso. Jack propôs o nome "Status", mas os outros diziam que "soava demais a engenharia". Biz sugeriu "Smssy". "Bonitinho, mas não." Ev pensou em "Friendstalker", que foi descartado de imediato pois certamente afugentaria qualquer pessoa que não tivesse dezoito anos, fosse do sexo masculino e solteiro.

Apesar de o restante do grupo não parecer tão preocupado com o nome, Noah estava obcecado por isso desde a conversa no carro com Jack. Domingo, segunda, terça, quarta, Noah havia passado a semana procurando obsessivamente por uma palavra que fizesse sentido. Não foi almoçar nenhum dia com os colegas, enfiado no fundo do escritório em busca da maldita palavra.

Quando chegou em casa na quarta-feira à noite, voltou a folhear o dicionário. Mas seus pensamentos eram constantemente interrompidos por mensagens de texto, que faziam soar um barulho de sininho em seu celular. Irritado com a distração, ele colocou o celular no modo silencioso, de forma que o aparelho apenas vibrava sobre a mesa. Noah parou o que estava fazendo e olhou para o telefone, pegou-o na mão e ficou mexendo no botão, observando enquanto ele sacudia silenciosamente. "Vibrar", ele pensou, e foi procurar a palavra no dicionário. "Agitar, tremer, pulsar; movimentar para a frente e para trás rapidamente." Isso deixou Noah empolgado.

Apesar de todo mundo achar que o atualizador de status era uma coisa interessante, para Noah tinha um significado mais pessoal. Como ele explicou a Jack naquele dia de chuva, o Status poderia fazer com que as pessoas se sentissem "menos sozinhas". A vida amorosa de Noah, sua empresa e agora os amigos, todos ligados à Odeo, tudo à sua volta estava desmoronando. Essa nova invenção poderia colocar tudo em pé novamente, por isso o projeto precisava de um nome que pudesse exprimir a ideia como um todo.

A vibração do celular levou-o a pensar nos impulsos do cérebro que fazem o músculo se contrair e relaxar. "*Twitch*"! *Não, isso não funcionaria*, ele pensou. Por isso continuou a procurar outra palavra que começasse com TW no dicionário. *Twister. Twist tie. Twit. Twitch. Twitcher. Twitchy. Twite.* Aí estava ela.

"Leve trinado produzido por algumas aves; piar, chilrear." O coração de Noah começou a acelerar enquanto ele prosseguia. "Som semelhante, especialmente leve, fala ou riso trêmulo." É isso, ele pensou. "Agitação ou excitação; vibração."

Um verbo. *Twitter.*

Twitter. Twittered. Twittering. Twitters.

Noah decidiu enviar um e-mail para Ev: "O que você acha de Twitter como nome de domínio?", ele perguntou. Depois, pensando em qual poderia ser o slogan do site, acrescentou: "Um novo nível de comunicação. Ou algo assim".

O nome exigiu um pouco de convencimento, enquanto se espalhava pelo grupo, pois no fundo cada um acreditava que sua sugestão era a melhor. Por fim, todos concordaram que "Twitter" era a escolha certa, e Biz começou a fazer projetos de logo.

Como o novo site permitiria atualizações através de mensagens de texto, Jack sugeriu que fossem removidas as vogais. Na época, esse tema circulava pelo Vale do Silício graças ao Flickr, site de compartilhamento de fotos. Assim, o Twitter, ou Twttr, poderia usar um número especial de telefone de cinco dígitos, chamado código curto, para enviar mensagens. O nome do domínio também estava disponível.

Quando eles começaram a acelerar os motores para desenvolver o Twitter, Tim Roberts, que ainda era diretor de produto na Odeo, acendeu rapidamente uma gigantesca luz vermelha. Em uma reunião com Ev, Tim expressou suas preocupações: "Em primeiro lugar, vamos precisar de muita gente para que isso funcione de maneira adequada", disse Tim, e depois reiterou suas preocupações por e-mail. Ele ressaltou que "explicar o que é o produto" será muito difícil.

Ev relutou, mas acabou concordando e, depois de uma longa discussão, decidiu que seria melhor examinar outras ideias antes de focar exclusivamente no Twitter. Enquanto Jack, Biz e Noah continuavam conversando apenas sobre a ideia do Status, Ev decidiu realizar um último *hack day*.

Eles haviam organizado um *hack day*, também chamado de *hackathon*, no início de fevereiro, quando a Odeo estava saindo dos trilhos. Ev apresentou a ideia da seguinte maneira: "Senhoras e senhores, tenho o prazer de anunciar a vocês a primeira *hackathon* da Odeo", Ev escreveu num e-mail para todos os funcionários em 6 de fevereiro de 2006. "*Hackathon* é um evento que se estende por um dia inteiro. Todos devem pensar em ideias que podem ser importantes para a empresa e não naquilo em que vocês 'deveriam' estar trabalhando."

As regras básicas foram estabelecidas: o evento começaria às 9h30 e seria encerrado às 18h30, quando Ev tocasse um sino. Depois disso, enquanto comiam e bebiam, as pessoas apresentariam seus projetos. Colaborações em ideias alheias seriam bem-vindas, mas havia algumas regras para que certas pessoas (como os encrenqueiros do escritório) não trabalhassem juntas. "O que é que vocês precisam fazer? Mais ou menos o que quiserem", Ev escreveu. "Isso significa que deve ser algo relacionado à Odeo — algo que possamos eventualmente lançar. O que lhes dá uma margem bastante ampla."

Durante a realização do primeiro *hack day*, no início de fevereiro, Jack passou a semana fora e não pôde participar. Aconteceram outros depois disso, mas o daquela semana seria o último. Enquanto as pessoas zanzavam de uma mesa para outra, tentando formar equipes, o escritório parecia uma sala de aula do ensino fundamental.

Depois os grupos ocuparam cada um o seu canto, debatendo ideias. Os programadores estavam todos tentando encontrar uma resposta para a questão básica proposta por Ev: se você fosse começar uma nova empresa hoje, ou reinventar a Odeo, o que você construiria?

Florian Weber, um jovem programador alemão contratado temporariamente para ajudar na Odeo, juntou-se a Jack e Dom, e os três foram comprar burritos no Mexico Au Parc na outra ponta da South Park Street. Depois foram até os balanços para comer e trocar ideias. Jack puxou o gorro preto para proteger as orelhas do frio enquanto falava sobre seu atualizador de status para Dom e Florian, que até então não sabiam de nada.

"Por que não usar apenas voz?", Dom perguntou.

"Bom, você poderia", disse Jack, mas explicou que por mensagens de texto as pessoas poderiam atualizar seu status em uma balada barulhenta, por exemplo, onde é quase impossível fazer uma ligação.

Florian, que também curtia baladas, concordou entusiasticamente. "Todo mundo poderá saber onde está rolando a festa mais bacana", ele disse.

"E quais são as outras possibilidades de uso?", perguntou Dom.

"Minha mãe também poderia usar", disse Jack, "para saber o que eu estou fazendo."

No final, todos acabaram voltando para suas mesas para fazer um esboço de suas ideias, movimentando os mouses, tamborilando os teclados. Quando a névoa da noite de San Francisco encobriu o céu, o barulho de um sino quebrou o silêncio, anunciando a hora: 18h30. Então foram todos para a sala da frente, começaram a abrir latas de cerveja e a apresentar seus projetos.

No fim do *hack day*, todos os projetos eram muito semelhantes. O Twitter foi apresentado, assim como o Off the Chains, o Ketchup, o ShortOut e alguns outros, todos com aspectos semelhantes em termos de compartilhamento, mensagens de texto e amigos. Após a conclusão das apresentações, as pessoas foram embora e Ev disse que pensaria a respeito de tudo aquilo.

Depois de alguns dias, Ev enviou um e-mail a Noah e a alguns outros executivos da Odeo. Jack estava tão em baixa na empresa que não foi incluído na mensagem.

"Em relação aos nossos novos projetos, estou mais inclinado para o Twitter (ou Twttr). Acho que ainda podemos conversar mais a respeito, e eu até posso vir a mudar de ideia, mas agora preciso tomar uma decisão, e minha intuição me diz que o Twitter é o nosso novo negócio", Ev escreveu no e-mail. "Jack está ruminando a ideia para construir a coisa."

Então Ev deu sinal verde para que seus funcionários começassem a desenvolver o projeto.

("Leve trinado produzido por algumas aves.")

Ficou acertado que Jack e Biz poderiam tirar duas semanas para criar um protótipo. Florian seria o engenheiro principal. Noah iria supervisionar o desenvolvimento de tudo. Jeremy poderia ajudar com o Twitter quando fosse necessário. Todos os outros, incluindo Rabble, Dom, Crystal e Blaine, deveriam continuar focados na Odeo, enquanto Ev e os investidores prosseguiam na busca por alguém interessado em comprar a empresa de podcasting.

("Som semelhante, especialmente leve, fala ou riso trêmulo.")

Tim Roberts ainda não havia comprado a ideia. "Sinto que sou uma voz dissonante, o que é estranho", ele escreveu num e-mail. "Mas continuo a ter alguns questionamentos fundamentais em relação ao Twitter e às suas chances de sucesso."

("Agitação ou excitação; vibração.")

Mas era tarde demais para divergências ou dúvidas em relação às chances de sucesso. Ev, Noah, Biz e Jack estavam obcecados. Era isso o que eles queriam construir.

(Twitter.)

Configurando meu Twitter

JACK SE LEVANTOU E ERGUEU OS BRAÇOS como se fosse o Super-Homem prestes a sair voando e gritou: "Yesssssss!".

Rabble e Blaine, sentados ao lado, olharam para ele como se estivesse louco. O Senhor Tranquilo jamais gritava ou se levantava abruptamente, mas alguma coisa o havia lançado para fora da cadeira como se fosse uma descarga elétrica. Jack olhou para eles com um sorriso animado e voltou a se sentar rapidamente, retomando o trabalho.

"O que foi?", Rabble perguntou a ele, contrariado. Na época, vagando por ali à espera da demissão — o que não demoraria a acontecer —, Rabble basicamente criava códigos para seus projetos de hacktivismo.

"Consegui fazer a conexão do site para atualizar um status", Jack respondeu, teclando freneticamente. A conversa foi interrompida por outro "Yesssssss!" muito alto na sala dos fundos, de onde Noah saiu com os braços erguidos. "Eu vi a atualização! Eu vi a atualização!"

Tecnicamente, essa não foi a primeira atualização de status. Antes do *hack day*, Ev tinha decidido construir sua própria versão básica do Twitter usando parte do código do Blogger e de seu blog pessoal, o EvHead. Ele batizou essa experiência de "Twitlog", e apesar de ser uma versão rudimentar do conceito, permitiu que ele visse como seria o

Twitter. Em sua primeira atualização ele escreveu: "Configurando meu twitlog", acrescentando alguns minutos depois: "Hum... Será que vai funcionar?". Depois passou alguns dias fazendo pequenas atualizações do celular. "Comendo um biscoito de manteiga de amendoim. Mmm." "Querendo que Sara estivesse aqui." "Caminhando para o trabalho." "Comendo um hambúrguer vegano no aeroporto de Salt Lake."

Enquanto os funcionários acompanhavam o Twitlog de Ev para ver se as atualizações eram interessantes, Jack e Biz mergulharam de cabeça no verdadeiro Twitter, com Florian construindo o back-end do site (a linguagem de programação por trás dos tuítes) e Jack trabalhando no front-end (a parte do sistema que interage diretamente com o usuário). Biz cuidava da aparência e dos aspectos gráficos. Noah supervisionou a criação do logo, mas, depois de vários dias de tentativas, parecia uma mancha verde de gosma horrorosa. Jeremy, Blaine e Tim ajudavam com os problemas de programação quando necessário.

Para manter o site simples e clean, levando em conta o conceito original que Jack havia imaginado, só haveria uma mensagem visível de cada vez. Se a pessoa atualizasse seu status, a atualização anterior desapareceria para sempre e seria substituída pela nova mensagem. Mas Ev argumentou que, como nos blogs, as atualizações de status deveriam aparecer em sequência, cronologicamente. Depois de passar alguns dias seguindo o Twitlog de Ev, Noah concordou com Ev e sugeriu acrescentar também uma indicação de tempo a cada atualização para que as pessoas soubessem quando foi postada.

Noah, Biz, Jack e Florian passaram vários dias trabalhando. Corrigindo erros. Resolvendo problemas. Eliminando bloqueios. As coisas eram coladas digitalmente, postas em seu lugar com linguagens de programação improvisadas. Por fim, duas semanas depois, Jack enviou o que seria a primeira atualização oficial do Twitter. No dia 21 de março de 2006, às 11h50, Jack tuitou: "Configurando meu Twttr", repetindo a primeira mensagem de Ev em seu Twitlog alguns dias antes.

E, assim, as peças do quebra-cabeça se encaixaram. O conceito de Jack, com as pessoas compartilhando suas atualizações de status; a sugestão de Ev e de Biz, para que as atualizações fluíssem em sequência, como no Blogger; a indicação de tempo sugerida por Noah, além do nome que ele havia pensado para o site; e, finalmente, as amizades e a ideia de "compartilhar experiências" que haviam se espalhado a partir da Odeo e de todas as pessoas que haviam trabalhado ali.

Naquele dia, Biz estava trabalhando de casa, em Berkeley. Mas estava conectado e viu as palavras "Configurando meu Twttr" em seu celular. Ele mandou uma mensagem para Jack imediatamente: "Acabei de ver seu status no meu celular!". E, então, fazendo uma referência a Alexander Graham Bell, que demonstrou como funcionaria o telefone pela primeira vez em 1876, escreveu: "Watson, venha cá por favor!".

Iniciou-se uma troca de mensagens instantâneas entre os dois.

JACK: Ótimo! Atualize seu status, estou te seguindo.

BIZ: Isso me fez pensar em um ótimo slogan para o Twitter — "Você está me seguindo?"

Então Biz se cadastrou e enviou seu primeiro tuíte: "Configurando meu Twttr".

"Recebi!", Jack respondeu. Nove minutos depois, foi a vez de Noah: "Configurando meu twttr". Então, trinta segundos depois, Crystal e Jeremy. E depois Tony Stubblebine, outro engenheiro sênior da Odeo. Florian. Ev. E os outros funcionários.

Jack tuitou de novo: "Convidando os colegas". Biz: "Trazendo os colegas da Odeo para este negócio". Dom se juntou a eles. Rabble. Enquanto as pessoas olhavam para os celulares e computadores tentando decidir o que digitar, Dom tuitou: "Ooooooh", seguido por Jeremy: "Caramba, acabei de tuitar um pouco".

Cada atualização era acompanhada por um coro de celulares vibrando, pois todos recebiam as mensagens simultaneamente. Tim Roberts se juntou a eles. "Isso poderá viciar", tuitou Dom. "Desejando outro sanduíche", tuitou Biz. "Vá almoçar", tuitou Jack. "Checando meu Twttr", tuitou Ev. "Caramba, este Twitter faz cócegas no nariz", tuitou Jeremy.

E foi isso. Uma centelha de vida. Tuítes.

"Usando twttr.com", Biz escreveu, continuando os testes do site. A primeira versão era bem simples, bruta. "Qual é o seu status?", era a pergunta no alto da página, com um espaço retangular embaixo e um ícone indicando "updates". Como num blog, havia um fluxo de atualizações abaixo.

Jack deixou o escritório por volta das seis da tarde naquele dia. Foi caminhando até seu curso noturno de desenho, empolgado com o que haviam construído, e tuitou que estava "desenhando pessoas nuas". Por algumas horas, eles se comportaram como um grupo de crianças em um acampamento desejando boa-noite umas às outras. Como um grupo de amigos contando o que haviam feito naquela noite, cada um sentado em um lugar, todos juntos, eles conversavam. Tuitando.

ADAM: "Levantando pesos."

NOAH: "Droga, acho que estou ficando resfriado."

JEREMY: "Fantasiando Jack desenhando pessoas nuas mmmmmmm... pessoas nuas."

DOM: "Indo pra casa."

JACK: "Sono."

EV: "Pensando se as atualizações estão funcionando."

EV: "Feliz por estarem."

BIZ: "Tomando café."

TONY: "Pensando no sono polifásico."

NOAH: "Biz não vai me deixar sozinho."

CRYSTAL: "Aerobics Supah Star."

JACK: "Ninguém está lendo, escreva texto."

BIZ: "Acessando twitter no browser do meu treo."

JACK: "Sono."

NOAH: "Fim de noite no escritório. Perdi Lost :-("

CRYSTAL: "Limpei o banheiro, comi uma salada, indo pra cama!"

NOAH: "Hora de dormir pra mim. Boa noite."

O caubói no rodeio

JÁ ERA TARDE DA NOITE quando a porta da Odeo se abriu repentinamente e Noah entrou, bêbado.

"Jack!", ele gritou, disparando em sua direção com a alegria de uma criança que acabou de chegar da escola, mas exalando o odor pungente de um alcoólatra. Jack tirou os fones de ouvido e olhou para ele com uma expressão cansada. "Oi, Noah."

"Acho que ferrei tudo", disse Noah, batendo as mãos no ar e desabando em uma cadeira ao lado de Jack. "Acho que vocês vão ficar putos comigo."

"O que você fez?", perguntou Jack, sem saber do que ele estava falando.

"Acho que anunciei o Twitter para a mídia", disse Noah e desatou a falar de uma festa maravilhosa, Om Malik, cigarros, open bar — e um touro mecânico.

Em meados de julho de 2006, o Vale do Silício parecia um parque de diversões que acabara de reabrir. Novos brinquedos sociais estimulantes estavam sendo construídos nos locais onde antes havia sites de comida para animais e outras ideias para pedestres, comuns no final dos anos 1990. E agora a entrada era gratuita. Você pagava apenas com sua privacidade, dando suas informações pessoais para ter acesso.

O novo Vale do Silício também tinha um novo nome: Web 2.0! Nova e melhorada: a rede social! Web, MySpace e Friendster eram o assunto do momento, e o nascente Facebook, que estava se espalhando entre os universitários com a rapidez de um resfriado qualquer. O Flickr havia sido comprado pelo Yahoo! por quase 90 milhões de dólares, uma pequena mina de ouro naquela época.

Como crianças hipnotizadas por um enigmático globo de neve, as pessoas voltaram a olhar para o Vale, perguntando-se como poderiam fazer parte desse país das maravilhas. Todos queriam ter seu próprio brinquedinho, que ao ser sacudido espalharia dinheiro em vez de flocos de neve.

Mas entre a riqueza ilimitada que estava começando a se espalhar pelo Vale do Silício havia também uma série de start-ups quebradas, como a Odeo, que estava encerrando seus negócios. E foi por isso que Noah acabou bêbado em uma festa, vangloriando-se como um dos criadores do Twitter.

Um grupo de empresários espirituosos decidiu capitalizar a mentalidade de montanha-russa da cena tecnológica. Usando o material promocional dessas start-ups quebradas, eles criaram uma espécie de clube chamado "Valleyschwag": pagando quinze dólares mensais, cada associado recebia um pacote com camisetas, adesivos, canetas, mousepads e outros artigos de empresas que estavam prestes a desaparecer.

Para ajudar essas empresas a celebrar seu fim, realizavam festas batizadas de "Valleyschwag Hoedown". Naquele dia, antes do início das festividades, os organizadores precisavam de mais material promocional; como não era segredo para ninguém que a Odeo estava morrendo, um deles bateu na porta da empresa e Ev lhe mostrou um armário cheio de camisetas com o logo rosa da Odeo.

"Posso levar algumas para a festa?", o cara perguntou.

"Claro, pegue quantas quiser", Ev respondeu com um sorriso cínico.

No meio da festa, Noah chegou todo animado com o Twitter, site que até aquela noite pouquíssimas pessoas conheciam. Depois de tomar umas doses de vodca com algumas figurinhas carimbadas da cena tecnológica, de comer um pedaço de bolo, de dançar com garotas usando chapéus de caubói no salão decorado com fardos de feno e de cavalgar no touro mecânico, Noah se viu do lado de fora da festa, bêbado e fumando um cigarro com Om Malik, blogueiro especializado em tecnologia. Eles estavam encostados em um grande ônibus escolar amarelo que havia sido alugado para a festa.

Noah, sem conseguir se controlar, deu umas tragadas rápidas no cigarro e falou entusiasticamente a respeito do novo site. "Tudo começou com um papo no meu carro depois de uma noite regada a muita vodca", ele balbuciou. "Me dá seu celular. Eu vou te cadastrar!", disse Noah, o cigarro pendurado na boca como James Dean. Ele apertou alguns botões e depois devolveu o celular, explicando rapidamente como funcionava o Twitter.

"Procurando comida", Om tuitou, depois deu uma última tragada no cigarro e guardou o celular no bolso.

Depois de colocar o carro na frente dos bois, Noah decidiu que seria melhor cadastrar outras pessoas e se transformou em uma espécie de vendedor ambulante na festa. "Me dá seu celular! Eu vou te cadastrar!", ele gritava para as pessoas. Antes que pudesse se dar conta, se viu no meio do salão, bêbado, cercado por pessoas com seus chapéus de caubói. Logo percebeu que precisava falar com Jack e com os outros a respeito dessa coletiva de imprensa improvisada.

O entusiasmo de Noah com o Twitter era palpável. Alguns dias antes, os membros do conselho da Odeo chegaram ao escritório para participar da reunião trimestral e discutir a venda do serviço de podcasting. Porém, antes de começar a reunião, Noah e Ev queriam mostrar um demo do Twitter para os investidores. Jack entrou na sala para a apresentação, sua primeira participação em uma reunião do conselho, e ficou mudo enquanto Noah fazia uma apresentação apaixonada do novo projeto.

"O que você acha?", perguntou Noah a George Zachary, o principal investidor da Odeo, após sua apresentação. "É incrível, não é? Você poderá se conectar com seus amigos!"

George olhou para Noah com uma expressão confusa, perguntando-se por que alguém iria querer se "conectar com seus amigos" quando esses amigos estavam ali do lado. Ele começou a achar que os programadores tinham fumado alguma coisa antes da reunião e olhou em volta, sem saber o que dizer. Ainda assim, Noah continuou animado, dando exemplos de como as pessoas poderiam se conectar usando o Twitter.

Alguns dias depois, quando Noah despencou no escritório da Odeo depois da festa e contou a Jack que havia divulgado o Twitter para toda a blogosfera, Jack disse que não seria tão problemático e voltou a trabalhar. Como Ev, Jack também era avesso a conflitos. Pelo menos em público.

Por dentro, Jack ficou furioso.

Sua amizade com Noah já havia sido abalada por causa de uma discussão a respeito de Crystal.

No último ano, Noah, Jack e Crystal tinham ficado muito amigos; eles tomavam café da manhã, almoçavam e jantavam juntos várias vezes por semana e, nos fins de semana, dançavam até o amanhecer. Em abril, tinham ido com alguns amigos até Coachella, que ficava a apenas sete horas de San Francisco, para participar do badalado festival de música. Eles dançaram ao som do Chemical Brothers, Girl Talk e Imogem Heap e dormiram um ao lado do outro no deserto. Mas Noah reparou na obsessão cada vez maior de Jack por Crystal, pois ele a seguia aonde quer que ela fosse, como um segurança.

Uma noite, Noah puxou Jack de lado e disse a ele que aquela obsessão não era saudável e que ele deveria ficar mais "na boa". Jack ficou na defensiva e acusou Noah de tentar afastá-lo para poder se aproximar ainda mais de Crystal. "Hã? Eu adoro a Crystal, mas não quero namorar ela", Noah rebateu, com o olhar confuso. Mas a cabeça de Jack já estava feita.

Quando Noah entrou no escritório, bêbado, dizendo como havia cadastrado várias pessoas no Twitter, abrindo as cortinas e escancarando ao mundo um projeto que ainda era secreto, Jack ficou mais uma vez contrariado com a interferência de Noah. Primeiro Crystal, agora o Twitter. O sentimento de amor e amizade por Noah estava se transformando em desprezo.

E ele não estava sozinho.

Na manhã seguinte, quando chegaram para trabalhar, os funcionários da Odeo e do Twitter encontraram uma porção de posts em vários blogs discutindo essa coisa nova chamada Twitter.

Mike Arrington, do TechCrunch, blog de tecnologia muito popular no Vale do Silício, escreveu que o Twitter havia sido lançado oficialmente e que "algumas pessoas bem informadas estavam usando o serviço na festa da Valleyschwag ontem à noite em San Francisco". Mas Arrington não pareceu muito impressionado com o novo serviço. Apontou problemas de privacidade e, dando um tapa na cara de Ev, questionou por que a Odeo, uma empresa de podcasting, estaria perdendo seu tempo com projetos paralelos.

Apesar de o blog de Om Malik ser mais gentil, revelando interesse pela nova engenhoca, ele dava todo o crédito a um bêbado, cofundador do Twitter, que dividira cigarros e vodca com ele na noite anterior. "Um novo aplicativo de redes sociais criado por Noah Glass (e equipe)", escreveu Om.

Ev tentou consertar as coisas com a imprensa, mas era tarde demais. E embora Noah ainda não soubesse, o anúncio que havia feito enquanto estava bêbado teria sérias consequências.

Os bancos verdes

O SOUTH PARK ESTAVA ESTRANHAMENTE QUIETO, escuro e silencioso. Não havia crianças brincando nos balanços. Os bancos verdes estavam vazios; as luzes dos prédios que cercavam o parque, apagadas. Cafés, restaurantes e escritórios já haviam encerrado o expediente havia muito. A única exceção era o n. 164, onde um brilho amarelado cintilava através das janelas quadradas que davam para a rua.

Lá dentro, os relógios espalhados pelas paredes passavam silenciosamente pela meia-noite. Mas, no fundo do prédio, atrás das mesas vazias e dos monitores de computador desligados, estava Noah, dedicando-se ao que fazia quase todas as noites. Estava sentado, sozinho.

Isso havia se transformado em rotina. Às vezes ele chorava, enquanto pintava grandes murais. Outras vezes tocava música, dedilhando as cordas da guitarra enquanto cantava alguma letra melancólica. Geralmente cantava algo sobre o amor em sua webcam, um chapéu escuro com a aba cobrindo os olhos marejados.

Seu casamento havia acabado; sua empresa, a Odeo, tornara-se um cadáver em decomposição. A relação com os amigos mais próximos, que eram também seus colegas de trabalho, estava em frangalhos.

Por isso Noah se dedicava apenas ao que sabia fazer melhor. Buscava consolo na magia da internet. Conversava com sua webcam. Seu blog. E, é claro, com o Twitter.

Estava usando o Twitter exatamente como achava que ele deveria ser usado: para curar a solidão. Noah havia entendido o conceito muito antes dos outros. "Ele pode ser o que você quiser", escreveu em seu blog alguns dias antes. "O fato de eu poder saber o que meus amigos estão fazendo a qualquer hora do dia faz com que eu me sinta mais próximo deles e, para ser sincero, um pouco menos solitário." Infelizmente, é claro, sua hipótese havia se mostrado falsa e sua tristeza não havia diminuído com os amigos à distância. E era por isso que ele estava passando suas noites solitariamente escondido no fundo do escritório.

Aquela situação era resultado direto de suas atitudes.

No início de junho, Crystal tinha começado a ajudar com o Twitter, levando seu talento ao serviço de apoio e respondendo a perguntas dos primeiros usuários do site. Apesar de ainda ser algo secreto na época, os funcionários tinham permissão para convidar familiares e amigos próximos para o Twitter.

Por volta da hora do almoço do dia 5 de julho, Dennis Crowley, empresário conhecido no Vale do Silício e cofundador do Dodgeball, que havia sido adquirido pelo Google recentemente, enviou um e-mail para o Twitter perguntando se podia se cadastrar no site. Crystal, sem saber quem era Dennis, respondeu com um código que ativou sua conta. Minutos depois, quando Noah viu o nome de Dennis aparecer no monitor de seu computador com o célebre primeiro tuíte: "Configurando meu Twttr", ficou furioso e saiu de sua sala como um lutador prestes a entrar no ringue.

"Que merda é essa?", ele gritou bem alto para que todos ouvissem. "Quem foi que aprovou a conta de Dennis Crowley?"

"Não sei quem é ele...", Crystal disse, com uma expressão de choque e olhar de medo.

Noah explodiu. "Você não tem ideia da merda que acabou de fazer", ele gritou, andando de um lado para outro. Crystal começou a chorar.

Todos tentaram acalmá-lo. "Você está exagerando, não é nada demais, Noah."

"Isso é guerra!", Noah gritou para Jack, que também havia tentado acalmá-lo. "Isso é guerra pra valer! Ele é nosso inimigo. Precisamos de um mapa de guerra. Eles vão nos atacar; precisamos destruí-los."

Todos tentaram acalmar Noah, mas ele continuou a gritar, tomado pelo pânico e pela fúria, até acabar voltando para seu computador.

Alguns dias depois ele teve outra explosão e enviou um e-mail frenético para George Zachary, investidor e membro do conselho da Odeo: "Eu gostaria de conversar com você a respeito do Twttr", Noah escreveu no e-mail. "É muito importante que eu fale com você o mais rápido possível." Noah defendia que o Twitter deveria se separar como empresa dele, e ele deveria ser o CEO. Tecnicamente, o destino do Twitter deveria ser definido pelos investidores que haviam financiado a Odeo, pois agora estavam pagando por um desenvolvimento que não havia sido previsto.

Ev não se colocara contra a ideia no início, pois sabia que Noah havia se dedicado inteiramente ao novo projeto. Dois meses antes, em maio de 2005, Ev chegou até a mandar um e-mail para o conselho da Odeo sugerindo a constituição do Twitter como outra empresa, com Noah no comando: "Por que não criar a Twttr, Inc. como uma empresa separada? Talvez não uma subsidiária, mas uma 'propriedade espelhada'. Investimos uns 500 mil dólares e vemos o que Noah consegue fazer". Ev mostrou-se entusiasmado com a ideia, mas o conselho não estava interessado no Twitter. Se Ev e Noah não quisessem continuar com a Odeo, os investidores queriam vendê-la pela melhor oferta e recuperar seu dinheiro. Eles viam o projeto paralelo como mais uma distração de Ev.

"Ev, em pouco tempo teremos que enfrentar uma situação desastrosa se não vendermos a Odeo", disse George Zachary. "Minha paciência está realmente se esgotando e estou quase saindo."

Diante da retomada da discussão sobre a separação do Twitter, o comportamento errático de Noah e seus acessos de raiva foram acabando cada vez mais com as possibilidades de ele ser o novo CEO da empresa — e até mesmo da Odeo.

Noah também estava ficando paranoico em relação a Ev. Em mais de uma ocasião ele puxou Jack de lado e confessou seus medos: "Ev está tentando me colocar para fora da empresa. Estou sentindo. Acho que devíamos sair daqui e começar uma coisa só nossa", ele sussurrou para Jack. "Devíamos sair e começar nosso próprio Twitter."

Mas Jack sabia o que iria acontecer e disse a Noah para ficar tranquilo e observar o desenrolar dos acontecimentos antes de fazer algo. "Espere. Não faça nada ainda. Vamos esperar", disse Jack.

"Mas Ev está tentando me colocar para fora da empresa", Noah repetiu.

O pressentimento de Noah não era totalmente infundado: mas não era só Ev que queria expulsá-lo da empresa. Todos os funcionários concordavam com a decisão.

Na época, o Twitter era apenas um recém-nascido, mas já havia disputas em relação a quem o havia criado, quem havia deixado os concorrentes se aproximarem. Durante algum tempo, o site existira apenas no laptop IBM de Noah. Então Jack assumiu a engenharia do Twitter e, todas as manhãs, passava tarefas de programação para Florian, que agora estava na Alemanha, trabalhando por acesso remoto. Mas no final da noite, sozinho em seu computador, captando ideias na escuridão, com breves lampejos de paixão em meio ao seu estado depressivo, Noah também passava tarefas para o engenheiro de programação. Na manhã seguinte, ao chegar no escritório, Jack encontrava uma série de tarefas concluídas, mas não da sua lista. Da lista de Noah.

Ev estava dividido em relação ao que fazer com as explosões de Noah e a mídia gerada em torno do Twitter. Jack ajudou-o a decidir. Certa tarde, Jack perguntou a Ev se poderiam conversar em particular. "Você não pode contar a Noah que tivemos essa conversa", disse Jack. Afinal de contas, eles ainda eram "amigos". Jack disse que Noah estava interferindo na construção do Twitter, que não conseguia mais trabalhar com ele e, portanto, estava pensando em se demitir. Quando Ev perguntou para onde ele iria, Jack falou que sairia com o maior prazer e trabalharia com moda. Foi sucinto: "Se Noah ficar, eu saio. Não posso mais trabalhar com ele".

Para Ev a resposta foi simples. Ele sabia que a vida de Noah estava desmoronando e via que ele tentava se agarrar a qualquer coisa tangível enquanto caía, arriscando levar a moribunda Odeo e o recém-nascido Twitter para o fundo do poço junto com ele.

Por isso, depois de falar com o conselho, Ev saiu com Noah por volta das seis da tarde da quarta-feira, 26 de julho de 2006, e eles caminharam em direção aos bancos do parque. Noah sabia exatamente o que iria acontecer. Os bancos do parque denunciavam Ev.

Embora a intuição de Ev lhe dissesse que o Twitter poderia vir a ser alguma coisa, na época o site não passava de um projeto paralelo. A Odeo, entretanto, morrera ao nascer. Por causa disso, tinha começado a mandar gente embora nos últimos meses.

As demissões sempre seguiam o mesmo padrão. A essa altura, eram quase científicas: Ev se aproximava, dava um tapinha no ombro da pessoa e dizia: "Vamos dar uma volta". Foi assim com Rabble, com Dom e com outros, em diferentes ocasiões. As mãos geralmente enfiadas nos bolsos, os ombros levemente encurvados, ele inclinava a cabeça para trás, um pouco para a direita, apontando para a porta.

Juntos, eles deixavam o prédio e viravam à esquerda, dando alguns passos em direção ao South Park. Então se sentavam em um dos bancos verdes do parque — e Ev fazia seu discurso.

"As coisas não estão fáceis para a Odeo", ele dizia. Uma espécie de rompimento do tipo "não é você, sou eu". Alguns choravam, outros se sentiam aliviados. (Rabble ficou exultante quando foi dispensado pelo homem.) Mas uma pessoa ficou irada.

"Eu não vou sair", Noah gritou para Ev quando eles se sentaram no banco. Depois desatou a falar sobre a Odeo e sobre o fato de Ev nunca estar presente na empresa. Falou que era ele quem tinha supervisionado o Twitter, cuidado dele, ajudado a colocar as ideias em prática junto com todo o resto da equipe.

"Eu não vejo um papel para você mais à frente", Ev explicou. "Se não vendermos a Odeo, estaremos integralmente focados no Twitter — e não acho que nós dois podemos trabalhar juntos nisso."

Noah tentou negociar, argumentando que queria supervisionar o Twitter, mas Ev sabia que isso não seria possível. Ninguém aguentava mais. Tinham chegado ao limite. E Jack, o desenvolvedor mais importante da equipe, sairia se Noah ficasse. Ev já tinha decidido e não pretendia mudar de ideia. Quando Noah concordou que Ev fosse o CEO da empresa em troca do financiamento inicial do serviço de podcasting, também deu a Ev carta branca para tomar as decisões. Noah jamais imaginou que o poder que havia dado ao amigo e vizinho seria usado para demiti-lo, ele, o verdadeiro fundador da Odeo.

Ev deu a Noah um ultimato: seis meses de indenização e seis meses para transferir suas ações da Odeo. Do contrário, seria demitido e a história não seria contada de maneira muito bonita ao público. Ele não mencionou o ultimato de Jack, nem sequer mencionou o nome de Jack. "Aproveite o resto da semana para pensar no que você quer fazer", Ev disse.

Naquela noite, Noah saiu do escritório triste e deprimido, irritado e derrotado, acreditando que Ev o estava chutando para fora da empresa para manter o controle sobre o Twitter. Noah precisava afogar suas mágoas no álcool. Encontrou-se com Jack e outro amigo em um bar ali perto do escritório, onde eles passaram a noite bebendo e dançando.

Enquanto pediam as bebidas, Noah contou a Jack sobre o que tinha acontecido. Jack pareceu espantado pelo fato de seu amigo ter sido chutado para fora da empresa. Ele não falou que havia dado a Ev a munição para o tiro fatal. No final da noite, Noah abraçou Jack e foi para casa sozinho.

Noah passou os dias seguintes andando de bicicleta por San Francisco, tentando decidir o que fazer. Pedalou pelo Embarcadero, observando os barcos que balançavam nas águas da baía. Escreveu em seu diário deitado no Dolores Park, o filme *Caçadores da arca perdida* sendo exibido ao fundo. E ficou sentado na beirada do mundo enquanto as pessoas soltavam pipas enormes. "Vendo paraquedas coloridos traçar a forma do infinito enquanto caem na terra", ele tuitou.

Ev achava que Noah lutaria pelo poder e pelo controle do Twitter. No entanto, por mais que quisesse lutar, Noah não conseguia. Ele não lutou porque não sabia o que fazer. Quando levou um coice de um cavalo, simplesmente se afastou.

Não lutou porque percebeu que não era poder o que ele buscava quando começou a Odeo. Mais do que fama e fortuna, ele queria apenas ter amigos.

Duas semanas depois, sem alternativas e sem ninguém do seu lado, Noah se demitiu. Foi até o escritório vazio no sábado à tarde, depositou sua vida em caixas de papelão e fechou a porta bege, deixando de trabalhar para as duas empresas que havia ajudado a criar.

III
#JACK

Uma confusão sangrenta

UM FIO DE SANGUE ESCORREU pelo rosto de Jack, passando pelo sorriso embriagado, virando à esquerda no alto da camiseta preta, para terminar, finalmente, em pequenas poças vermelhas no lençol branco da cama do hospital. Um cheiro azedo de álcool pairava no ar.

O quarto parecia estar balançando, como um barco no mar, chapinhando nas inúmeras doses de vodca e Red Bull que Jack havia tomado naquela noite.

Não era dessa maneira que deveria acabar o grandioso lançamento público do Twitter: com Jack no hospital às duas da manhã, coberto de sangue, enquanto Noah, Ray e alguns outros ainda dançavam em uma rave a alguns quarteirões dali. Mas, em retrospecto, fica claro que era absolutamente previsível que a estreia da start-up acabaria assim.

Tudo havia começado antes de Noah ser demitido do Twitter. Em uma noite de dança e bebedeira, Jack e Noah tentaram explicar o Twitter para um DJ amigo de Crystal. "Ele pode ser usado em boates, para descobrir o que seus amigos estão fazendo ou o que eles estão ouvindo; foi ótimo em Coachella", eles disseram, tomando saquê em um bar de San Francisco.

"Vocês deviam lançar esse negócio na Love Parade em setembro", disse o amigo, empolgado com a sua própria epifania. "Eu vou tocar lá e vocês podem montar um estande."

Apesar de Noah e Jack estarem pensando em participar da Love Parade de San Francisco, Jack encarou a ideia com ceticismo, duvidando que o festival de música eletrônica fosse o local mais apropriado para atrair o público não nerd para o Twitter.

"Foi para isso que fizemos esse negócio!", Noah disse a Jack antes de sair da empresa. "Para os espetáculos e shows de música!" Haveria um lugar melhor para lançar o Twitter do que a maior rave de San Francisco?

No verão de 2006, o Twitter era apenas uma partícula de pó, uma vilazinha em uma grande cidade de gigantes empresariais. Apenas 4500 pessoas haviam se cadastrado no site desde que Noah fizera o anúncio na festa country alguns meses antes, e um número ainda menor de pessoas estava de fato tuitando todos os dias. Também era uma operação muito enxuta — ainda se tratava de um vestígio da Odeo, que havia sido reduzida a meia dúzia de funcionários.

Apesar de ainda não ser oficialmente uma empresa, o Twitter foi crescendo aos poucos durante o verão, com uma série de pontapés iniciais. O primeiro tuíte sobre um acidente de carro. (Não, não precisam se preocupar, não houve feridos.) Um blogueiro anunciou que havia sido demitido. (Ele encontrou outro emprego pouco depois.) Em agosto, Ev tuitou que havia pedido Sara em casamento. (Ela disse sim!) E houve também muitas brincadeiras egocêntricas: gente compartilhando seus almoços, jantares e cafés da manhã. Cappuccinos, saquês, vinhos. Os primeiros tuítes grosseiros sobre sexo, masturbação, rotina no banheiro, epifanias de bêbados e muitos outros assuntos foram expostos à vista de todo mundo.

Ainda assim, esses compartilhamentos não haviam ultrapassado os limites dos nerds tecnológicos. Por isso, Jack resolveu acatar a sugestão de Noah e decidiu que a Love Parade seria o evento perfeito para chamar a atenção do público amante de música para o Twitter.

E então eles começaram a trabalhar.

Ray, o jovem designer da Odeo que havia sido poupado da onda de demissões, criou um folheto com instruções sobre o cadastro no Twitter para distribuição entre os participantes do festival. Jeremy e Blaine prepararam os servidores para garantir que o site pudesse atender ao fluxo dos novos cadastros. No dia do evento, Jack montou uma grande mesa de piquenique perto da entrada do Auditório Municipal Bill Graham, palco do principal show da Love Parade. Quando começou a escurecer, Ray, que estava usando uma cartola preta e uma camiseta branca, conectou seu laptop a um projetor ridiculamente fraco que mostraria os tuítes em tempo real. Jack correu até uma loja de bebidas para comprar algumas garrafas de vodca e copos de plástico.

Apesar de não estar mais trabalhando no Twitter, nem mesmo no que restava da Odeo, Noah ainda era amigo de alguns antigos colegas de trabalho e ficava feliz em poder ajudar da maneira que fosse. Mas, naquela noite, ele estava ali mais pela festa do que pelo Twitter, usando faixas cor-de-rosa nos pulsos e no pescoço, e com os lábios pintados com listras pretas.

Quando estava quase tudo pronto, Jack tirou o celular do bolso e tuitou: "Na Love Parade finalizando o estande do Twitter!".

O plano era oferecer bebida para as pessoas, junto com os folhetos, convidando-as a se cadastrarem no site. A expectativa de Jack era de que os primeiros tuítes informassem que o Massive Attack, o Junkie XL e o DJ Shadow estavam tocando naquele momento. Exatamente o objetivo da criação do Twitter. Mas a ideia se transformou em desastre.

Pessoas vestidas de maneira estranha ou seminuas, muitas embaladas por todos os tipos de drogas — ecstasy, ácido, cogumelos —, passaram pelo estande do Twitter, pegando as bebidas que Jack preparava e aceitando o folheto. Mas a coisa não foi além disso. As poucas pessoas suficientemente vestidas para guardar o folheto em algum lugar acabaram perdendo o papel durante a noite.

Todas as vezes que Jack olhava para a tela do computador para checar as novas adesões, não havia mais do que alguns gatos pingados. A noite não seguia conforme o planejado, mas ele continuou a preparar as bebidas, entregar os folhetos e checar o laptop.

Enquanto Jack fazia as vezes de barman, um sujeito se aproximou do computador de Ray, dançando e assistindo a uma animação do Twitter no projetor; ele acabou esbarrando na mesa e sem querer derramou toda a bebida no teclado. O computador apagou na hora. Ray ficou inconsolável. Alguns amigos tentaram animá-lo, e ele acabou saindo para dar uma volta e esfriar a cabeça, mas descobriu que sua bicicleta novinha tinha sido roubada.

Então as coisas começaram a ir de mal a pior. Jack havia passado o dia preparando a grande apresentação do Twitter e, por ter feito tudo sozinho, estava cansado, atordoado. Para se acalmar, acabou tomando vodcas e Red Bulls, um atrás do outro. Quando Jeremy chegou para ajudar com os folhetos, Jack estava tão bêbado que não conseguia parar em pé.

Quando as últimas gotas de vodca foram distribuídas e os últimos folhetos foram atirados nas mãos das pessoas, Jack entrou no auditório com seu animado grupo de amigos. Depois de um dia de muito trabalho, eles dançaram ao som da batida eletrônica, os braços erguidos em direção ao céu, tentando encostar nas luzes de laser que se desmanchavam como estrelas dispersas no ar. Mais vodca, mais Red Bull, o som da música techno parecendo marcar o tempo de cada gole. Jack ficou ainda mais bêbado do que estava antes. Bêbado como nunca estivera na vida.

Uma garota se aproximou e colocou o braço em torno de Jack. Desorientado, ele tentou abraçá-la; de repente, os dois caíram no chão e Jack bateu a cabeça no piso de concreto.

Quando finalmente conseguiu se levantar, o sangue escorria de sua testa. Ele riu, enquanto todos o observavam, espantados. Os colegas de trabalho jamais tinham visto Jack "solto" daquele jeito. Ele sorriu enquanto Ray tirava uma foto do sangue escorrendo em seu rosto.

Noah, que também estava por ali e completamente fora de controle, veio correndo. "Deita! Você precisa se deitar!", ele gritou para Jack, meio em pânico. "Você pode ter machucado a cabeça!" Noah correu para chamar um médico. Em questão de minutos, Jack foi colocado em uma maca com o pescoço imobilizado; depois foi levado de ambulância até o hospital. As luzes vermelhas da ambulância piscaram como as luzes de laser da pista eletrônica.

As coisas poderiam ter corrido de outra forma se uma pessoa mais experiente tivesse supervisionado o "grande lançamento" do Twitter. Mas isso acabou ficando por conta de Jack, Ray e outros funcionários bastante inexperientes.

Biz não era um grande fã de música techno, por isso preferiu ficar em casa com Livy e seus animais adotados. Além disso, eles estavam completamente falidos — a dívida do cartão de crédito tinha voltado a crescer, obrigando-os a recorrer ao cofrinho de moedas. Florian estava na Alemanha, com problemas de visto de trabalho para sair do país. Crystal estava em um casamento, vestida de dama de honra. A maioria dos outros funcionários, originalmente contratados para trabalhar na Odeo, havia sido demitida.

Ev finalmente tinha conseguido tirar umas férias e estava viajando com Sara pela Europa. Além disso, o Twitter não estava entre as suas prioridades do momento. Ele estava se desfazendo de suas últimas ações do Google para poder comprar as ações dos outros investidores da Odeo. A perspectiva de venda para o MySpace ou para a RealNetworks não havia dado em nada, e Ev decidiu comprar a empresa de volta, devolvendo aos investidores milhões de dólares — principalmente para preservar seu nome.

No início daquele mês, em uma videoconferência, Ev admitiu publicamente que a Odeo havia sido um grande erro e que ele fora atraído para o serviço de podcasting por forças supérfluas que elevariam sua autoimagem, incluindo um convite para fazer uma conferência no TED e a tentação de aparecer em uma matéria de primeira página no *New York Times*. "Fui tragado por vários motivos, incluindo meu próprio ego", Ev escrevera em um post.

Mas, como ele afirmou, não estava comprando a Odeo por causa do Twitter. Em vez disso, pretendia começar uma incubadora de start-ups chamada Obvious Corporation, uma fábrica de projetos para alguém com muitas ideias. Ele não queria dinheiro de investidores, pois acreditava que, nesse caso, os investidores só atrapalhariam.

"Pode ser idiotice. Pode ser ingenuidade. Posso parecer egoísta e indisciplinado. E, sinceramente, pode não funcionar", Ev escreveu em seu blog. "Tudo o que sei é que há muito tempo não sentia tanto entusiasmo pelo trabalho. E com entusiasmo e ousadia grandes coisas costumam acontecer."

Mas esse "entusiasmo" todo acabou desviando a atenção de Ev de algo que já estava no rumo de se tornar grande, deixando o Twitter sob responsabilidade do jovem Jack Dorsey, que não tinha experiência em gestão ou liderança. O mesmo Jack Dorsey que agora estava deitado na cama de um hospital recebendo cinco pontos na sobrancelha direita enquanto o sangue escorria pelo seu rosto.

Quando o relógio se aproximou das duas da manhã, Jack deixou o pronto-socorro e saiu pelas ruas sonolentas de San Francisco, a cabeça latejando. Embora o efeito do álcool estivesse começando a passar, a cafeína do Red Bull ainda o mantinha desperto, o coração acelerado pela adrenalina. Por isso ele voltou para a Love Parade, passando pelo estande improvisado que havia montado naquele dia.

Crystal havia trocado o vestido de dama de honra por um visual seminu de baladeira e estava assistindo ao show. "Que diabos aconteceu com você?", ela perguntou a Jack, enquanto todo mundo se aproximava para abraçá-lo. Jack começou a contar, mas Noah apareceu e deu sua versão dos fatos. Não demorou muito para que os dois começassem a discutir onde, por que e como Jack havia caído.

"Rapazes! Rapazes! Já chega!", Crystal disse, interrompendo os dois. "Vocês estão brigando pelos mesmos detalhes."

Por fim, todos resolveram ir embora — machucados, doloridos, bêbados — e deram a noite por encerrada. O "grande lançamento" do Twitter havia sido um fracasso.

Na manhã de segunda-feira, a cabeça de Jack ainda estava doendo. Todos os funcionários do escritório comentavam a noite desastrosa. "Então, quantos novos usuários conseguimos?", perguntou Biz, depois de saber que o computador de Ray estava arruinado, que a distribuição de bebida havia sido um desastre e que Jack havia terminado a noite com alguns pontos na testa.

"Vou checar", Jack disse, entrando no servidor, os dedos passeando pelo teclado.

Depois de alguns minutos, ele girou a cadeira e se voltou para Ray, Jeremy e Biz, que estavam em pé, sorrindo.

"Menos de cem", Jack disse, com uma expressão de derrota no rosto. "Menos de cem novos usuários."

Caos, de novo

O BARULHO DO FOGO CREPITAVA do lado de fora da barraca que Biz e Jason Goldman estavam dividindo. Deitados em seus *sleeping bags*, eles riam como adolescentes. Fazia horas que os dois estavam conversando e contando piadas, enquanto os outros dormiam em suas barracas. De repente, Goldman fez uma pergunta que já estava remoendo havia algumas semanas. "Qual é o negócio do Twitter? Eu gostaria muito de trabalhar lá."

Biz ficou em silêncio.

Era uma noite de sábado. Ev e Sara haviam organizado mais uma viagem para os funcionários da Odeo, um acampamento em Big Sur, entre as sequoias gigantescas da costa central da Califórnia.

Goldman, como Biz fizera um ano antes, queria voltar a trabalhar com Ev. E não era apenas pelo fato de gostar da companhia do amigo. Ev era um tipo de chefe completamente diferente, que sempre dava às pessoas liberdade criativa para explorar as próprias ideias. No Google, onde ambos haviam trabalhado, as ideias eram colocadas em planilhas e manipuladas com números para ver se realmente valiam a pena.

Essa não era a primeira vez que Goldman manifestava seu interesse em trabalhar no Twitter. Em maio, durante uma viagem a Las Vegas, que incluiu uma noitada com direito a nascer do sol no deserto de Nevada, ele tocou no assunto com Ev. Em vários eventos sociais em San Francisco, ele falou com Ev e Biz a esse respeito. Agora, estava tentando de novo.

"O Twitter agora é meio que uma coisa do Jack, mas você pode falar com o Ev de manhã", Biz disse a ele.

No dia seguinte, eles acordaram tarde. Ev e Goldman prepararam tofu mexido no fogão do acampamento. (Ev era um vegano convicto.) Biz estava sentado num pufe colorido que eles haviam roubado do escritório do Google. Goldman tentou de novo, mas a resposta não foi exatamente o que gostaria de ouvir. "É melhor você aparecer no escritório e passar um tempo com Jack. Depois veremos", Ev respondeu.

Foi exatamente isso o que Goldman fez. Ele começou a aparecer no Twitter, procurando Jack e tentando descobrir um jeito de trabalhar na start-up. Mas Jack disse que não podia contratar ninguém. "Quem tem que decidir é Ev. Você tem que falar com ele."

Goldman logo descobriu que essa enrolação era típica do Twitter. Quando um engenheiro perguntava alguma coisa a alguém ou quando havia um contrato de SMS para ser assinado ou quando alguém, como Goldman, estava tentando conseguir um emprego, o processo de decisão parecia um carnaval.

Depois de Noah ter deixado oficialmente a empresa, o vácuo de poder não tinha sido preenchido como Ev esperava. Na verdade, parecia que o poder estava girando em uma órbita diferente. Não havia ninguém para tomar decisões. E ninguém para revogar as más decisões que tinham sido tomadas no passado.

Depois de conseguir devolver aos investidores da Odeo 5 milhões de dólares, Ev estava com a cabeça longe, focado na Obvious Corporation e avaliando suas ideias. Ele ainda estava envolvido com o Twitter — era o único investidor da start-up — tendo injetado mais de 1 milhão de dólares de seu patrimônio pessoal no negócio. Mas queria que Jack e Biz administrassem a operação. O Twitter ainda não era exatamente uma empresa. O site estava crescendo aos poucos, com alguns milhares de assinantes e usuários. Goldman, como todo mundo que já havia trabalhado no Twitter, se apaixonou pela ideia assim que ouviu falar dela.

Após meses de negociações, Ev concordou em contratar Goldman, com uma ressalva: ele trabalharia meio período na Obvious e meio período no Twitter — seria uma espécie de funcionário híbrido, sem um papel definido.

Goldman já tinha passado por uma situação desse tipo com Ev, em 2002, quando começou a trabalhar para o Blogger, antes da venda para o Google.

O trabalho de Goldman no Blogger era uma mistura de várias atividades. Além de responder aos e-mails com reclamações sobre o conteúdo do Blogger, ele também consertou o vazamento da pia, procurou um lugar para o novo escritório, cuidou da contabilidade e ajudou Ev com a papelada na época da venda do site para o Google.

Cinco anos depois, em fevereiro de 2007, em seu primeiro dia no Twitter, ficou claro para Goldman que a descrição de seu cargo era muito parecida: um pouco de tudo. E, mais uma vez, muita confusão estava por vir.

Apesar de Jack ter assumido a liderança, era evidente que não havia ninguém pra valer no comando do Twitter. As empresas geralmente adquirem as características de seus fundadores e dos primeiros funcionários — o Twitter, que surgiu da Odeo, uma semente plantada pelo cérebro caótico de Noah, ainda estava funcionando como um coletivo hacker-anarquista sem nenhuma regra.

Muitos dos funcionários faziam o que queriam, onde queriam, isto é, se quisessem fazer qualquer coisa relacionada ao trabalho. Em vez de corrigir os servidores, as pessoas construíam suas próprias engenhocas e aplicativos que alimentavam o Twitter. Jack não conseguiu domá-los. Além disso, havia muita rivalidade entre ele e seus colegas de trabalho, pois poucos meses antes, quando a Odeo ainda existia, Jack ocupava um cargo inferior.

Goldman caiu nesse vácuo de poder imediatamente. No Twitter, ele se reportava a Jack; mas, na Obvious, ele se reportava a Ev. E talvez Goldman fosse de fato superior a Jack, pois, tecnicamente, a Obvious era dona do Twitter.

Por isso, como fez na época do Blogger, Goldman se jogou no novo emprego e tentou estabelecer algum tipo de ordem em meio ao caos.

Uma de suas primeiras tarefas foi trabalhar com Jack para ajudar a tornar o Twitter mais amigável para os novatos, mais fácil de entender. O serviço que ele teria de desenvolver permitiria que as pessoas executassem ações, como seguir ou deixar de seguir uma pessoa, através de mensagens de texto. Mas havia outras funções que estavam confundindo os usuários do site e, portanto, precisavam ser eliminadas. Assim começaram-se os cortes: "worship" garantia que a pessoa receberia todas as atualizações de quem ela seguisse (cortado); "sleep" permitia que a pessoa fizesse uma pausa nas suas atualizações (pouco claro; cortado); uma longa lista de aplicativos foi excluída do site.

É claro que havia problemas muito maiores do que a questão dos aplicativos. Pelo fato de o site ter sido construído em duas semanas como um protótipo, usando uma linguagem de programação relativamente nova chamada Ruby on Rails, estava cheio de atalhos e problemas de códigos. Era como se alguém tivesse corrido para construir um arranha-céu e, devido à falta de tempo, tivesse usado papelão, cola e fita adesiva em vez de concreto, madeira e ferro. Pior, as pessoas agora estavam se mudando para o edifício antes de os operários substituírem os materiais frágeis pelos verdadeiros.

E havia também o maior problema de todos: tentar explicar para as pessoas o que era o Twitter. Cada um tinha uma resposta diferente. "É uma rede social." "Substitui as mensagens de texto." "É o novo e-mail." "É um miniblog." "É para você atualizar seu status."

Por causa disso, os novos usuários não sabiam o que fazer quando entravam no site. As pessoas se cadastravam e enviavam seu primeiro tuíte, geralmente algo do tipo: "Como uso isso?", "Que merda é essa?", "O Twitter é uma estupidez", "Isso é idiota".

Essa confusão levou a um dos primeiros temas sobre o qual Jack e Ev discordavam. Para Jack, o Twitter era o lugar onde as pessoas diziam o que estavam fazendo. Para Ev, era uma espécie de miniblog. Os dois achavam que a forma como as pessoas haviam usado o site no verão anterior, durante um pequeno terremoto, dava pistas sobre o que poderia ser o Twitter.

No final de agosto de 2006, passava um pouco das oito da noite quando o celular de Jack vibrou sobre sua mesa no escritório. Ele pegou o aparelho e viu uma mensagem do Twitter enviada por Ev. Começou a ler: "Alguém sentiu o terre...". Mas antes de conseguir terminar de ler a mensagem, Jack sentiu a cadeira mexer, e então a planta que ficava em cima de sua mesa começou a balançar, as folhas tremendo, como se estivessem acenando para um amigo.

"Opa!", Jack disse, ao ver a mesa tremendo como se fosse gelatina dura. "Vocês sentiram isso?", ele perguntou aos outros funcionários que estavam no escritório.

Antes que alguém pudesse responder, seu celular vibrou novamente. Ele olhou e continuou a ler a mensagem de Ev: "Alguém sentiu o terremoto?", e depois um tuíte de outra pessoa: "Pensando se acabei de sentir um terremoto".

Sentindo a adrenalina percorrer seu corpo, Jack digitou: "Senti o terremoto. Ninguém mais por aqui sentiu". Assim que apertou o botão "Enviar", outras mensagens começaram a surgir em seu celular, como cartas caindo na caixa do correio. "Ai, terremoto", escreveu um amigo. "É, senti o terremoto", escreveu outro. E então seguiu-se uma chuva de tuítes sobre o terremoto. "Senti o terremoto, mas Livy só acreditou em mim quando começaram a chegar os tuítes", escreveu Biz. Por fim, uma pessoa anunciou que havia sido um "tremor de magnitude 4,72".

O terremoto não causou danos, mas, para o pequeno grupo de pessoas que vivenciou o evento no Twitter, ele pareceu diferente.

Nesse dia, algumas centenas de pessoas usaram o site. Dos 15 mil tuítes enviados até então, quase todos ainda tentavam compreender o conceito original do Twitter. "Qual é o seu status?", era o slogan do site, pergunta que sempre levava a uma resposta narcisista.

O compartilhamento do terremoto no Twitter representou a atualização do status de algo maior. Apesar de as pessoas estarem em lugares completamente diferentes, tempo e espaço haviam sido comprimidos rapidamente. Era como se alguém tivesse puxado a ponta de um fio solto de uma blusa, forçando o tricô a ficar mais apertado. Ou, como Noah havia previsto muito antes de qualquer outra pessoa, o Twitter tinha sido usado para "ajudar as pessoas a se sentir menos sozinhas".

Para Ev, era mais uma pista da teoria que ele estava desenvolvendo sobre o papel do Twitter no compartilhamento de notícias, não apenas de status — o Twitter como uma rede de comunicação, não apenas uma rede social. Ele falou com Jack sobre o conceito do Twitter como uma rede de informação, mas Jack discordou, pois via os tuítes do terremoto como um exemplo da *velocidade* do Twitter. Ele percebeu que seu celular estava vibrando alguns centésimos de segundo *antes* que sua mesa começasse a tremer.

Jack continuava a ver o Twitter como uma forma de falar a respeito do que estava acontecendo com *ele*. Ev estava começando a ver o Twitter como uma forma de saber o que estava acontecendo *no mundo*.

Apesar de esses acontecimentos terem passado quase despercebidos pelo público, filosoficamente, Jack e Ev estavam desenvolvendo pontos de vista diferentes em relação ao Twitter. E ao seu potencial.

E o vencedor é...

ERA O INÍCIO DA NOITE DE DOMINGO, 11 de março de 2007, quando Ze Frank, ator e comediante, olhou para o mar de cabeças inclinadas, todas voltadas para o brilho suave de seus celulares. Ele continuou a falar, caminhando pelo palco. Seu cabelo loiro balançava a cada passo, assim como as bexigas cor de laranja no fundo do cenário. Ele tentava criar certa expectativa enquanto falava, anunciando a lista de concorrentes a melhor start-up na categoria blog no South by Southwest, festival de cinema, música e tecnologia realizado todos os anos na cidade de Austin, Texas, uma espécie de Oscar dos nerds.

"SuperfluousBanter", ele disse. E então, depois de uma breve pausa, "... e Twitter!". A plateia começou a assobiar e bater palmas, uma recepção muito diferente do lançamento na Love Parade cinco meses antes.

Jack se virou para olhar as pessoas ao seu redor, incrédulo, e sorriu quando todos aplaudiram. Ev também passou os olhos pelo salão, tomando outro gole de vinho tinto do pequeno copo de plástico, depois inclinou-se em direção a Jack, dizendo em voz baixa que ele deveria fazer o discurso de agradecimento. Jack estava emocionado; porém, tendo dificuldades com a fala desde criança, não se sentia confiante para discursar diante de grandes multidões. Ele se virou para Biz, e perguntou: "O que eu devo dizer?".

Biz ficou olhando para o vazio por alguns segundos e disse: "Já sei". Pegou uma caneta e um pedaço de papel, rabiscou um pequeno discurso e entregou-o a Jack.

Noah, agora exilado do Twitter, estava sentado perto do grupo com uma câmera de vídeo na mão, registrando o que estava prestes a acontecer. Ele assobiou e gritou quando a palavra "Twitter" ecoou no salão.

Noah tinha ido ao South by Southwest para avaliar outras ideias de empresas que estava pensando em criar sozinho e acabou esbarrando nos ex-colegas e amigos. Depois de conversarem sobre trivialidades e sobre o índice extraordinário de adesões ao Twitter no festival, Ev lhe ofereceu o cachimbo da paz.

"Então, Noah, quer entrar e se sentar conosco?"

Noah havia passado alguns meses difíceis e recentemente escrevera um post bem pessoal em seu blog dizendo que 2006 tinha sido "o ano mais difícil" de sua vida. "Perdi mais do que achava que poderia. Perdi meus dois melhores amigos, mudei a definição de mim mesmo", ele escreveu. "Saí da minha empresa, deixei tudo o que passei anos criando, aprendi muito sobre estresse, confiança e tristeza... chorei muito."

Agora que ele estava se recompondo, Ev lhe estendia a mão.

"Claro, seria ótimo", Noah respondeu.

Sentados todos juntos na plateia, ouvindo Ze Frank, os rapazes do Twitter estavam animados, mas também exaustos.

Ev já havia participado do South by Southwest várias vezes e sabia como as pessoas se aglomeravam nos corredores para conversar com os amigos. Por isso, alguns meses antes ele teve uma ideia. Por que não colocar "um painel com uma tela do Twitter no corredor principal onde as pessoas ficavam?", Ev sugeriu a Jack e Biz por e-mail. "Aí postamos os tuítes das pessoas que estiverem participando do festival (e, é claro, instruções para o cadastramento)." Ele observou que "todas essas atualizações, incluindo as fotos das pessoas que estivessem por ali, chamariam a atenção".

Biz e Jack compraram a ideia imediatamente e deram ordem à tropa para iniciar o trabalho. A equipe do Twitter ainda era muito pequena —

alguns engenheiros e designers — mas Blaine e Jeremy começaram a preparar os servidores. Ray, que havia feito um trabalho semelhante para o desastroso lançamento na Love Parade, criou uma animação em Flash que poderia ser exibida em telas de plasma de 51 polegadas. Alguns dias antes do início do festival, Biz e Jack foram a Austin para instalar as telas nos corredores. Atrás de cada uma delas, um grande logo bege do Twitter cercado de instruções para as pessoas tuitarem o que estavam fazendo.

Os participantes adoraram ver seus nomes, rostos e comentários expostos na tela. Não demorou para que as telas de plasma se transformassem em painéis digitais, com as pessoas se juntando para ver informações sobre as palestras e também as atualizações, que não paravam de rolar.

O iPhone da Apple ainda não estava à venda (ele seria lançado dali a três meses), por isso o ato de ficar olhando para o celular por horas a fio ainda não fazia parte do vernáculo social — nem mesmo em um festival de tecnologia. A maioria das pessoas, como Jack, tinha um Motorola Razr, um celular fininho com inúmeros recursos: chamadas telefônicas ou envio de mensagens de texto.

Como o Twitter funcionava por meio de mensagens de texto, pessoas com todos os tipos de celulares podiam usar o serviço, que começou a se espalhar rapidamente entre os participantes do festival.

Em vez de olhar para quem estava falando, as pessoas olhavam para seus celulares, esperando pacientemente pelas atualizações. Todos aguardavam alguma informação que fosse mais importante do que o que estava acontecendo na vida real.

Quando o uso do Twitter começou a se espalhar, os investidores que participavam do festival atrás do Próximo Grande Negócio logo descobriram o site. Um deles, Charlie O'Donnel, um homem baixinho e careca, estava numa escada rolante em uma sexta-feira à tarde conversando com um amigo e não conseguiu acreditar no que estava vendo.

"Isso é loucura", disse Charlie, enquanto percorria os corredores do festival e via as pessoas grudadas em seus celulares, checando constantemente as atualizações. "Está todo mundo no Twitter", ele disse.

"Preciso contar a Fred", Charles acrescentou, pegando seu celular para enviar um e-mail para seu chefe, Fred Wilson, sócio da Union

Square Ventures, fundo de investimentos muito conhecido em Nova York.

"Você conhece o Twitter?", ele perguntou a Fred no e-mail. "Você deveria dar uma olhada... eu não saquei o que era logo de cara, mas, agora que há um grupo indo para o SXSW, entendi", Charlie escreveu. "Eu jamais conseguiria enviar mensagens para tanta gente... mas é realmente a maneira perfeita para falar com grupos e pessoas diferentes ao mesmo tempo."

Fred não ficou convencido e disse a Charlie que esse serviço nunca funcionaria; segundo ele outras empresas haviam tentado fazer produtos desse tipo e fracassaram.

Mas na manhã de segunda-feira o Twitter havia ficado tão popular no festival, recebendo tanta atenção dos blogs de tecnologia, que Fred mudou de ideia. Enquanto tomava café, o cabelo escuro ainda desalinhado, ele entrou no Twitter.com e se cadastrou. "Experimentando o Twitter", ele escreveu em seu primeiro tuíte.

Fred tinha 45 anos na época e já era uma lenda nos círculos de investidores, depois de ter vendido o GeoCities para o Yahoo! em 1999 por 3,57 bilhões de dólares em ações. Ele também ficou famoso por fazer previsões certeiras sobre novas tecnologias ou serviços da internet. Agora, ali estava ele, lendo os tuítes que apareciam na tela de seu celular. Algumas das mensagens comentavam o festival, outras falavam de Austin, e, é claro, todo mundo reclamava da ressaca da noite anterior.

No South by Southwest, um dos principais passatempos dos participantes foi uma caça ao tesouro pelas melhores festas open bar. Depois de alguns dias, o Twitter havia se tornado o equivalente a um anel decodificador para encontrar essas minas. Em várias ocasiões, Jack, Biz, Ev e Goldman estavam sentados em um bar cheio de gente, tomando cerveja e conversando sobre os acontecimentos do dia, quando os celulares das pessoas começavam a tocar por causa das mensagens de texto. Elas olhavam para as telas minúsculas de seus aparelhos, liam alguma coisa a respeito de uma festa e então, uma por vez, pegavam seus casacos e saíam do bar.

Em pouco tempo, os blogueiros do festival começaram a se referir a esses movimentos de êxodo em massa de um lugar para outro como "flocking".

Em San Francisco, Jeremy, Blaine, Ray e os outros engenheiros passaram o fim de semana enfiados no escritório, fazendo retoques e ajustes nos servidores para garantir que o site ficasse vivo durante aqueles dias críticos do festival. Com picos cada vez mais maciços de uso e conversas, o coração deles disparava de ansiedade, todos torcendo para que o site conseguisse aguentar o fluxo de atualizações.

Após o lançamento na Love Parade — agora uma lembrança distante sobre a qual raramente voltariam a falar —, o Twitter vinha crescendo em um ritmo saudável, em parte por causa das conversas a respeito do serviço, mas principalmente pela ligação do site ao nome de Ev. Naquela semana em Austin, com a quantidade de gente se cadastrando no site, o crescimento dos últimos meses parecia ter ocorrido em marcha lenta.

Quando Ze Frank se preparou para anunciar o vencedor na categoria de melhor start-up, os servidores estavam prestes a levar mais uma surra.

“E o vencedor é...”, disse Ze Frank no microfone, olhando para um pedaço de papel, a plateia fazendo silêncio por alguns segundos enquanto ele se preparava para falar o que todos já sabiam.

“Twitter!”

Noah começou a assobiar e a aplaudir ao ouvir o anúncio. Mas sua felicidade se desfez em questão de segundos quando Jack, Biz, Goldman e Ev se levantaram e passaram por ele como se ele fosse apenas mais um na plateia, acenando para o público e depois subindo ao palco. Pisando firme com suas botas de caubói, Jack se aproximou do microfone. Biz ficou à sua direita, segurando o prêmio. Ev e Goldman ficaram atrás, enquanto a luz dos holofotes iluminava Jack, que declamou o discurso escrito por Biz:

“Eu gostaria de agradecer a todos em 140 caracteres ou menos...”, disse Jack, inclinando-se sobre o microfone, “... e é o que eu vou fazer.” Ele acenou e depois disse “Obrigado!”, enquanto o grupo deixava o palco sob aplausos.

Quando voltaram para seus lugares, Noah tinha ido embora.

Jack, Biz, Goldman e Ev ficaram muito felizes após o anúncio. Atravessaram os corredores do festival com o prêmio de vidro retangular, posando para fotos e cumprimentando as pessoas; depois seguiram para uma festa pós-premiação.

Jack estava usando um cachecol azul no pescoço e uma camiseta preta de manga comprida. Ao chegar à festa, estava feliz e radiante, como uma debutante em sua festa de quinze anos. As pessoas se aproximavam para cumprimentá-lo. Dois dias antes, havia chegado como um zé-ninguém. Agora era uma celebridade.

Noah vagou pelos corredores após a premiação, desanimado, mas decidiu que, em vez de alimentar o ressentimento pelos ex-colegas de trabalho que não o convidaram para juntar-se a eles no palco, ficaria feliz pelo sucesso dos amigos. Decidiu ir para a festa e logo encontrou o grupo em um canto.

Ao se aproximar de Jack, Noah estendeu o braço para cumprimentá-lo, abrindo a boca para lhe dar os parabéns. Mas Biz colocou o braço em torno de Jack e puxou-o em outra direção para tirar uma foto. Noah ficou ali, parado, o braço estendido em um ângulo de 45 graus, como se estivesse cumprimentando um fantasma. Jack, Biz e Ev passaram para outra sala, onde continuaram a posar para fotos. Noah, arrasado com o que tinha acabado de acontecer, foi embora.

Quando o ritmo das festividades começou a diminuir, Jack tuitou que o pequeno grupo de fundadores estava indo relaxar em uma lanchonete qualquer. Enquanto o letreiro em neon do MAGNOLIA CAFE brilhava na chuva, eles beliscaram e tomaram cerveja e água, relembrando a emoção de vencer. "No Magnolia, encharcados", Ev tuitou. Pouco depois, Biz acrescentou: "Comendo um rango de fim de noite com os caras no Magnolia".

Mas não eram todos os caras.

A poucos quarteirões dali, Noah vagava sozinho embaixo da chuva, enquanto seus ex-amigos e cofundadores brindavam ao prêmio que haviam acabado de ganhar sem ele.

O primeiro CEO

OS ENGENHEIROS OLHAVAM PARA A TELA de seus computadores com os fones de ouvido plugados nas orelhas, quando Jack, Ev, Biz e Goldman caminharam até o fundo do escritório e entraram na sala que havia sido de Noah.

Ninguém lhes deu atenção. Aquilo parecia apenas mais uma reunião. Enquanto cada um pegava uma cadeira, Goldman encostou a porta de vidro, certificando-se de que estava bem fechada e que ninguém ouviria a conversa que estava prestes a acontecer.

Em poucos meses, desde o South by Southwest, o Twitter ultrapassara rapidamente os 100 mil assinantes. Eles não possuíam receita ou um modelo de negócios, já que esse seria o trabalho do CEO.

Depois de várias semanas de discussões — algumas com café e cerveja, outras por e-mail — eles finalmente iriam decidir quem administraria o Twitter, qual seria o cargo de cada um e como dividiriam as ações. Até aquele momento, a empresa pertencia apenas a Ev, que havia financiado tudo com seu dinheiro depois de ter acertado as contas com Noah e com os investidores seis meses antes.

As semanas anteriores tinham sido confusas e estressantes para os chefes do Twitter. Apesar de estarem pouco preocupados com sua situação financeira, os cargos — e por conseguinte, seus egos — importavam. E muito.

Em geral, nos primeiros dias de uma start-up, os cargos não são muito pensados e nem têm tanta repercussão. Quem será o vice-presidente, o diretor de tecnologia ou o diretor X, Y ou Z geralmente não tem qualquer importância. Considerando que 90% dessas start-ups desaparecem antes de começar a engatinhar, essas decisões raramente têm relevância no longo prazo. No Twitter isso não foi diferente.

Apesar de não ser do feitio de Biz brigar por qualquer coisa, fazia meses que ele vinha pressionando Ev para ter um cargo mais importante no Twitter. Quando Biz começou a trabalhar no Blogger, ele já havia sido adquirido pelo Google — sem chance de conquistar um cargo bacana nessas condições. Quando aportou na praia da Odeo, os cargos importantes também já haviam sido tomados. Durante toda sua carreira, Biz sempre estivera no lugar certo na hora errada. Para evitar que isso acontecesse de novo, ele começou sua campanha no Twitter enviando um e-mail para Ev e para Jack algumas semanas antes.

"Talvez não seja o momento apropriado, mas, se não perguntar, jamais saberei!", Biz escreveu, depois de passar uma semana pensando no que dizer. "Qual é o meu cargo na visão de vocês? Existe alguma chance de eu ser chamado de cofundador?" Ele sabia que se a empresa crescesse, o título de cofundador lhe renderia mais respeito, tanto interna quanto externamente. Ao contrário de títulos como CEO (diretor executivo), CFO (diretor financeiro) e COO (diretor de operações), aos quais são atribuídos papéis específicos, o título de cofundador também significava que ele poderia fazer o que quisesse, permitiria que se movimentasse pela empresa com muito mais poder, mas sem tanta responsabilidade.

Na época, imaginava-se que Ev seria o CEO do Twitter e Jack o presidente do conselho ou diretor de tecnologia. Mas o papel de Biz nunca ficou muito claro.

"Ainda não sei qual é a resposta. Não é uma questão despropositada", Ev respondeu, observando que ainda não estava decidido. "Mas talvez não seja o melhor momento, por inúmeras razões." (Ele receava que se fizesse de Biz um cofundador, Blaine, Ray ou Jeremy poderiam querer o mesmo título.)

A sala do fundo do escritório havia sido apelidada de Purse Factory por alguns funcionários depois que Sara, a noiva de Ev, se mudara para lá alguns meses antes com o objetivo de fazer bolsas femininas. Havia alguns pedaços de tecido pendurados por ali. Algumas tesouras. Uma máquina de costura. E, apesar de raramente ser usada para fazer bolsas femininas, havia se transformado em uma sala de reuniões improvisada para encontros importantes.

"Decidi que não serei o CEO", Ev anunciou para Jack, Biz e Goldman, inclinando-se para trás em sua cadeira. Ele explicou que apesar de querer participar do Twitter, orientando e oferecendo sua visão do produto, queria se concentrar na Obvious Corporation e continuar a criar novas start-ups de tecnologia.

Isso não era o que Goldman queria ouvir. Ele esperava que Ev administrasse o Twitter e que Jack se reportasse ao CEO. Alguns dias antes, em um almoço com Biz, Goldman tentou convencer Ev a não fazer de Jack o CEO da empresa, dizendo que não acreditava que ele fosse "capaz de administrar o Twitter". E, apesar de concordar, Ev achava que Jack poderia ser preparado para a função.

"Então: quem será o CEO?", Biz perguntou.

Todos olharam na direção de Jack. Não havia dúvidas quanto ao fato de que Jack havia assumido a liderança do Twitter após a saída de Noah, mas eles não tinham certeza de que Jack conseguiria construir uma empresa de verdade. Especialmente uma que estava crescendo com a rapidez de uma bactéria desenvolvida em laboratório.

Jack já havia mostrado que podia tomar decisões hábeis, como num e-mail que havia enviado no final de janeiro. "Temos quatro, apenas quatro prioridades: desempenho, facilidade de utilização, eficiência de desenvolvimento e custos", ele escreveu. Em seguida, sugerindo um plano para fazer o Twitter passar de site pequeno a uma operação com bom funcionamento, ele acrescentou que a empresa precisava ajustar os servidores, resolver problemas de design que atrapalhavam o site e contratar novos engenheiros.

Jack também tomou uma das decisões mais importantes do Twitter até hoje: a limitação do tamanho dos tuítes. "Atualmente, o número de caracteres que as pessoas podem usar em suas atualizações depende do tamanho do nome do usuário", ele escreveu aos colegas. "Vamos padronizar esse tamanho em 140 caracteres. Todos terão o mesmo espaço no Twitter, nada de confusão ou suposições enquanto você está digitando." Até então, os tuítes estavam limitados a 160 caracteres, que era o tamanho máximo que podia ter um SMS de celular. A mudança para 140 caracteres permitiria a inclusão do nome de usuário no texto.

Seu próximo passo foi definir que os nomes de usuários apareceriam em todos os tuítes enviados. Jack escreveu no mesmo e-mail: "Se o seu nome é bob2342, seus amigos irão ver 'bob2342: Passeando com o cachorro'". Ele acrescentou: "Isso deve resolver muita confusão e reclamações que temos recebido". Mas era justamente esse tipo de coisa que deixava Goldman preocupado em relação a Jack. O uso de "nomes de usuário" em vez dos nomes verdadeiros era uma decisão típica de um engenheiro de programação. As pessoas do mundo real não se referiam às outras como "bob2342"; para elas, era apenas Bob.

Ainda assim, Ev havia ficado impressionado com o estilo de liderança de Jack. "Excelente, Jack. Concordo plenamente com isso", Ev escreveu num e-mail.

De volta à Purse Factory, Ev olhou para Jack e perguntou se ele achava que poderia chefiar o Twitter. "Podemos procurar um CEO com experiência em administração de empresas", Ev disse. "Você seria uma espécie de diretor de tecnologia."

"Não, eu posso", disse Jack. "Eu quero ser o CEO."

Goldman olhou para ele com uma expressão cética. Biz remexeu as pernas sob a cadeira. Eles ficaram em silêncio por alguns segundos, pensando. Jack olhou para eles, ansioso.

"Está certo. Então faremos o seguinte", Ev começou, fazendo uma nova pausa. Ele determinou que Jack seria o CEO. Biz, Jack e ele próprio, Ev, seriam os cofundadores. Goldman seria o vice-presidente de produto.

Biz e Jack ficaram felicíssimos.

Como Ev havia financiado o Twitter com seu próprio dinheiro até então, ele disse ao grupo que manteria uma participação de 70%. Jack, como CEO, receberia 20% da empresa. Biz e Goldman receberiam pouco menos de 3% cada um. O restante seria dividido entre os engenheiros que já trabalhavam na empresa e os que seriam contratados.

Eventualmente, Ev explicou, o Twitter teria que procurar investidores, o que diluiria a porcentagem deles, mas, como a empresa era formada apenas por um punhado de engenheiros, essa conversa podia esperar.

Ao término da reunião, eles abriram a porta de vidro e Jack caminhou pelo escritório como chefe oficial. Estava radiante de orgulho e entusiasmo. O primeiro CEO do Twitter.

Pelo menos por enquanto.

A oferta de 100 milhões de dólares

BLAINE ERGUEU OS OLHOS e se recostou na cadeira quando Ev passou caminhando rapidamente na direção da porta da frente. “Ei, Ev”, Blaine gritou, o longo cabelo caindo sobre os ombros, “não aceite menos de 1 milhão de dólares!” Ev sorriu, acenou como se estivesse concordando e fechou a porta atrás dele.

Era junho de 2007 e Jack, Biz e Goldman já esperavam por ele lá fora. O orvalho ainda cobria a grama do South Park quando eles viraram à direita, na Third Street. Na verdade, seu destino estava a cem metros de distância. Eles caminhavam em silêncio quando Goldman comentou: “Isso vai ser interessante, no mínimo para saber quanto valemos”.

Biz e Ev concordaram. Jack continuou em silêncio, mergulhado em seus pensamentos e entusiasmado com sua primeira reunião envolvendo uma aquisição.

Eles puderam ouvir o barulho dos pneus na estrada, a um quarteirão dali, quando se aproximaram do grande edifício cinza na esquina da Third com a Bryant Street. Ali ficava o escritório do Yahoo!. Embora a sede da empresa ficasse em Sunnyvale, a cerca de 65 quilômetros ao sul de San Francisco, o Yahoo! havia montado recentemente esse escritório, conhecido como Brickhouse, para servir de incubadora para os empreendedores do Yahoo! desenvolverem novas start-ups. Jack, Biz, Ev e Goldman já haviam estado ali antes, em algumas festas. Regadas a cerveja, vinho, queijo, salgadinhos e muito *networking*, as festas do Yahoo! celebravam o ressurgimento das start-ups de tecnologia depois de um inverno gelado, após o estouro da bolha pontocom no início dos anos 2000. A maioria dos eventos era muito semelhante. As pessoas ficavam circulando e prestando atenção aos nomes dos crachás de identificação colados nas golas das camisas, procurando um investidor, um blogueiro ou algum "famoso" que já tivesse conseguido vender sua empresa (como Ev).

Mas a reunião daquela manhã era diferente. Não haveria queijo, cerveja ou crachás. O Yahoo! queria comprar o Twitter. "Eles querem falar de aquisição", Ev escreveu num e-mail para Jack e Goldman na época. "Disseram que se nosso preço não for de centenas de milhões de dólares, mas dezenas de milhões, até mesmo 'várias dezenas de milhões', acham que não será um problema." Apesar de o Twitter não ter receita e nem um modelo de negócios, o Yahoo! via essa nova start-up como uma extensão de suas ofertas de internet móvel.

Mais de um ano depois de ter começado como uma experiência, o Twitter havia conquistado quase 250 mil usuários ativos. Embora as discussões internas a respeito de quem estava no comando tivessem sido resolvidas — pelo menos por enquanto — as pessoas de fora ainda procuravam por Ev, que conheciam e em quem confiavam por causa do Blogger. Jack, que tecnicamente era o CEO, ficou irritado ao saber por intermédio de Ev que alguém queria comprar a empresa.

Quando recebeu o convite para a reunião com o Yahoo!, Ev estava marcando reuniões com cinco potenciais investidores e já se preparara para colocar mais 500 mil dólares de seu próprio dinheiro no Twitter, de forma a continuar bancando a empresa até decidir quem iria financiá-la. Ele também havia conversado com investidores-anjo que tinham muitos contatos e poderiam ajudar o Twitter a crescer. Entre eles estava o lendário Ron Conway, um sujeito muito esperto e bem relacionado no Vale do Silício, com acesso a um grupo de investidores privados, caso fosse necessário.

Apesar de muitos investidores, incluindo gente importante como Fred Wilson, terem começado a aparecer com contratos oferecendo milhões de dólares para financiar a empresa, alguns logo desistiam, dizendo a Ev que não viam um modelo de negócio em atualizações de 140 caracteres sobre o almoço das pessoas. Todas essas conversas foram suspensas quando o Yahoo! telefonou.

A Brickhouse era um espaço cavernoso. Colunas brancas enormes se espalhavam aleatoriamente pelo chão, interrompendo a passagem como jogadores imensos na defesa de um campo de futebol americano. Em uma ponta do salão, janelões imensos se descortinavam sobre a cidade; na outra ponta, uma parede havia sido meticulosamente coberta por post-its fluorescentes criando a imagem de uma gigantesca mão granulada. Os engenheiros ocupavam pufes enquanto trabalhavam em seus laptops. Era o paraíso dos nerds.

Assim que a turma do Twitter entrou, Bradley Horowitz, que dirigia a Brickhouse, veio ao encontro deles com alguns outros executivos do Yahoo!. "E aí, cara!", Bradley disse, dando um tapinha nas costas de Ev. "Fico feliz em te ver."

Bradley usava óculos de armação escura tão grossa quanto suas sobrancelhas. Pelas rugas do rosto, parecia mais um general do exército do que um engenheiro de programação. Ele conduziu a equipe do Twitter até a sala de reuniões e, depois que todos se apresentaram e se acomodaram nas cadeiras, Ev começou a falar. Ele já conhecia o processo de compra e venda de start-ups graças à sua experiência com o Blogger e o Google. A conversa parecia mais uma negociação com uma acompanhante de alto nível do que uma venda de empresa: no final, quase sempre chegavam ao preço mais alto.

Ev apresentou os números, explicou que no fim de fevereiro, alguns dias antes de terem ido a Austin, o site do Twitter estava recebendo cerca de 200 mil novos visitantes por mês. No fim de março, após a premiação no South by Southwest, esse número havia quadruplicado, ultrapassando rapidamente a casa de 1 milhão de visitantes em abril. Ele explicou que o Twitter ainda não tinha uma receita, mas isso viria em seguida. Ele disse: "provavelmente por meio de publicidade ou de algum novo modelo de negócios". Por enquanto, Ev estava pagando todas as contas para manter as luzes acesas.

Jack juntou as mãos em cima da mesa, praticamente sem dizer uma palavra. Estava nervoso, mas procurou manter um ar de confiança, que não foi percebido pelas outras pessoas da sala. Ficou simplesmente assistindo enquanto Ev conduzia Bradley por um passeio pelo jardim do Twitter. Então a conversa se voltou para o conceito que estava por trás do site.

"Então é uma rede social?", Bradley perguntou.

Silêncio na sala.

Quase um ano após o início da operação, os cofundadores do Twitter ainda não tinham uma resposta consistente para essa pergunta. Mesmo depois de março, após o South by Southwest, quando o site começou a ter vida própria. Os nerds de plantão estavam claramente obcecados pelo Twitter, usando-o principalmente para falar de si mesmos. Mas outras pessoas, e empresas, usavam-no de maneira diferente. Grandes veículos de informação — incluindo o *New York Times*, a *Dow Jones* e o blog Defamer — estavam ocupando o Twitter para transmitir notícias locais, de última hora, ou fofocas. Agora havia um Bill Clinton, um Homer Simpson e um Darth Vader, todos perfis falsos, postando status falsos. Algumas celebridades "reais" também haviam aderido ao serviço. Janina Gavankar, atriz da série *The L Word*, foi a primeira celebridade a tuitar — apesar de Biz ter passado algumas horas tentando descobrir se ela era verdadeira ou uma impostora. John Edwards, pré-candidato à presidência dos Estados Unidos, passou a usar o Twitter para enviar mensagens de campanha. Também havia "coisas" no Twitter. Bombeiros. Polícia. Jogos de baseball. Carrinhos de comida. E mesmo com toda essa diversidade, ninguém parecia entender o que era de fato o site. Algumas pessoas da mídia começaram a falar em "narcisismo moderno", "ensimesmamento", "egocentrismo", "auto-obsessão" e houve até quem experimentou o Twitter e disse que era "uma completa e terrível perda de tempo".

Mas a pergunta fez com que Jack despertasse para a reunião, e ele começou a falar, referindo-se a um post de Fred Wilson publicado no final de abril. "Qual será exatamente o papel do Twitter?", Fred havia perguntado no blog, discutindo seu lugar no futuro da web. "Será como transmitiremos nossos status pela internet."

"Vejo o Twitter como uma utilidade", Jack disse. "Um sistema de transmissão para a internet." Então começou a descrever sua visão do

Twitter, observando que era "como a eletricidade". Tudo isso confundiu Bradley, que olhou ao redor, perplexo com a ideia de uma empresa de mídia social como "utilidade".

Quando terminou a reunião, todos se cumprimentaram e Bradley acompanhou-os até a saída. Agradeceu por terem ido e depois disse a Ev: "Entraremos em contato".

Enquanto caminhavam de volta para o escritório, Ev perguntou: "O que vocês acham?". A reunião havia deixado todos eles muito agitados.

"Gostei da Brickhouse", disse Biz. "Parece um lugar divertido para se trabalhar."

"Eu também", Goldman disse, e depois perguntou: "Qual vocês acham que deve ser o preço mínimo de venda?".

"Cem milhões?", Ev chutou. Biz e Goldman receberiam 2 ou 3 milhões de dólares cada um se a venda saísse por esse valor. Apesar de parecer algo exorbitante para a maioria da população, 1 milhão de dólares no Vale do Silício corresponde a achar uma moeda no meio das almofadas do sofá. Mas essa soma daria a Ev mais dinheiro e condições para continuar a criar start-ups no guarda-chuva da Obvious Corporation.

Porém, considerando o crescimento e a atenção que o Twitter estava atraindo, Ev estava pensando em dar um tempo na sua ideia de incubadora e focar na máquina de 140 caracteres. Em um e-mail para Goldman e Biz, ele afirmara que estava preparado para "dobrar sua aposta" no Twitter, deixando a Obvious Corporation em segundo plano. Isso ainda deixava em aberto a questão do que fazer em seguida: pegar dinheiro de um investidor externo ou tentar vender o Twitter para um pretendente como o Yahoo!. Jack não tinha a confiança, ou o poder, para tomar esse tipo de decisão, por isso olhou para Ev em silêncio.

Jack só tinha a ganhar com a venda do Twitter. Apesar de estar faturando 70 mil dólares anuais, ainda estava falido, pagando a dívida do cartão de crédito e o empréstimo estudantil pelo ano que estudou na Universidade de Nova York. Uma venda no valor de 100 milhões de dólares lhe daria 20 milhões, uma soma monstruosa que poderia mudar sua vida para sempre.

"Talvez consigamos 80 milhões", Jack disse. (Isso daria a ele 16 milhões de dólares.)

"Oitenta milhões é o mínimo", Goldman disse ao abrir a porta do escritório.

Eles não tiveram que esperar muito para saber qual seria o número. No final da tarde, Ev recebeu um telefonema de Bradley. Eles falaram por alguns minutos e desligaram.

"Vamos conversar lá fora", Ev disse, aproximando-se de Jack. Goldman seguiu os dois.

"Então?", Goldman perguntou quando chegaram na calçada. "Qual é o número?"

"Doze", Ev falou, os braços dobrados enquanto chutava a guia com o tênis.

"Doze o quê?", Goldman insistiu, confuso. Jack começou a rir.

"Eles ofereceram doze", Ev disse, subindo o tom de voz, incrédulo.

"Doze milhões de dólares?", Goldman perguntou, arregalando os olhos ao falar em voz alta.

"É. Doze milhões de dólares."

Eles não estavam chateados com a oferta, pois havia investidores suplicando para investir na empresa, mas achavam uma piada que o Yahoo! tivesse feito uma oferta tão baixa.

"Devíamos aceitar a proposta", Jack falou sarcasticamente, enquanto riam.

O tom de piada se desfez quando Ev contou o que Bradley havia dito pelo telefone: ele dissera que o Yahoo! poderia construir facilmente a tecnologia que existia por trás do Twitter, que era um "simples serviço de envio de mensagens" e que "alguns engenheiros poderiam fazer a mesma coisa em uma semana". Ele concluiu dizendo que se não quisessem vender o Twitter, o Yahoo! pretendia construir e lançar um concorrente.

Aquela era uma relação típica do Vale: ou vocês nos ferram ou nós ferramos vocês.

Mas ouvir uma proposta dessas, seguida de uma ameaça de ataque de uma empresa muito maior, como o Yahoo!, também era um alívio. Agora que sabiam que não iam vender o Twitter, o caminho estava claro. Podiam seguir em frente e abrir pra valer a primeira rodada de investimentos, dinheiro que eles precisavam urgentemente para expandir os servidores e contratar engenheiros para ajudar a start-up a crescer. Antes da reunião com o Yahoo!, eles já haviam decidido que Fred Wilson seria a primeira opção. Isso porque Ev e Jack acreditavam que Fred entendia o que o Twitter poderia ser. Além disso, e mais importante, Fred não se importava com um modelo de negócio e não pressionaria os fundadores do Twitter para que criassem um — isso, ele disse aos rapazes, viria depois.

Enquanto Goldman, Jack e Ev caminhavam de volta para o escritório, instalou-se um raro espírito de equipe entre eles. Em um único dia quase tinham vendido a empresa, para descobrirem que o interessado viria atrás deles. Apesar de ainda não saberem, aquele foi um dos poucos momentos em que concordariam sobre o rumo do Twitter. No final do verão seguinte, já não haveria uma briga do Twitter com seus concorrentes. Seria o Twitter contra ele mesmo — Jack de um lado, Ev de outro.

"Sim", Ev disse, sorrindo. "Doze milhões de dólares."

O Twitter está em baixa?

O POST SURGIU NO SITE DO TWITTER às 11h53 da quinta-feira, 26 de julho de 2007.

"Primeiro, o Twitter foi um projeto paralelo divertido, depois foi tratado amorosamente na Obvious, até chegar o momento de criar a Twitter, Inc.", Jack escreveu. "Hoje, estamos felizes em anunciar um momento importante para o Twitter. Levantamos fundos com nossos amigos da Union Square Ventures, de Nova York." Fred Wilson, sócio da Union Square, estaria à frente de uma rodada de financiamento de 5 milhões de dólares que elevaria a avaliação do Twitter para mais de 20 milhões.

Em outro post, Fred explicou por que seu fundo estava investindo em uma empresa sem renda. "A pergunta que todos fazem é: 'Qual é o modelo de negócios?'. Falando francamente, ainda não sabemos", Fred escreveu no site da Union Square. "O capital que estamos investindo será usado para transformar o Twitter em um serviço melhor, mais confiável, mais robusto. Este é o foco agora." A receita viria depois.

Fred estava certo. Não havia tempo para se preocupar com um modelo de negócio enquanto o Twitter estivesse naquela situação: quebrado.

Todas as manhãs era a mesma coisa para os funcionários do Twitter. A esposa de Jeremy encontrava-o no sofá na mesma posição em que ele estava na noite anterior, o laptop irradiando uma luz azulada em seu peito, um fio de baba escorrendo pelo rosto, os dedos no teclado, como se o programador tivesse sido baleado em um assalto que deu errado. Blaine podia ser encontrado na mesma posição em seu apartamento.

Os dois passavam a noite trabalhando, tentando manter o Twitter funcionando — muitas vezes sem sucesso. O site vivia caindo e nada que eles fizessem impedia as falhas.

Devido à maneira como o site havia sido construído — juntando códigos de programação desconexos em duas semanas — o grande afluxo de pessoas estava fazendo o Twitter desmoronar. Não era apenas um aspecto do serviço que parava de funcionar — eram todos os aspectos. Os posts não apareciam na linha do tempo. As contas desapareciam. O site ficava fora do ar durante horas e, às vezes, por mais de um dia. Os servidores viviam caindo e, por causa de toda essa desordem, os funcionários estavam revoltados. O Twitter havia sido construído como um pequeno barco a remo, projetado para transportar algumas pessoas através de um lago; agora a mesma embarcação estava sendo usada para transportar um número muito maior de passageiros como se fosse um transatlântico cruzando o oceano.

E por isso ele estava afundando.

As interrupções também tinham um efeito dominó, com a falha de um aspecto do site derrubando todo o resto. As ferramentas de terceiros que o Twitter havia dado aos desenvolvedores estavam sendo aproveitadas por centenas de empresas e aplicativos que usavam o conteúdo do Twitter (Twitterrific, Twitteroo, Twiterholic, Tweetbar, Twittervision e Twadget, para citar alguns). Esse afluxo de solicitações estava sobrecarregando os recursos do site. O site em si, que ainda estava montado com o equivalente digital de um saco plástico e fita adesiva, estava sempre derrubando os servidores. Os servidores acabavam entupidos com todos os tuítes que estava esperando para ser enviados ao site e, como no início, as ferramentas de terceiros paravam de funcionar. Quase diariamente, toda a operação parava de funcionar.

Os problemas do site deveriam ter reduzido a avalanche de cadastramentos, mas a situação só piorava, chamando a atenção da imprensa, que incitava ainda mais curiosidade sobre esse negócio de Twitter — "se está todo mundo se cadastrando e derrubando o site, então preciso ver que negócio é esse". Centenas de milhares de pessoas se amontoando em uma start-up minúscula.

Quando o site atingia um de seus pontos de ruptura diários, o mais difícil era que os engenheiros não tinham ideia de onde tinha começado a quebra. Para resolver esse problema — ou pelo menos tentar — Jeremy e Blaine programaram os servidores para que avisassem por mensagem de texto e e-mail quando o site estivesse entrando num ponto crítico. Como em um paciente entubado, com máquinas e equipamentos monitorando seus sinais vitais, a nova programação deveria ajudar os engenheiros a determinar onde o doente estava precisando de cuidados. Então, eles faziam uma intervenção. Isso funcionou por algum tempo, mas logo eles descobriram que o caminho para o caos pode ser construído com boas intenções.

Em questão de dias os avisos estavam disparando uma série de alarmes que não podiam ser desligados, e a equipe de engenheiros ficou atolada de boletins. Os apitos tocavam no meio da noite — às vezes com intervalo de poucas horas, outras vezes, de alguns segundos — vibrando e disparando na mesa de cabeceira. O Twitter implorava por ajuda. O coração havia parado novamente. Em várias ocasiões, os problemas eram tão sérios que Jeremy e Blaine acordavam e davam com mais de mil mensagens de texto de servidores do Twitter reclamando de um problema que havia fechado o site.

As pessoas que usavam o Twitter estavam reclamando tanto quanto os servidores. Em uma ocasião, um grupo de usuários fiéis decidiu fazer um boicote on-line. Eles proclamaram, no Twitter, é claro, que iriam ignorar o serviço durante 24 horas para mostrar seu desprezo pelo fato de o site estar sempre fora do ar. No mesmo dia, depois de ler a respeito do boicote, outro grupo de usuários decidiu enviar pizzas para o número 164 da South Park Street, demonstrando seu amor pelo site.

Mas não havia pizza que conseguisse consertar o Twitter. Ele já nascera quebrado.

Como as coisas só pioravam, Biz resolveu falar sobre a situação no blog da empresa.

"O Twitter. Está. Lento. Estamos cientes disso", ele escreveu no blog em um post apropriadamente intitulado "A tartaruga e o Twitter". "A lentidão está sendo causada pela imensa popularidade, o que provoca uma situação agridoce. Devemos dizer a vocês que estamos tentando deixar as coisas mais doces do que amargas."

A lentidão não impediu o crescimento do Twitter. As pessoas continuaram se cadastrando. A imprensa continuou falando — coisas boas e ruins. O site continuou crescendo. A cada duas semanas o número de usuários dobrava. E como observou o *Financial Times* em matéria de capa do jornal impresso, o "miniblog é o assunto do Vale do Silício". A *Business Week* publicou um perfil. A revista *Time* se referiu ao Twitter como um dos cinquenta sites mais importantes da atualidade. "Diga onde você está e o que está fazendo aqui e agora enviando uma mensagem de texto pelo celular", dizia o artigo. Os jornais mais importantes, os canais de TV e blogs também estavam comentando. Embora o site ainda não estivesse preparado para subir ao palco, lá estava ele.

Os funcionários do Twitter viviam tão ocupados tentando manter o site ativo que começaram a eliminar aplicativos, em vez de acrescentar novos. Enquanto isso acontecia, alguns dos nerds leais ao serviço resolveram atacar a falta de novos recursos com as próprias mãos e dois novos caracteres começaram a aparecer regularmente no fluxo de mensagens do Twitter: os símbolos @ e #.

Em linguagem de programação, o símbolo @ era usado por engenheiros para falar com outras pessoas em um servidor. Era natural que o símbolo fosse transferido para o Twitter. Esse símbolo foi usado pela primeira vez por um jovem designer da Apple, Robert Andersen, que em 2 de novembro de 2006 respondeu ao seu irmão colocando @ antes de seu nome enquanto conversavam. Lentamente, o símbolo foi penetrando no vernáculo do Twitter, e as pessoas passaram a se referir umas às outras não pelo primeiro nome, mas por seus "@nome" no Twitter. O novo método de comunicação tornou-se tão popular no site que, no início de maio, Alex Payne, programador do Twitter, acrescentou uma nova aba ao site mostrando as "@respostas" das pessoas.

Depois veio a hashtag, o símbolo do jogo da velha que até então era usado em aparelhos de telefone. No Flickr, o site de compartilhamento de fotos, as pessoas às vezes usavam a hashtag para agrupar imagens sobre o mesmo tema. Fotos de incêndios ocorridos nas florestas de San Diego, por exemplo, eram agrupadas com uma *tag* que dizia "#fogoemsandiego". Chris Messina, designer que morava no Vale e tinha muitos amigos no Twitter, começou a usar o mesmo símbolo no site — e logo foi copiado por outros.

Um dia, Chris decidiu dar uma passada no escritório para propor um uso mais formal desse estranho ícone. Na escada, trombou com Ev e Biz, que estavam saindo para almoçar.

"Eu realmente acho que vocês deviam fazer alguma coisa com as hashtags no Twitter."

"Hashtag é coisa de nerd", Biz respondeu. Ev acrescentou que elas eram "muito duras e ninguém ia entender".

Chris argumentou dizendo que as pessoas agora estavam usando as hashtags e que elas podiam conectar as conversas do Twitter com as que ocorriam no mundo real. Mas Ev e Biz não se deixaram convencer. Em vez disso, disseram que criariam "alguma coisa melhor depois, algo mais acessível".

Mas não importava o que Ev, Biz ou qualquer outra pessoa do Twitter pensasse ou dissesse. O site, como se tivesse sido tomado por uma força estranha, assumiu o controle de si próprio. As pessoas continuaram a usar hashtags para organizar seus compartilhamentos, incluindo conversas de grupos e discussões sobre acontecimentos variados.

Internamente, em meio às quedas crescentes do site, Ev e Goldman continuavam tentando transformar Jack em um bom CEO — luta que se mostrou ainda mais difícil do que manter o site vivo.

Ev, que havia assumido o papel de presidente do conselho do Twitter, pressionava Jack para que supervisionasse o trabalho de Blaine — que ainda era muito anárquico e prosperava no caos — explicando como deveria dar a ele incentivos financeiros e organizar reuniões regulares para acompanhar o andamento do trabalho. (Sim, até mesmo os anarquistas gostam de ganhar bem.) Mas o tiro saiu pela culatra, pois Jack começou a falar com os funcionários como se eles fossem idiotas.

Ou, como Ev observou num e-mail, "Jack estava agindo como se fosse um caubói".

Cada tentativa de andar para a frente acabava resultando em dois passos atrás. Quando Ev disse a Jack que ele deveria enviar um e-mail para todas as pessoas do Twitter definindo os objetivos da empresa, seu primeiro rascunho começava com: "Três coisas que desejo para o Twitter". Depois desatava a falar de cada um dos objetivos com horrorosos "Quero poder...", "Pretendo...", "Eu...". Goldman sugeriu que "nós" talvez fosse uma forma mais apropriada para falar da empresa. Soar como um ditador não era a melhor maneira de falar com seus funcionários.

Embora Jack quisesse muito aprender a administrar uma empresa e a ser um bom CEO, geralmente ficava perdido em relação ao que deveria fazer em seguida. Apesar de jamais admitir, fingindo que sabia exatamente o que estava fazendo e que suas decisões faziam parte de um plano maior, aquilo tudo era uma coisa tão estranha que ele com frequência ficava sem saber o que dizer. Quando as coisas ficavam muito frustrantes, em vez de confrontar o problema com seus funcionários, Jack saía pela porta da frente e passava uma hora ou mais andando em círculos pelo South Park, o rosto exibindo uma expressão petulante.

Alguns de seus colegas, incluindo Biz e Crystal, acreditavam que os problemas da empresa não tinham a ver com o que Jack fazia ou não, que ninguém conseguiria manter o Twitter à tona nessas águas turbulentas, principalmente com o afluxo de pessoas novas todos os dias. Mas Ev não queria saber de quem era a culpa. Ele havia investido dinheiro do seu bolso na empresa e seu nome, mais uma vez, estava em xeque. Não importava se a culpa era de Jack ou do coelho da páscoa. Ev queria acabar com as falhas do site, corrigir os problemas de gestão e organizar o caos geral instalado na empresa. À medida que o ano de 2007 se aproximava do fim, Ev ia ficando cada vez mais impaciente, pois esses problemas não só não estavam sendo resolvidos como, na verdade, estavam ficando cada vez piores.

O costureiro

NO FINAL DA TARDE, Jack e Ev subiram a escada até a sala de reuniões que havia sido batizada de Odeo Heights. Seus passos sincronizados, eles pareciam dois robôs, subindo um degrau atrás do outro até o segundo andar. Eles abriram a porta da salinha, puxaram as cadeiras e se sentaram um diante do outro, as mãos cruzadas à frente.

Jeremy viu quando os dois subiram a escada, como já haviam feito tantas vezes. Blaine também. E outras pessoas do escritório. Mas ninguém prestou muita atenção. Mais uma reunião entre o presidente do conselho e o CEO da empresa. Eles não tinham ideia — pelo menos até muito depois — de que Jack subiria aquelas escadas de um jeito e desceria como uma pessoa completamente diferente.

As coisas em geral não se quebram, elas se dobram. As relações raramente sofrem lascas, vão se curvando lentamente, em direções opostas, até se separarem. Era o que vinha acontecendo com a relação de Ev e Jack havia algum tempo. Como madeira úmida, oscilando entre o bom e o mau, os dois se curvavam. Mas, naquele momento, ao se sentarem na sala de reuniões, os dois estavam prestes a se dividir para sempre.

Ev lançou o desafio.

"Você pode ser costureiro ou CEO. Mas não pode ser as duas coisas."

Apesar de trabalhar muito, chegando ao escritório bem antes de qualquer outra pessoa, Jack sempre saía por volta das seis da tarde por causa de suas atividades extracurriculares. Ele frequentava um curso de desenho, enchendo seu caderno com figuras nuas. Fazia aulas de ioga para aliviar a tensão. Também estava fazendo um curso de moda para aprender a costurar, pensando em uma futura carreira na indústria fashion. Ele adorava costurar e demonstrou entusiasmo pela confecção de uma saia, sua primeira tarefa no curso. O objetivo era fazer sua própria calça jeans preta, talvez até trabalhar para sua marca de jeans favorita, a Earnest Sewn, de Nova York.

A vida social de Jack também havia crescido exponencialmente, como o Twitter. As pessoas tinham começado a convidá-lo para festas, muitas festas. Ele assistia a jogos de beisebol ao lado de figurões como Ron Conway. As garotas estavam prestando atenção nele, incluindo uma loira de vinte e poucos anos chamada Justine, famosa por ter namorado vários fundadores de start-ups de tecnologia.

Jack começou a sentir os primeiros lampejos da fama, aparecendo em blogs e matérias sobre o Twitter. Pela primeira vez na vida, o garoto invisível de St. Louis estava sendo reconhecido por entusiastas de tecnologia nos cafés locais, que o cobriam com declarações de amor ao Twitter (quando funcionava). As pessoas que usavam o site também estavam começando a ser classificadas pelo seu número de seguidores. E quem seria a pessoa mais indicada para ocupar o trono de rei dos nerds senão o primeiro usuário — Jack Dorsey?

Mas havia uma pessoa que não era muito fã de Jack: Ev. Ele achava que Jack não trabalhava o bastante. Não estava no escritório o bastante. Distraía-se com seus hobbies. Era arrogante em seu estilo de administração. Era... era... era.

Quando Ev estava no escritório, exigia silêncio. Brincadeiras e conversas dos colegas sempre eram recebidas com um "Shhh!" de Ev. Biz, o eterno brincalhão, achava graça, mas Jack ficava ofendido.

Jack vinha tentando ser amigo dos funcionários, organizando noites de cinema e jantares regularmente. Ele também havia iniciado um novo ritual, a Hora do Chá, um evento semanal realizado às sextas-feiras para a equipe discutir as últimas notícias da empresa. Teoricamente, as pessoas deveriam tomar chá enquanto conversavam, mas eles insistiam em trazer cerveja e outras bebidas alcoólicas.

Mas Ev não estava preocupado com a Hora do Chá ou com as noites de cinema. Ele estava preocupado com a empresa. Uma empresa que estava com problemas.

As quedas frequentes do site começaram a causar danos ao Twitter. As adesões passaram a cair ligeiramente e Ev resolveu mandar e-mails de aviso a Jack.

"Você sai do escritório muito cedo", disse Ev. "Você vai para suas aulas de costura e de ioga, vai encontrar os amigos, e nós estamos com todos esses problemas e o crescimento do site está diminuindo." Ev continuou, enumerando todos os defeitos de Jack. Jack ficou furioso, mas não respondeu. Não sabia como responder. Não sabia se podia responder. Um CEO pode discutir com um presidente do conselho?

Não havia clareza a respeito do que Jack poderia dizer ou não a Ev, pois a relação dos dois e a dinâmica de poder entre eles sempre foram cheias de idas e vindas. No início, eles eram patrão e empregado, e Jack se reportava a Ev. Depois tornaram-se cofundadores e amigos na criação do Twitter. Então, os papéis de empregador e empregado se inverteram, com Jack assumindo o cargo de CEO, e Ev, apesar de ser o principal investidor da empresa e o presidente do conselho, tecnicamente era um funcionário e se reportava a Jack. Naquele momento, eram duas pessoas em guerra.

Nem sempre fora assim. Durante algum tempo eles foram muito próximos, celebrando a saída de Noah, o sucesso no South by Southwest, bebendo juntos — o que sempre ajudava os dois a se soltarem. No final de 2006, no aniversário de Sara, os três saltaram de paraquedas, atirando-se de um avião e comemorando como fora incrível cair a duzentos quilômetros por hora. Também tinham ido acampar. Mas, com a mesma rapidez com que se tornaram amigos, a camaradagem começou a virar fumaça.

Porém, mais premente do que a opinião deles a respeito da qualidade da gestão da empresa, o fato era que Ev e Jack tinham visões fundamentalmente diferentes sobre o Twitter e sobre como ele deveria ser usado. Jack sempre viu o Twitter como um atualizador de status, uma forma de dizer onde *ele* estava e o que *ele* estava fazendo. Um lugar para as pessoas se exibirem, exibirem seus egos. Ev, que era tímido e havia sido moldado pelo tempo que passou construindo o Blogger, via o Twitter como uma forma de saber onde estavam as *outras* pessoas e o que as *outras* pessoas estavam fazendo.

Ev via o Twitter como uma forma de mostrar o que estava acontecendo ao redor: um lugar para obter informação, saciar a curiosidade. Essa era a discussão que havia originado o conceito do Twitter como uma fonte de notícias após o terremoto, ocorrida alguns meses antes.

"Se houver um incêndio na esquina e você tuitar a respeito, não estará falando do seu status durante o incêndio", Ev disse em uma de suas discussões intermináveis. "Você vai tuitar: incêndio na esquina da Third com a Market."

"Não, você estará falando do *seu* status enquanto observa o incêndio", Jack respondeu. "Você estará atualizando *seu* status para dizer: estou vendo um incêndio na esquina da Third com a Market."

Para muita gente isso pode parecer apenas uma questão de semântica. No entanto, eram duas formas completamente diferentes de usar o Twitter. O que importa sou eu ou você? O que importa é o ego ou os outros? Na verdade, ambos são importantes. Um jamais funcionaria sem o outro. Uma atualização de status em 140 caracteres era muito efêmera e egoísta para ser sustentável. Uma atualização de notícia em 140 caracteres não passava de uma manchete. Apesar de não perceberem, os dois, juntos, faziam do Twitter uma experiência sui generis.

Eles também discordavam sobre o uso do celular versus da internet. Jack estava determinado a focar no desenvolvimento móvel, dedicando recursos para a construção de novas ferramentas de SMS, permitindo que mais países se cadastrassem no serviço usando mensagens de texto e concentrando suas energias em aplicativos móveis. Ev estava mais focado na internet, tentando fazer com que a equipe expandisse os recursos do site. Outra grande preocupação de Ev era que a ênfase nas mensagens de texto poderia levar a empresa à falência. Todos os meses, o Twitter era obrigado a pagar às operadoras de telefonia celular dezenas de milhares de dólares em contas de SMS. E todos os meses as contas eram maiores do que no mês anterior.

A única coisa sobre a qual Ev e Jack concordavam é que eles concordavam sobre pouquíssimas coisas.

Jack acreditava que havia crescido e mudado. Ele até estava mais parecido com um CEO, tendo cortado o cabelo e enfiado a camisa para dentro da calça. Sua atitude mais ousada havia sido tirar o *piercing* do nariz, o mesmo que ele havia usado orgulhosamente sob um band-aid anos antes para não obedecer à ordem do patrão. Sua vontade de comandar o Twitter era grande demais para que ele deixasse de fazer esse tipo de concessão, entre outras, mas elas não eram suficientes para Ev.

A ligação de Jack com outro funcionário do Twitter também havia se deteriorado. No início daquele verão, o namoro de Crystal havia chegado ao fim. Apesar de Jack agora estar cercado de garotas, jamais esquecera sua primeira paixão na Odeo. Ele havia pensado em convidar Crystal para sair, talvez organizar alguma coisa especial — assistir a um filme antigo, algo que o levasse do terreno da amizade para o terreno dos beijos. Mas sua coragem acabou quando soube que perdera Crystal para sempre em Las Vegas.

Ele sabia exatamente quando isso havia acontecido. Foi no fim de semana do dia 7 de setembro de 2007. O Twitter havia feito um acordo com a MTV para que os tuítes das celebridades presentes no Video Music Awards fossem integrados à programação do canal durante a transmissão do prêmio. Para ajudar com a festa e garantir que os músicos tuitassem corretamente, a maioria da equipe foi para Las Vegas. Mas Jack não pôde ir devido a um compromisso assumido anteriormente. Após o longo fim de semana, os funcionários voltaram com ressacas horrorosas e muitas histórias das festas com as estrelas. Mas Crystal voltou de Las Vegas com um novo namorado: Jason Goldman.

Jack ficou indignado. Sua única chance com Crystal havia sido roubada por um dos melhores amigos de Ev e um dos membros do conselho do Twitter. "Jack versus Ev" agora era "Jack versus Ev e Goldman". E na visão de Jack, Crystal estava do lado errado.

Goldman não se deixou intimidar pela raiva de Jack. Afinal de contas, ele era um dos "rapazes de Ev", não de Jack. Além disso, Crystal poderia namorar quem ela quisesse.

Mas o ressentimento de Jack em relação a Goldman por causa de Crystal não se comparou à raiva que ele sentiu de Ev ao ouvir que teria de escolher entre ser um costureiro ou CEO.

Não houve insultos naquele dia. Eles não gritaram nem bateram na mesa. Mas a cada crítica jogada no ar, Jack parecia ferver.

Quando a reunião terminou, eles desceram a escada. Enquanto Jack voltava para sua mesa e sentava, irritado com o que Ev havia dito, Ev pegou suas coisas e saiu. Jack balançou a cabeça diante da ironia. Depois de reclamar porque Jack saía cedo do escritório, Ev tinha acabado de fazer isso.

E, naquele momento, depois do bater da porta bege, depois da saída de Ev, a relação entre os dois não estava mais se curvando. Tinha se quebrado.

Boatos

OS BOATOS VINHAM CIRCULANDO pelo Vale havia algumas semanas. O Twitter estava levantando uma nova rodada de investimentos.

"Amando ou odiando, não conseguimos ficar sem falar do Twitter, o serviço que personifica nosso narcisismo", escreveu Om Malik em um post de 21 de maio de 2008. "Esse zumbido está se transformando em frenesi por causa da concorrência para a próxima rodada de financiamento."

E foi realmente um frenesi. Todos queriam um pedaço da empresa. Na proposta distribuída aos investidores na época, o Twitter apresentou suas estatísticas: a empresa era composta por quinze funcionários; tinha 1 273 220 usuários cadastrados; pessoas que enviavam quase 15 milhões de tuítes por mês. A proposta salientava que essas atualizações eram mundiais, vindas de todos os lugares do planeta. No entanto, embora o documento mostrasse números crescentes em todas as áreas, havia um número que permanecia exatamente igual, desde o primeiro dia: receita 0, dizia a apresentação. Eles ainda estavam pagando as contas com o dinheiro do primeiro financiamento feito por Fred Wilson e outros investidores um ano antes, mas esse dinheiro estava acabando.

Os investidores não se preocupavam com as contas, que não paravam de chegar. Todos os meses, o crescimento dos usuários era maior do que no mês anterior, e as projeções para os meses seguintes eram ainda maiores. Os gráficos que acompanhavam as apresentações pareciam escadas para o paraíso.

Em sua apresentação, Ev declarou que a empresa esperava levantar 10 milhões de dólares de capital a uma taxa que elevaria a avaliação do Twitter para 50 milhões de dólares. Mas, no início de maio, em meio ao frenesi e à excitação dos investidores que esperavam vincular seu nome ao Twitter, a avaliação da empresa havia pulado para 60 milhões. Poucos dias depois, saltou para 70 milhões. No final, quando a notícia foi finalmente divulgada, a empresa estava sendo avaliada em 80 milhões de dólares.

Não importava que o Twitter ainda não tivesse um modelo de negócios ou mesmo qualquer sinal de que teria. Ou que o site estivesse com problemas. Todo mundo queria um pedaço da jovem empresa porque ela estava atraindo muita atenção. Os investidores queriam ter seus nomes associados ao Próximo Grande Negócio e acreditavam que poderiam ajudar a resolver os problemas da empresa.

Para quem olhava de fora, parecia que o Twitter estava crescendo depressa demais. Os investidores fazendo fila, prontos para entregar vários milhões de dólares, acreditavam que, bem orientada, a empresa poderia contratar novos engenheiros e desencavar novos servidores — e tudo ficaria bem. É claro que as coisas por dentro da empresa eram muito diferentes do que as pessoas viam de fora.

Por dentro, a desordem era total.

Em abril de 2008, Jack demitiu Blaine para mostrar a Ev quem mandava na empresa. Internamente, foi uma daquelas saídas feias, com Blaine demitido enquanto estava em férias. Porém, externamente, a mídia especializada acreditava que era mais uma história do tipo está-na-hora-de-mudar-de-ares-mas-continuamos-amigos. Depois, Jack demitiu Lee Mighdoll, outro engenheiro sênior que havia sido contratado poucos meses antes. Após a demissão de Blaine, os problemas do site só pioraram. Blaine era o principal programador do Twitter; sem ele, Jack não tinha ideia de como consertar algumas coisas.

Desde a criação do site, quando o Twitter caía, as pessoas viam a imagem de um gato fazendo algo engraçado. "*I is in your komputer*" [Eu está no seu computador], proclamava uma notificação, com a imagem de um gatinho enrolado no interior de um velho PC. Como a empresa havia crescido, Biz decidiu que as imagens do gato eram jocosas demais e resolveu procurar alguma coisa mais séria. Logo encontrou uma ilustração de uma baleia sendo erguida do mar por alguns pássaros, de autoria de Yiying Lu, artista e designer de Sydney, Austrália. Essa passou a ser a imagem que as pessoas viam quando o Twitter caía. Como o site vivia caindo, não demorou para que a baleia ganhasse seu próprio apelido: Fail Whale [Baleia da Falha].

Havia também a questão controversa das celebridades, que atraíam cada vez mais seguidores para o Twitter. Algumas dessas celebridades de vez em quando resolviam aparecer no escritório do site, tendência que continuaria sem prazo para acabar. Era uma verdadeira peregrinação até o grande pássaro azul. Um dia, ao chegarem de manhã no escritório, alguns engenheiros foram até a cozinha pegar um café e deram com um membro da banda Blink-182, meio bêbado e sonolento, colocando gin em uma tigela de cereais matinais. Em outra ocasião, o rapper MC Hammer apareceu de repente com sua turma e ficou zanzando pelo lugar.

Mas as celebridades também não percebiam o que estava acontecendo no Twitter. Não sabiam das brigas entre Jack e Ev. Até mesmo o levantamento de dinheiro se tornou uma grande merda — pelo menos nos bastidores. O financiamento havia se transformado em mais um cabo de guerra que não deu certo: Ev puxando para um lado, Jack para o outro, Biz fazendo o que podia para não ficar enredado no meio.

Quando Ev comandava as conversas a respeito do financiamento, Jack se sentia excluído. Querendo provar para Ev que ele poderia assumir a tarefa, Jack tentou negociar com investidores por conta própria. Assim, uma hora um investidor recebia um telefonema para marcar uma reunião com Ev, o presidente do conselho. Em seguida, o telefone tocava: era Jack, o CEO, do outro lado da linha, querendo agendar a mesma reunião. Para os investidores, isso passou como um pequeno mal-entendido. Para Jack, era visto como menosprezo da parte de Ev.

Certo dia, Jack negociou um acordo que elevaria a avaliação do Twitter para 100 milhões de dólares. Orgulhoso de si mesmo, ele foi contar a Ev. Mas era tarde demais. Ev já havia decidido que queria usar outro fundo. O principal investidor seria a Spark Capital, de Boston, e Bijan Sabet, um dos sócios, um sujeito muito respeitado, faria parte do conselho do Twitter assim que concluíssem a rodada de investimentos no valor de 18 milhões de dólares em junho de 2008, o que elevaria a avaliação da empresa para 80 milhões de dólares.

Para Jack, o negócio que ele havia fechado era melhor que o de Ev — e mais uma vez ficou irritado com o fato de Ev passar por cima de suas decisões.

Apesar de Jack não saber na época, para Ev a questão do investimento não envolvia apenas o dinheiro e a valorização da empresa. Seu objetivo ia além, tratava-se de resolver os problemas da empresa à maneira de Ev: assumindo maior controle sobre as operações diárias.

Merda, merda, merda...

OS DEDOS DE BIJAN SE MEXIAM NO TECLADO em movimentos repetitivos. Ele estava digitando uma única palavra obsessivamente, como um papagaio com síndrome de Tourette. "Merda merda merda merda merda merda merda merda merda merda merda merda merda merda merda merda merda merda merda merda." Então ele pressionou o botão "Enviar", catapultando as palavras num e-mail para Fred Wilson. Nada mais, apenas a palavra "merda", vinte vezes.

Ele não precisava acrescentar nada à mensagem. Nenhuma explicação. Fred sabia exatamente o que havia acontecido.

Bijan colocou a cabeça entre as mãos, fechou os olhos e repetiu a palavra para si mesmo mais uma vez. "Merda!"

Na rodada de investimentos de 18 milhões de dólares em junho de 2008, a empresa de Bijan, a Spark Capital, investira 14 milhões com Jeff Bezos, da Amazon, e Fred Wilson havia investido a maior parte dos outros 4 milhões — junto com vários investidores-anjos. A grande soma colocada pela empresa de Bijan lhe assegurara um lugar no conselho do Twitter, junto com Fred Wilson. Nos meses seguintes, Bijan começou a se embrenhar na empresa, participando de várias reuniões, erguendo a mão para votar em questões críticas de infraestrutura. E ali estava ele agora, mandando tudo à merda.

Ele ficou parado por alguns minutos, tentando pensar se haveria alguma forma, qualquer uma, de apagar o e-mail que havia enviado acidentalmente para Jack alguns minutos antes. Era impossível, ele sabia. Não se pode ressuscitar os mortos ou apagar um e-mail que viaja a 140 mil quilômetros por segundo de Boston a San Francisco.

Depois de alguns segundos tentando calcular o incalculável, Bijan começou a digitar freneticamente outro e-mail.

Para: Jack. "Por favor, me telefone quando receber esta mensagem", ele escreveu, acrescentando que queria esclarecer o e-mail anterior. "Fora do contexto, isso pode parecer muito confuso."

Tudo começou em 2008, quando o Twitter comprou sua primeira empresa, a Summize, que usava as ferramentas terceirizadas do Twitter para permitir que as pessoas procurassem os tuítes públicos de todo mundo. As pessoas começaram a usar o recurso com a mesma rapidez com que haviam começado a usar o próprio Twitter. Em pouco tempo, havia tanta gente usando a Summize que o Twitter se viu competindo com a empresa em número de visualizações. Em vez de acabar com ela, o Twitter resolveu comprá-la, junto com sua pequena equipe de engenheiros muito competentes.

A compra foi relativamente indolor. As negociações iniciais entre Fred e John Borthwick, investidor que integrava o conselho da Summize, ocorreram enquanto os dois estavam em pé, um ao lado do outro, diante de mictórios em um banheiro. "Por que simplesmente não juntamos essas empresas?", John disse a Fred.

Fred concordou. Depois de alguns encontros, o negócio foi fechado (felizmente, não em um banheiro).

O mês de julho havia sido atribulado pois também fora o mês em que o Twitter se mudou para um novo escritório: um espaço amplo e moderno, com muitas janelas e espaço para crescer. Entre as coisas divertidas que eles haviam colocado no escritório (uma sala com sofá e video games, uma cabine telefônica vermelha e uma cozinha superequipada com cereais e outros petiscos), Jack havia sugerido a criação de uma sala Radiohead. "Poderia tocar Radiohead durante 24 horas todos os dias!", ele disse, empolgado.

Depois de assinada a papelada com a Summize e divididas as ações do Twitter como parte da venda, Jack pegou o telefone para falar com

Greg Pass, engenheiro que vinha cuidando da parte tecnológica da Summize.

"Então, estamos pensando que, já que não temos uma liderança de verdade na equipe de engenharia, talvez você pudesse assumir tudo."

Greg ficou em silêncio, processando o que Jack tinha acabado de dizer, percebendo imediatamente que devia haver alguma coisa errada no Twitter, pois tinha ouvido o CEO dizer "não temos uma liderança" na equipe de engenharia. "Hum, o.k., está certo", Greg disse, mas antes de conseguir perguntar o que Jack queria dizer, foi interrompido.

"E que tal você administrar as operações paralelas também?", Jack perguntou.

As operações paralelas da empresa incluíam a gestão dos até então desastrosos servidores do Twitter. "Hum, eu não tenho nenhuma experiência em gestão de operações", Greg respondeu.

"Bom, não temos ninguém que possa fazer isso melhor do que você", disse Jack.

Ao desligar o telefone, Greg estava em estado de choque. E ele não era o único. Jack enviou um e-mail para a empresa anunciando que haveria uma mudança na administração, que Greg seria o diretor de operações e iria supervisionar toda a parte de engenharia. (Jack pretendia se dedicar ao desenvolvimento de produto.) Quando a mensagem chegou na caixa de correio de Ev, ele ficou pálido. "Você vai colocar alguém no comando da engenharia e das operações de toda a empresa sem discutir o assunto comigo ou com o conselho?", ele disse a Jack, totalmente contrariado.

Foi o momento "já chega" para Ev. Mas também para Fred e Bijan. E em vários telefonemas e encontros secretos eles decidiram que já era hora de descobrir o que realmente estava acontecendo no Twitter.

Fred e Bijan, os dois investidores com lugar no conselho do Twitter, saíram de Nova York e Boston e foram para San Francisco. Chegaram cedo e marcaram reuniões com Goldman, Biz e Jeremy. Para quê? "Ah, só para conversar. Queremos saber o que você está pensando a respeito do Twitter." Em parte, era verdade. Mas o que Fred e Bijan realmente queriam era colocar Jack para fora. Assim como Ev. O principal objetivo dos encontros era descobrir o impacto dessa atitude sobre os funcionários. Os membros mais antigos da equipe do Twitter não precisaram de muito convencimento.

Um a um, Goldman, Biz e Jeremy foram levados para um café e delicadamente interrogados. E ficavam sabendo que Fred e Bijan, com o inteiro apoio de Ev, pretendiam rebaixar Jack, retirando-o do posto de CEO. "O que você acha?", eles perguntavam, embora a decisão já tivesse sido tomada.

Bijan e Fred logo descobriram que Jack também se mostrara incompetente com as finanças da empresa. Apesar de a receita continuar zerada, as despesas não paravam de crescer, com aumento na taxa dos servidores, nas contas de mensagens de texto e na folha de pagamento. Jack, que administrava as despesas em seu laptop, vinha fazendo as contas de maneira errada. Quando Ev descobriu isso, pediu a um amigo e empresário experiente, Bryan Mason, que conversasse com Jack para mostrar a ele como administrar os livros da empresa. Mas Bryan, diante de um quadro branco com uma caneta, não conseguiu passar do básico de contabilidade.

Quando os engenheiros conversaram com Bijan e Fred, manifestaram basicamente suas preocupações em relação a Jack. "Engenharia e operações são um desastre", disseram todos. "Ele é um grande sujeito. Um ótimo amigo. Um chefe engraçado. Mas não está à altura do cargo", disse um deles. "É como o jardineiro que se tornou presidente." "Não sei quem comanda. Ev apresenta o produto e diz o que acha, e Jack fica sentado no canto tomando notas."

Os membros do conselho sabiam que precisavam encontrar um novo papel para Jack ou dispensá-lo imediatamente.

Estava tudo acertado, pronto para acontecer. E de repente precisaram pisar no freio.

"Vou me demitir!", Biz disse a Fred e Bijan, cruzando os braços e sentando na cadeira como uma criança petulante. "Se Jack deveria estar dirigindo o Twitter? Provavelmente não", Biz admitiu, mas ele acreditava que se Jack fosse forçado a sair, o Twitter ficaria dividido. A maioria dos funcionários ajudaria a puxar a corda para o lado de Ev, se pudessem escolher, mas, apesar de Jack estar completamente deslocado como CEO, alguns dos funcionários do Twitter, incluindo Biz, gostavam muito dele. "Estou falando sério. Se vocês demitirem Jack, eu me demito."

Era um blefe, mas funcionou. Fred e Bijan sabiam que não podiam perder Biz, principalmente se Jack também saísse. Seu trabalho como cofundador havia se desdobrado e ele tinha começado a desempenhar dois papéis diferentes. Primeiro, tornara-se a face pública da empresa. Considerando a postura estranha e geralmente calada de Ev e de Jack em público, Biz havia intensificado sua sociabilidade e se transformara no cara que brincava com a imprensa, animava os funcionários e recebia as celebridades.

Ele também se transformara no esteio moral da empresa. No final de novembro de 2007, o Twitter havia sido usado na série de TV *CSI: Crime Scene Investigation*. Os tuítes davam pistas da localização de uma vítima de assassinato. Não demorou para que a realidade imitasse a ficção: o FBI e outros órgãos policiais começaram a bater na porta do Twitter, pedindo informações sobre certas pessoas que usavam o serviço. Biz e Ev, junto com Crystal, negaram enfaticamente, preservando a identidade dos usuários do site, em vez de ceder a grandalhões armados e bem vestidos.

Enquanto Bijan e Fred estavam chamando os funcionários para conversar, Jack suspeitou que estivesse acontecendo alguma coisa — reuniões secretas a portas fechadas, Ev falando em voz baixa ao telefone na sala de reuniões — mas não tinha ideia da gravidade da situação.

Além disso, Jack não imaginava que a ameaça de demissão de Biz na verdade representava uma segunda moratória para ele. Jack já havia sido perdoado no início daquele mês depois de uma desastrosa tentativa de acertar as contas com Ev, com quem ele agora mal falava.

Os dois cofundadores haviam concordado com um jantar para falar a respeito da crise. Jack achava que o objetivo do jantar era reabrir os canais de comunicação. Ele sabia que Ev não estava satisfeito, mas como nenhum dos dois falava de maneira direta a respeito do que estava pensando ou sentindo, eles estavam evitando essa conversa.

Os dois se encontraram no Bacar, no início de agosto. O cheiro de madeira queimada se espalhava pelo ar enquanto eles afogavam a sensação de desconforto com grandes doses de bebida alcoólica. Depois de longos períodos de silêncio pontuados por comentários triviais, eles começaram a falar dos negócios. “O que está acontecendo?”, Jack perguntou a Ev enquanto esperavam pelo prato. “Você não parece feliz.”

Ev explicou que os problemas da empresa — os apagões, a falta de comunicação com ele e com o conselho e as contas de mensagens de texto que estavam chegando aos seis dígitos — estavam comprometendo o crescimento do Twitter. Observou que nos últimos meses o blog da empresa exibia um post atrás do outro explicando que o site estava fora do ar; tudo isso, Ev disse, era vergonhoso para o Twitter.

“Você quer ser o CEO?”, Jack disse do nada. Ev foi pego de surpresa. “Quer?”, Jack perguntou de novo, com rara seriedade.

“Bem, eu tenho pensado nas coisas”, Ev respondeu, tomando um gole do martíni, depois mudou de assunto e falou de outros problemas que a empresa estava enfrentando: a necessidade de contratações, os custos, a cultura caótica.

Jack o interrompeu novamente. “Você não está respondendo a minha pergunta. Precisa me dizer se você quer ser o CEO. Não vou sair desta mesa sem saber qual é sua intenção. Não quero trabalhar com uma nuvem pairando acima da minha cabeça.”

Ev fez uma pausa. Ele não tinha pensado em contar a Jack naquela noite sobre os planos do conselho de rebaixá-lo ou demiti-lo, mas agora estava sendo pressionado. Ele não tinha sequer conversado com Goldman sobre o que estava acontecendo, com medo de que a conversa pudesse chegar a Crystal, com quem ele estava namorando, e assim acabar chegando aos ouvidos de Jack. Por fim, Ev respirou fundo e respondeu: “Sim. Eu quero ser o CEO. Tenho experiência na administração de uma empresa e é disso que o Twitter está precisando”.

“Ótimo”, Jack disse, com uma expressão de raiva e contrariedade no rosto. “Quero tomar todas as providências imediatamente, falar com a equipe administrativa amanhã mesmo.”

Depois de um jantar num clima muito estranho, Jack voltou para casa em pânico sobre o que fazer. Abriu a porta de seu apartamento e começou a caminhar pelo piso de madeira escura, tentando clarear as ideias. Desabou no sofá branco, tirou o laptop de sua bolsa Filson e digitou um e-mail para a equipe de gestão sênior informando que haveria uma reunião de emergência na manhã seguinte. Então enviou outra mensagem, para Fred e Bijan, descrevendo a conversa com Ev.

Tentou dormir, mas ficou se revirando na cama enquanto relembrava a conversa do jantar. Ele achava que aquilo fazia parte de um complô de Ev para assumir o poder e controlar a empresa; acreditava que, assim que Fred e Bijan soubessem o que estava acontecendo, eles iriam parar o canalha.

Na manhã seguinte, todos se encontraram na sala de reuniões para a reunião de emergência. Quando Jack e Ev estavam a alguns passos da porta, prestes a entrar, ambos receberam uma mensagem de texto de Bijan dizendo que deveriam telefonar para ele imediatamente, juntos. Não façam nada, disse Bijan. "Telefonem já para mim."

A equipe administrativa continuou na sala de reuniões, confusa, enquanto eles se afastaram. E apesar de estarem prestes a fazer o mesmo telefonema, Jack seguiu em uma direção, entrando na sala Radiohead, e Ev foi para outra sala, ambos para ligar para Bijan.

"Escutem, estamos sabendo o que está acontecendo e não queremos que façam nada ainda. Apenas adiem — por enquanto."

Enquanto ouvia, Jack reparou na letra do Radiohead flutuando na sala, o iPhone pressionado contra o ouvido, tentando bloquear a música ao fundo. Ele olhou na direção do alto-falante, registrando a ironia da música "Karma Police", tocando enquanto ele estava envolvido naquela confusa luta pelo poder com Ev.

Bijan continuou: "Na semana que vem, Fred e eu iremos até aí e nos reuniremos com vocês e a equipe administrativa".

Encerrado o telefonema, Bijan desligou, aliviado por ter conseguido evitar a troca de CEO. Ev e Jack abriram a porta das salas onde estavam simultaneamente, trocaram olhares como numa cena dramática de comédia romântica e caminharam rapidamente pelo piso de concreto na mesma direção. Depois se sentaram em silêncio, frente a frente, em seus lugares.

Além de criar a sala Radiohead, Ev e Jack tinham concordado com a localização de seus lugares no novo escritório. Suas mesas ficavam encostadas uma na outra, como gêmeas siamesas. Quando ocuparam seus lugares após o telefonema, a expressão de frustração foi encoberta por dois grandes monitores, preenchendo as mesas como sacos de areia empilhados em um campo de batalha.

Apesar de o telefonema de Bijan ter interrompido sua execução, Jack agora sabia que havia forças maiores atuando além de Ev. Ele ficou pensando nas coisas que Bijan havia dito, tentando desesperadamente entender o que estava acontecendo. Expressões como "ainda" e "por enquanto" giravam em sua cabeça mas não davam pistas quanto ao futuro.

Uma semana depois, Fred e Bijan chegaram no QG do Twitter. Eles planejavam demitir ou rebaixar Jack e colocar Ev como CEO. Mas, na hora de disparar o gatilho, Biz protegeu Jack — temporariamente. Por isso Bijan e Fred não tiveram outra opção senão manter Jack em sua função. Mas lhe deram um ultimato. "Você tem três meses", eles disseram. "Três meses para resolver os problemas e assumir o controle da empresa."

É claro que eles sabiam que Jack não conseguiria resolver nada em três meses, nem em três anos. Ele não tinha condições de administrar a empresa. Era como ver alguém tentar construir castelos de areia debaixo d'água.

Os dois investidores voltaram para Boston e Nova York e começaram a organizar uma forma de dispensar Jack, trocando e-mails e tentando encontrar uma nova função para ele na empresa. Foi então que Bijan cometeu um erro medonho.

Assim que levantou, a xícara de café ainda quente ao lado do computador, cansado após uma noite maldormida, Bijan apertou acidentalmente "Responder a todos", em vez de responder apenas para Fred.

"Acho que Jack poderia assumir o papel de presidente 'passivo' do conselho", Bijan escreveu. "Nesse caso, caberia a Ev decidir se conseguiria conviver com o novo título de Jack." Ele apertou o botão "Enviar" antes de perceber o que estava fazendo.

Segundos depois ele pronunciou a palavra que escreveria vinte vezes no e-mail que enviou a Fred. "Merda merda merda merda merda merda merda merda merda merda merda merda merda merda merda merda merda merda merda merda."

Depois digitou rapidamente o e-mail para Jack. “Por favor, me telefone quando receber esta mensagem. Fora do contexto, isso pode parecer muito confuso.”

Mas era tarde demais. Jack sabia o que iria acontecer.

Construindo castelos de areia debaixo d'água

O VERÃO DE 2008 ESTAVA CHEGANDO AO FIM, e o prazo de três meses de Jack havia começado.

Apesar de Jack ter conversado com Bijan depois de receber o e-mail acidental, ele acreditava que conseguiria impedir que o colocassem para fora da empresa. Por isso, entrou em pânico e convocou uma reunião com a liderança do Twitter para anunciar seu plano de batalha.

"Antes de começarmos, quero comentar os acontecimentos da semana passada", ele disse. "Para mim, foi um chamado à ação." Ele assumiu a responsabilidade pelos problemas do Twitter, admitindo a ausência de uma liderança forte. Também jogou parte da culpa em Ev e Goldman, observando que precisava colocar em prática sua visão da empresa — e não a deles. E admitiu que o Twitter precisava "pensar grande", como Ev dizia desde o primeiro dia.

Mas a ideia de Jack a respeito do "pensar grande" não tinha nada a ver com o fim dos apagões do site, que já haviam chegado a mais de trinta horas. Não significava resolver o tamanho das contas de SMS. Como Jack afirmou num e-mail para Fred e Bijan, tratava-se de "estar na vanguarda da histórica eleição presidencial de 2008 [...]".

"Como observamos de forma consistente no passado, os acontecimentos, compartilhados massivamente, e as experiências imediatas captam a essência e o compromisso do que o Twitter tem a oferecer ao mundo", Jack escreveu para o conselho. "E o maior evento compartilhado que podemos planejar já tem força entre nossos usuários, está bem debaixo do nosso nariz, vai nos colocar como o serviço mais usado e está se aproximando rapidamente." Então, fazendo soar os tambores, anunciou: "O Twitter estará na vanguarda da histórica eleição presidencial de 2008. [...] Independente de fazermos alguma coisa ou não, será um acontecimento imenso para nós. Imaginem como pode ser grande se o abraçarmos inteiramente?".

Depois de ler, nenhum dos membros da equipe estava de acordo com essa ideia:

FRED: Isso não vai resolver nossos problemas!

BIJAN: Ah, Jack.

EV: PQP!

GOLDMAN: Em que merda ele está pensando?

O Blogger já tinha passado por uma situação parecida. Quatro anos antes, Goldman havia participado da Convenção Nacional do Partido Democrata em Boston para tentar convencer a mídia e os participantes a usar os blogs. Ali ele constatou em primeira mão que, se as pessoas fossem usar as novas tecnologias, usariam por vontade própria e não porque uma empresa queria.

Goldman ainda tinha uma lembrança muito viva da eleição de 2004. Por telefone, ele contou a Noah, que estava na Califórnia, qual era a situação em Boston, registrando num podcast o cenário apocalíptico com milhares de policiais e manifestantes.

Quando se aproximava a eleição presidencial de 2008, as pessoas não estavam mais falando de podcasts ou blogs. Uma nova palavra havia apagado o vernáculo tradicional da política e da mídia: Twitter.

Do lado de fora, manifestantes usavam o serviço para organizar passeatas de massa contra a polícia. Do lado de dentro, um jovem senador de Illinois, chamado Barack Obama, usava o Twitter para tentar provocar alterações na política e na base das campanhas e, quem sabe, vencer a eleição. E a mídia, incluindo o jornal *The Huffington Post*, havia criado contas no Twitter para dar informações atualizadas sobre as disputas pré-presidenciais de 2008.

A verdade era que o Twitter não precisava fazer nada para garantir seu crescimento. Ele já estava se transformando em uma "agência de notícias pessoal", como Biz explicou.

O Twitter continuava a comprimir o tempo, transmitindo informações com mais rapidez que outros veículos que estavam no ramo havia mais de um século. Quanto maior o número de pessoas assinando o serviço, mais rápido ele era. Durante as convenções de 2008, 1,4 milhão de pessoas usaram o Twitter ativamente, enviando mais de 365 mil tuítes. Ev concordava que esses números mostravam que as eleições eram importantes, porém não mais importantes do que a ampliação da pequena equipe de 22 funcionários e do bom funcionamento do serviço.

Como apagões frequentes em um país com problemas de eletricidade, o site continuava a cair diariamente. A Fail Whale aparecia quase de hora em hora. Algumas quedas duravam poucos minutos, outras duravam mais de um dia. A mangueira de incêndio, nome dado ao fluxo de tuítes que entravam pelo serviço para aplicativos de terceiros, vivia desligando.

Enquanto Jack trabalhava na criação de uma página dedicada às eleições, Ev ficou quieto, observando seu fracasso. E não demorou muito.

Quando o conselho se reuniu novamente, após a apresentação de slides, mostrando os números das novas adesões, Fred e Bijan pediram a Greg Pass, responsável pela gestão de operações e engenharia, que apresentasse um plano para resolver os problemas de queda do Twitter. Era uma missão impossível, algo como pedir a um mecânico que descobrisse como substituir o motor de um carro em movimento transportando 1,4 milhão de passageiros.

O sol brilhava através da janela da sala de reuniões quando Greg entrou. Ele ocupou seu lugar com calma, metodicamente. Como um médico prestes a dar más notícias a um paciente.

Greg começou explicando que havia criado um software para detectar qual era o problema do site, para descobrir por que continuava caindo. Enquanto ele abria seu laptop e falava, Jack ficou em silêncio.

Ev também. Greg já havia informado os dois o que estava prestes a contar a Fred e Bijan.

"Temos um pequeno problema", Greg começou. Enquanto fazia testes no site, ele descobriu que o Twitter não tinha um backup. "Se a base de dados caísse agora, perderíamos tudo", ele disse. Todos os tuítes, todos os usuários, tudo.

"Você só pode estar brincando", Fred disse absolutamente incrédulo. "Que diabos vocês fazem aqui?"

Depois do diagnóstico, Greg saiu da sala com a missão de criar um backup para o Twitter. Então, todos os olhos se voltaram para Jack. E, embora ele não soubesse naquele momento, todos os outros sabiam: com ou sem sucesso nas eleições, os dias de Jack Dorsey como CEO do Twitter estavam contados.

Telefonando para meus pais

A SEMANA EM QUE JACK DORSEY FOI DEMITIDO do Twitter começou como qualquer outra. Na segunda-feira, Jack retomou a rotina de sempre. Levantou e fez a cama. Tomou banho. Vestiu sua calça jeans escura da Earnest Sewn e o cardigã preto. Pegou as chaves e a bolsa e desceu a escada; virou à esquerda na Valencia Street, passando pelos conjuntos habitacionais muitas vezes perigosos e violentos.

Entrou no café Four Barrel e pediu seu cappuccino. Enquanto a máquina do café era acionada, ele iniciou mais uma de suas atividades rotineiras: checar o Twitter em seu iPhone.

Em algum momento daquela manhã, Jack checou seus e-mails e encontrou dezenas de mensagens que haviam se acumulado em sua caixa de entrada durante a madrugada. Uma delas se destacou como as luzes de um carro de polícia em uma rua escura. Era de Bijan e Fred e havia sido enviada às 7h41 da costa leste. No assunto da mensagem, apenas: "Café quarta de manhã".

Por que Bijan e Fred estariam falando em café da manhã na quarta-feira? Eles não iriam estar em San Francisco naquela semana. Será que Ev estava sabendo?, pensou Jack.

Então abriu o e-mail: "Você pode se encontrar comigo e Fred antes da reunião do conselho?", dizia a mensagem de Bijan. "Por que não tomamos café da manhã na quarta, às 7h45, no hotel Clift? Avise se puder." Jack olhou no relógio e viu que ainda eram 7h15 da manhã. Fred e Bijan queriam uma reunião em 48 horas.

Rotina interrompida.

O peito tomado pela ansiedade. Ele sabia que aquele e-mail certamente não era um bom sinal.

Enquanto sua mente imaginava inúmeros cenários possíveis, ele respondeu: "Tudo bem. Encontro vocês lá". Depois apertou "Enviar" e o e-mail seguiu para Bijan e Fred.

Ele continuou preocupado com a reunião durante todo o trajeto no trem, relembrando conversas anteriores. Ficou olhando pela janela, perguntando-se por que Fred e Bijan queriam se encontrar com ele. Parecia um detetive de Agatha Christie, tentando decifrar uma reunião que aconteceria dali a dois dias. Sua única pista era um e-mail de 28 palavras.

Quando Jack chegou no trabalho, sentiu o aroma de café coado assim que saiu do elevador. Ele foi direto até a mesa de Ev, torcendo para que ele estivesse sentado ali, pronto para responder algumas perguntas.

Mas a mesa de Ev estava vazia. Só a cadeira, vazia. O computador, desligado.

À tarde, Jack ainda não havia conseguido aplacar sua ansiedade, por isso resolveu escrever um e-mail para Ev na tentativa de conseguir algumas respostas. Ele apertou "Enviar" e esperou. Esperou por uma resposta. Um telefonema. Uma mensagem de texto. Que Ev aparecesse diante de sua mesa e explicasse o que estava acontecendo.

Ev não respondeu.

Fred passou a mão pelo rosto e esfregou os olhos, tentando aliviar o cansaço. Ele estava exausto naquela manhã de terça-feira, após um voo de seis horas vindo de Nova York. Também estava começando a ficar impaciente, pois a conversa parecia ter empacado.

Bijan voltou a falar, enquanto Ev andava de um lado para outro em sua sala de estar, os pés roçando o tapete felpudo branco. Ao fundo, uma estante cheia de livros de administração e negócios. Certamente um desses livros devia tratar do assunto que eles estavam discutindo: demissão de um CEO.

Os três já estavam discutindo a algum tempo, retomando conversas ocorridas nos últimos meses.

"E se ele for para o Facebook?", Bijan havia perguntado mais de uma vez. "Precisamos fazer alguma coisa para que isso não aconteça. Seria terrível para o Twitter se um de seus fundadores fosse para o Facebook."

"Ele não vai para o maldito Facebook", Fred riu, revirando os olhos para Bijan, a mão no lugar de sempre — seu queixo. "Veja, eu sei que ele está todo deslumbrado com o Zuck, mas ele não vai trabalhar lá."

"Ele poderia!", Bijan respondeu, argumentando que o conselho deveria fazer de Jack diretor de produto, presidente do conselho ou então oferecer a ele qualquer outro cargo importante, garantindo que não fosse trabalhar para um concorrente.

Mas eles não tinham essa opção. Jack havia sido bastante enfático ao dizer que, se as coisas não dessem certo em três meses, ele não trabalharia para Ev.

De vez em quando, Ev parava de andar e dava uma espiada no celular para ver se alguma das pessoas de sua confiança, como Chris Sacca, investidor do Twitter e um de seus melhores amigos, havia ligado para dar alguma sugestão em relação a isso.

"Não vou entregar a ele um maldito lugar no conselho. Ele não sabe que merda está fazendo", disse Ev.

Eles retomaram a discussão e decidiram pela demissão. Mas Ev observou que Biz e Crystal, e todas as pessoas que gostavam de trabalhar com Jack, ficariam contrariadas. Se Biz sequer desconfiasse daquela conversa, ficaria furioso e ameaçaria se demitir. Biz tinha que continuar na empresa, disse Ev. Seria um desastre perder dois dos três cofundadores do Twitter.

A discussão prosseguiu por mais uma hora. Dando voltas e mais voltas, eles finalmente chegaram a uma decisão. Um plano. Uma execução.

A quarta-feira veio rapidamente. Jack acordou cansado e ansioso. Sentia-se sem forças ao descer do trem na Tenderloin Street. Subiu as escadas da estação de cabeça baixa e caminhou na direção do hotel Clift. Embora ainda fosse cedo, havia moradores de rua por toda parte, esparramando-se para fora dos centros de reabilitação. As prostitutas — figuras familiares das sobras da noite anterior — continuavam por ali como se não tivessem outra preocupação na vida. Quando Jack se aproximou do hotel, o porteiro abriu a grande porta de vidro e repetiu o costumeiro cumprimento matinal: "Bom dia, senhor!".

Não para Jack, aquele não seria um bom dia.

Ele se lembrou dos ruídos e do cheiro do hotel. Lembrou-se da última vez em que estivera ali. Um ano antes, quando o Twitter estava nascendo, ele passou duas noites no Clift. Férias em sua própria cidade. Comendo e bebendo no hotel. Também trabalhou; passou uma noite inteira criando o código que ligaria o nome das pessoas ao (agora) famoso símbolo @.

Quando a porta do Clift se abriu, ele entrou e procurou por Fred e Bijan.

No instante em que Jack saiu do trem, o celular de Goldman, que estava do outro lado da cidade, começou a vibrar. Enquanto tomava o primeiro gole de seu café, ele olhou para a tela e ficou um pouco confuso. Uma mensagem de texto lhe dizia para estar no apartamento de Ev e Sara em uma hora. Greg recebeu a mesma mensagem. Biz também. Assim como Abdur Chowdhury, que havia começado a trabalhar no Twitter depois da aquisição da Summize. Todos pensaram a mesma coisa: *Uma reunião. A esta hora da manhã. Na casa de Ev. Não pode ser coisa boa.*

Eles chegaram, separadamente, tocando a campainha, pegando o elevador, entrando no apartamento de Ev. Em pouco tempo, o grupo formado pelos executivos do Twitter estava sentado em volta da mesa da cozinha de Ev, tomando café e esperando para descobrir por que estavam ali tão cedo.

"Então, Ev, vai nos dizer o que está acontecendo?", Biz perguntou depois que todos se acomodaram. Goldman levantou o rosto e empurrou os óculos que escorregavam em seu nariz. Eles perceberam que Ev estava inquieto. Isso não era um bom sinal. Como alguns deles sabiam, a inquietação significava que alguém seria demitido.

Ev baixou os olhos enquanto todos olhavam para ele. Cruzou os braços, respirou profundamente e começou a falar.

Jack cruzou o saguão do hotel Clift, passando em frente à grande lareira. Ele viu Fred e Bijan sentados no fundo do Velvet Room, um dos restaurantes do hotel. Eles ocupavam uma mesa redonda, as costas pressionadas contra o couro marrom do encosto, iluminados por sete lâmpadas ornamentais penduradas no teto.

"Ei, Jack", Fred disse, indicando uma cadeira preta para que ele sentasse. Fred já estava comendo ovos mexidos e tomando sua segunda xícara de café. Era evidente que tinha havido uma reunião antes dessa conversa. Bijan parecia mais solene, os lábios cerrados; ele cumprimentou Jack com um aceno de cabeça e praticamente sussurrou: "E aí, cara?".

Jack sentou, as mãos entrelaçadas sob a mesa. Com uma voz baixa, quase triste, ele perguntou: "Como estão as coisas?".

Fred ia começar a falar — não haveria conversa furada — quando a garçonete interrompeu. "Café?", ela perguntou com um sorriso. O estômago de Jack, que já estava se revirando como uma máquina de lavar roupa, não suportaria sequer um chá de camomila, quanto mais café. "Não, obrigado, quero um iogurte, por favor."

Então, quando ela se virou, Fred baixou a guilhotina.

"A partir de agora Ev será o CEO", ele disse, segurando o garfo. "Você será o presidente do conselho e ocupará um lugar silencioso nas reuniões. Temos uma papelada para você assinar e a recomendação de um advogado."

Jack sentiu como se tivesse sido atingido por um bastão de beisebol no rosto. "Como é que é?", ele gaguejou, achando que não tinha ouvido direito.

Fred repetiu o que havia dito quase literalmente: a partir de agora Ev é o CEO. Você será o presidente do conselho. Terá um lugar comanditário. Aqui está a papelada. Fale com um advogado.

Outubro, 2005. Noah pilota o barco na travessia da baía de San Francisco enquanto Biz finge que se agarra para salvar sua vida. Ev, à direita, usando óculos de sol, ri. Rabble está no fundo, à direita.

Outubro, 2005. Jack, no centro, ouve enquanto Noah e Ev, que não estão na foto, conversam no Sam's Bar, na marina Tiburon. Ariel Poler, investidor da Odeo, está à direita.

© DOM SAGOLLA

Janeiro, 2006. Noah, à direita, grava um podcast com Biz, sentado na poltrona, e Ev, sentado no chão.

© DOM SAGOLLA

Maio, 2006. Os funcionários da Odeo se reúnem no Amici's, em San Francisco, para a despedida dos que foram demitidos. Da esq. para a dir.: Blaine Cook, Adam Rugel, Courtney Brown, Jack Dorsey, Rabble, Ray McClure, Noah Glass, Sara Morishige e Evan Williams.

© RAY MCCLURE

Setembro, 2006. Jack e Noah posam para uma foto na Love Parade, em San Francisco, durante o "grande" lançamento do Twitter. Horas depois, Jack acabaria no hospital.

© SCOTT BEALE

Março, 2007. Jack faz o discurso quando o Twitter recebe o prêmio de melhor start-up na categoria blog no festival South by Southwest. Da esq. para a dir.: Biz Stone, Jack Dorsey, Evan Williams, Jason Goldman e Ze Frank.

© SARA MORISHIGE WILLIAMS

Junho, 2007. Da esq. para a dir.: Jack Dorsey, Biz Stone, Jason Goldman e Evan Williams se reúnem para celebrar o casamento de Biz e Livy.

Janeiro, 2009. Jack, Ev e Biz dividem o palco na cerimônia de premiação do Crunchies, onde os três levaram o prêmio de Melhores Fundadores de start-up.

Abril, 2009. Os funcionários do Twitter assistem à participação de Ev no programa *The Oprah Winfrey Show*.

© SCOTT HEIFERMAN

Abril, 2009. Jack olha pela janela de um helicóptero do Exército a caminho da Zona Verde ocupada pelos americanos no Iraque.

© SARA MORISHIGE WILLIAMS

Maio, 2009. Ev, Jack e a cantora M.I.A. com o marido posam para uma foto no jantar da *Time* 100.

Novembro, 2009. Dick Costolo começa a trabalhar no Twitter como primeiro diretor de operações da empresa.

13 agosto, 2009. Arnold Schwarzenegger, governador da Califórnia, visita o escritório do Twitter para uma conversa com Biz e Ev.

Janeiro, 2011. Snoop Dogg cantando no escritório do Twitter.

© JILLIAN WEST / TWITTER, INC.

Junho, 2010. O presidente russo Dmitry Medvedev visita o escritório do Twitter no instante em que o site sai do ar.

© GEOFF LIVINGSTON

Julho, 2011. Jack ciceroneia o presidente Barack Obama numa reunião aberta.

Fevereiro, 2012. Dick Costolo se dirige aos funcionários durante a Hora do Chá na reunião geral semanal da empresa.

Maio, 2012. Jack, usando um dos ternos de sua própria marca, conversa com Dick, agora CEO do Twitter.

Jack foi informado de que seu título de presidente do conselho seria mais honorário do que funcional. Seu assento não seria exatamente um assento *no conselho*. Seria "silencioso", o que significava que Ev tomaria as decisões, apesar de ele manter o direito de voto. Jack seria uma espécie de mascote da empresa, não poderia tomar qualquer decisão em relação ao Twitter. Passivo. Silencioso. Ev, em compensação, era o maior acionista do Twitter, com quatro vezes mais ações que Jack, e agora teria dois assentos no conselho.

Quase ao mesmo tempo, Ev apresentava o mesmo discurso aos executivos do Twitter reunidos na cozinha de seu apartamento. "Jack está fora", ele disse.

"O conselho se reuniu. Essa é a decisão final. Querem que eu seja o CEO, e Jack será o presidente do conselho", ele continuou. "Ele está conversando com Fred e Bijan neste momento. Hoje é o último dia."

Eles olharam para Ev, chocados, enquanto ele continuava a explicar por que o conselho havia tomado essa decisão.

Jack olhou para Fred sem saber o que dizer, e Bijan começou a falar.

"Você é muito bom", disse Bijan, fitando Jack com um olhar calmo. Era evidente que ele faria o papel do policial bonzinho, enquanto Fred seria o policial mau. "Você é um dos fundadores da empresa e realmente acreditamos nas suas ideias, por isso queremos ter você por perto."

Fred o interrompeu. "Essa decisão tem efeito imediato, Jack. Tem que ser assim." Jack percebeu que não haveria negociação. Estava decidido.

"O quê? Quando foi que isso aconteceu?", Biz perguntou, irritado. "Vamos lá. O que aconteceu?"

Ev tentou acalmá-lo, dizendo que a decisão não era integralmente sua, que o conselho vinha pressionando a todos por uma nova liderança e que ou Ev assumiria o cargo de CEO ou seria alguém de fora. Ev até havia procurado um substituto, entrevistara alguns candidatos, mas no final resolveu fazer a coisa mais sensata. Ele reiterou que tinha experiência para administrar uma empresa, acrescentando que, agora, a tarefa daquelas pessoas sentadas ao redor da mesa seria conversar com os funcionários a respeito das novidades, garantindo que a integridade do Twitter continuasse sólida durante o período de transição.

Jack se remexeu na cadeira, olhando para o iogurte intocado.

"Você fez coisas incríveis pela empresa", disse Bijan. "Mas o site continua sofrendo apagões, e as contas de SMS, e nós não... nós não podemos esperar mais."

"Mas e os três meses?", Jack interrompeu, a raiva tomando conta da voz. O som do que eles diziam parecia abafado. "Nós estamos indo com tudo e as eleições estão se aproximando e..."

Bijan e Fred continuaram seguindo seu roteiro, sem dar importância ao que Jack dizia. Explicaram que ele não poderia resgatar todas as suas ações, pois elas não tinham sido devidamente compensadas, e eles ficariam com uma parte. Mas, como gostavam dele, ele teria mais do que o merecido.

"Mas, e os meus três meses?", Jack repetiu. "Vocês disseram..."

"Acabou, Jack", Fred disse, desculpando-se.

"Mas, por enquanto, vocês ainda não podem contar a ninguém a respeito dessa mudança", disse Ev diante da enxurrada de perguntas. Goldman protestou. Ele contaria a Crystal; eles estavam morando juntos. "Não, você não pode fazer isso!", Ev respondeu com firmeza. "Sei que ela é sua namorada e é muito amiga de Jack, mas não podemos deixar que os funcionários fiquem sabendo o que está acontecendo antes de contarmos a eles. Será o caos."

"Então vou ter que mentir para a minha namorada?"

"Sim. Você precisa aprender a separar os negócios da vida pessoal", Ev respondeu. Foi uma das poucas vezes que Goldman sentiu raiva de Ev. Quando ele ia responder, Biz interrompeu os dois.

"Você já conversou com Jack?"

"Não. Ele está conversando com o conselho neste momento."

Jack estava em pânico, parado na calçada diante do hotel Clift. Olhou para os documentos. Algumas palavras chamaram a sua atenção. Números, porcentagens. Mas pareciam estar abaixo do que deveriam. Ele enfiou a mão no bolso, pegou o celular e digitou freneticamente o número de Greg Kidd.

Kidd era uma das poucas pessoas em quem Jack confiava em San Francisco. Agora, talvez fosse a única. Os dois já tinham trabalhado juntos e, apesar de o negócio que os dois haviam criado quase ter acabado em um banho de sangue, Kidd se mantivera fiel a Jack.

Em 2005, depois de ter passado uma semana no Burning Man, o festival de contracultura, perambulando por Black Rock City e dançando até o amanhecer, Jack surgiu na porta de Kidd, em Berkeley, desempregado e sem ter onde morar. Naquela época, Jack era diferente, com seus dreadlocks azuis e suas roupas sujas. Ainda assim, Kidd o acolheu e deixou que ficasse em um quarto de hóspedes no quintal dos fundos. Além disso, deu-lhe um emprego de babá. Um sujeito com dreadlocks azuis e um *piercing* no nariz cuidando de um recém-nascido em Berkeley. Ele se encaixou perfeitamente.

"Greg, eles me demitiram", Jack disse, nervoso. "Pegaram minhas ações e me demitiram. Colocaram Ev como CEO e eu..."

"Calma! Fale devagar", disse Kidd, interrompendo. "O que aconteceu?"

Jack falou da conversa, contou o que Fred e Bijan haviam dito, que tecnicamente não estava mais trabalhando no Twitter. Depois de ouvir tudo, Kidd explicou que não havia nada que ele pudesse fazer. "Ev tem a maior parte da empresa. É melhor ligar para o advogado", Kidd sugeriu.

Ev fechou a porta quando eles deixaram o apartamento. Era evidente que Goldman estava contrariado. Biz também. Greg e Abdur, que eram mais funcionários da empresa do que amigos de Jack, pareciam quase aliviados.

Juntos, eles caminharam até o escritório.

Jack desligou o celular e começou a caminhar rapidamente. Ele não sabia para onde ir. Não podia voltar para o escritório. Desceu a Geary Street, virou algumas vezes à direita, outras à esquerda; andou uns dois quilômetros. Estava muito agitado quando parou diante do One Embarcadero, um edifício gigantesco perto do cais — o mesmo lugar para onde Noah tinha ido com sua bicicleta quando foi colocado para fora da empresa dois anos antes. Colocado para fora da empresa por causa de Jack, que dera a Ev um ultimato: "Noah ou eu".

Agora era a vez de Jack. Ele parou e sentou nos degraus de cimento enquanto funcionários em atividade, de ternos e sapatos, corriam para o trabalho. Então ele não conseguiu mais controlar. A emoção era forte demais, a garganta ficou apertada e ele começou a chorar. A cabeça nos braços, sentado nos degraus, soluçando. Sozinho.

A porta do escritório abriu e Ev entrou, seguido por Goldman, Biz, Abdur e Greg. Rebecca, a assistente de Jack, veio correndo perguntar pelo chefe. Foi Biz quem disse: "Estávamos em reunião e Jack vai passar o dia fora, também em reuniões".

Então ele olhou para Ev e perguntou: "Você tem um minuto?". Eles foram até uma sala de reuniões, ao lado da cozinha, e fecharam a porta.

"Eu sei que isso é melhor para a empresa. Eu só gostaria de ter sido informado antes", Biz disse. Ev ouviu, concordando e tentando explicar sua situação com o conselho e os aspectos legais da transição. Eles ficaram sentados em silêncio por alguns minutos. Então Biz suspirou profundamente. "Acho que eu deveria ir conversar com Jack, não?", ele disse.

"Sim. Acho que é uma boa ideia. Ele precisa vir até o escritório amanhã para contar aos funcionários. Precisamos nos certificar de que ele saberá o que dizer."

Biz pegou o celular e enviou uma mensagem de texto para Jack.

O telefone de Jack não havia parado a manhã inteira. Sua assistente estava tentando localizá-lo. Mensagens de texto, e-mails, chamadas perdidas. Ele não atendeu. Não respondeu. O que poderia dizer? "Hoje eu não vou trabalhar. Fui demitido."

De repente apareceu a mensagem de Biz, dizendo que precisavam conversar. Eles combinaram um encontro no salão de chá Samovar, em Yerba Buena Gardens, perto do escritório do Twitter. Os dois haviam almoçado muitas vezes e passado inúmeras horas nesse lugar, conversando sobre o site e outros projetos que gostariam de desenvolver um dia. Jack tomava seu chá favorito, *masala chai*, e ria muito com as piadas de Biz.

Nessa manhã não haveria piadas. Nem *masala chai*.

Eles ficaram sentados do lado de fora, em um banco de madeira, observando a cidade. O sol brilhava, e Biz piscava muito por causa da claridade. Mas percebeu que os olhos de Jack estavam inchados e vermelhos.

"É claro que você já sabe."

"Sim, Ev nos contou hoje de manhã. Mas não vamos falar nada para o resto da empresa."

"O que você acha que eu devo fazer?"

"Acho que você devia ir conversar com Ev e preparar o que vai dizer a todo mundo amanhã."

Eles falaram sobre a conversa no hotel Clift, e Jack disse a Biz que sabia que Ev estava por trás de tudo aquilo. Que era um golpe de Ev, não do conselho.

"Você não tem certeza disso."

Como um vento mudando de direção, Biz sentiu o tom da voz de Jack passar da dor e tristeza para a raiva e o rancor enquanto ele falava. "Eu vou lá e vou contar a todo mundo o que aconteceu! Vou dizer a todos que Ev me ferrou e me pôs para fora do Twitter porque queria o controle de tudo. Vou contar tudo a eles."

"Não, você não pode fazer isso. Você tem que pensar no Twitter e em todas as pessoas que trabalham lá", disse Biz, sentindo o desespero na voz de Jack. "Isso não tem a ver só com você e Ev. É maior do que isso."

Biz sugeriu que eles andassem um pouco para Jack esfriar a cabeça, se acalmar, e deram algumas voltas no quarteirão. Então Biz disse que precisava voltar para o escritório, mas eles concordaram que Jack apareceria mais tarde para conversar com Ev.

* * *

Estava escuro lá fora quando Jack se sentou na sala de reuniões do Twitter. Ele estava exausto. Ted, o advogado da empresa, explicou que tudo havia sido feito de acordo com as regras. Ev era o maior acionista.

Jack já estava esperando havia vinte minutos. Cada vez mais irritado. Biz estava em sua mesa redigindo o post que seria colocado no blog no dia seguinte anunciando a saída de Jack da empresa. "Conheça nosso CEO e presidente do conselho. De novo!", seria o título do post. O texto teceria elogios a Jack por sua "simplicidade e minimalismo habilidosos, combinados com grande visão e ambição". E diria que Jack e Ev tinham decidido fazer a troca. Era o melhor para a empresa. "Demos uma boa olhada no caminho que tínhamos pela frente e vimos a necessidade de uma abordagem centrada a partir de um único líder", diria o post.

Mas não era o "único líder" que Jack queria.

Enquanto Biz escrevia um e-mail para os funcionários, marcando uma reunião geral na manhã seguinte, a porta da sala de reuniões onde Jack estava esperando finalmente se abriu e Ev entrou. "Que mer-da!", Jack disse, pronunciando o "da" como se fosse a última palavra que ele pronunciaria. Sua adrenalina estava a mil.

"Desculpe. Essas coisas nem sempre são fáceis", Ev disse calmamente. Ele já havia demitido dezenas de pessoas, mas nunca um CEO.

"Não, não são fáceis quando você age pelas costas de uma pessoa para colocá-la para fora de sua própria empresa", Jack disse. "Você teve a oportunidade de me dizer exatamente o que queria, de me dizer exatamente o que eu deveria fazer, mas preferiu agir pelas minhas costas!"

Ev ficou em silêncio.

"E não acho que seja certo ou justo que você fique com as minhas ações. É *minha* empresa, você não pode ficar com as *minhas* ações."

"Não estamos ficando com suas ações; existe um período de aquisição. Você é funcionário da empresa em período integral há apenas dois anos, e não completou o período de aquisição, por isso, não, não estamos tirando nada de você. Na verdade, estamos lhe dando mais do que você merece."

Jack soltou uma gargalhada. "Vocês estão me dando mais do que mereço?! Por favor! Vocês estão me ferrando e sabem bem disso."

Ev tentou explicar o funcionamento do período de aquisição, mas Jack o interrompeu. "Esta empresa é *minha*! Fiz muito mais por ela que você."

Depois de Jack esbravejar por algum tempo, Ev respondeu calmamente: "Esta empresa não é sua. Acabou".

Na manhã seguinte, sexta-feira, os funcionários do Twitter chegaram para trabalhar e foram se espalhando pelo lounge à espera do anúncio. Alguns se sentaram nos sofás cinza da área de convivência, que parecia uma sala de estar, com uma grande TV de tela plana pendurada na parede. Outros puxaram as cadeiras brancas do escritório. A empresa ainda era pequena, com menos de trinta funcionários e freelancers.

Era evidente que Ev estava irritado, parado ao lado de Biz, que parecia bastante preocupado. Ev estava olhando para baixo, arrastando os pés para a frente e para trás no piso de concreto, como se estivesse tentando arrancar um pedaço de chiclete que não estava lá. As pessoas podiam sentir que havia alguma coisa errada.

Jack chegou alguns minutos depois e parou diante dos funcionários para fazer seu rápido discurso. Suas mãos tremiam, o coração estava acelerado. Ele também estava muito nervoso.

"O conselho decidiu", ele disse, fazendo uma pausa. "E eu concordo." Outra pausa. "Que vou deixar o cargo de CEO." Última pausa. "Ev vai assumir."

Os funcionários ficaram atônitos com o que tinham acabado de ouvir. Jack continuou falando que sentiria muita falta de todos eles. E, pela primeira vez, contou uma história que repetiria durante anos; disse que continuaria por perto, como presidente do conselho executivo, envolvido com o Twitter em uma escala maior. Ele não disse que o título de presidente do conselho era de fachada, que não significava nada. Não disse que ele ficaria sem trabalho na empresa que ajudara a fundar. Que havia sido demitido.

Quando terminou, passou por Ev e saiu; os dois não se olharam. Então foi a vez de Ev ocupar o centro da sala e falar com os funcionários.

"Sei que alguns de vocês às vezes têm a impressão de que a empresa está sendo guiada por um monstro de duas cabeças", Ev disse, agora também agitado e nervoso. "Como se vocês não soubessem a quem dirigir suas dúvidas ou quem de fato está no comando." Ele continuou e disse que aquela decisão buscava apenas o melhor para a empresa, que ele e Jack estavam de acordo. Biz também falou, tentando acabar com as preocupações dos funcionários.

No fundo, alguns funcionários ficaram eufóricos. Apesar de não dizerem nada a Jack, sabiam que ele não estava à altura da função, e acreditavam que Ev, que havia administrado e vendido o Blogger, tinha mais condições de comandar a empresa.

Mas duas pessoas ficaram muito contrariadas: Jeremy e Crystal. Jack estava na cozinha com eles quando Ev terminou seu discurso. Crystal estava soluçando. Depois que saiu da empresa, alguns anos antes, Noah desapareceu. Ela tinha medo de que o mesmo acontecesse com Jack.

Jeremy, que não era exatamente sentimental, também estava emocionado. Por um lado, comemorava o fato de Ev assumir o controle do Twitter, mas estava profundamente decepcionado pelo fato de Jack estar saindo. Eles se abraçaram. Jack sentiu seus olhos se encherem de lágrimas, mas se conteve. Ele não podia chorar diante de seus funcionários. Isso não era coisa digna de um ex-CEO.

Quando Ev e Biz concluíram seus discursos, disseram que as mudanças seriam comunicadas através de um post no site e instruíram os funcionários para que não falassem com a imprensa e nem tuitassem sobre o assunto.

Ev foi até a cozinha, onde Jeremy e Crystal estavam conversando com Jack, e fez um sinal para que Jeremy se aproximasse dele. "Quero que você desabilite todas as contas de Rebecca", Ev ordenou, enquanto Jeremy exibia uma expressão de espanto. "Quero que você faça isso agora. Desabilite o e-mail, login, computador", Ev repetiu. "Tudo." Então ele disse a Rebecca que ela estava demitida.

* * *

Jack olhou na direção de Ev e Jeremy, enquanto eles conversavam. "Eu já volto", Jack disse a Crystal. "Preciso fazer alguns telefonemas antes do post ser colocado no site."

Ao sair da cozinha, Jack olhou para o relógio branco e prateado da parede: eram 11h59. Ele pegou o celular no bolso, abriu o aplicativo do Twitter e escreveu: "Telefonando para meus pais".

Quando Jack contou que estava saindo da empresa, sua mãe começou a chorar. Mas ele convenceu os pais de que a decisão era sua, que havia concordado com o que era melhor para a empresa. Depois desligou.

Comparado com o telefonema seguinte, a conversa com os pais tinha sido fácil.

Ele se virou para ter certeza de que não havia ninguém por perto. Depois abriu a lista de contatos do celular e começou a procurar um nome. Passou pela letra J, depois K, L, até que, finalmente, chegou no número que estava procurando: Mark Zuckerberg, CEO do Facebook. Ele olhou de novo por cima do ombro, enquanto Crystal, Ev e os outros continuavam conversando na cozinha, e discou o número que estava sob o nome de Mark Zuckerberg.

IV
#EV

O terceiro líder do Twitter

JACK FICOU OLHANDO PARA EV sem dizer uma palavra, os olhos tão fixos que dava a impressão de que estava no meio de uma disputa para ver quem aguentava ficar mais tempo sem piscar. Só que o adversário, Ev, estava fazendo o possível — por mais difícil que fosse — para ignorá-lo.

"As pessoas ouvem falar do Twitter mas não sabem o que é ou por que gostariam de usá-lo", Ev leu em voz alta, olhando de vez em quando para Goldman, Bijan e Fred, que tentavam prestar atenção, apesar de também estarem incomodados com o silêncio de Jack. Ainda assim Ev continuou.

Era o dia 22 de outubro de 2008, primeira reunião de Ev no comando do Twitter, três semanas após o afastamento de Jack. Ev estava explicando que o site das eleições de 2008, no qual Jack havia investido todas as suas forças, era a abordagem errada para o Twitter.

"Em média, a página gerou apenas 35 mil visualizações por dia", Ev disse, apontando para um gráfico que dava suporte à sua declaração. Ao lado do gráfico, exemplos de tuítes que mais pareciam piadas de colegiais do que comentários inteligentes. "Palin é uma S.M.I.L.F." [*Palin is a sexy mom I'd like to fuck* — Palin é uma mãe sexy que eu gostaria de foder".]

Depois, Ev passou para assuntos mais importantes, seguindo pacientemente a ordem do dia: empréstimos, finanças, fluxo de caixa, planos de contratação, receita (que ainda era zero), spam e como reduzir o infame tempo de apagões do Twitter. Ficou claro para as pessoas presentes à reunião que agora havia um CEO experiente administrando a empresa, alguém que já tinha um plano para resolver tudo aquilo.

Apesar de alguns funcionários terem ficado tristes com o afastamento de Jack como amigo, estavam aliviados por não precisarem mais se reportar a ele como chefe. Nos meses que antecederam sua saída, os funcionários se queixavam de que Jack às vezes agia como um "caubói", dando ordens a torto e a direito, raramente demonstrando confiança nas pessoas que trabalhavam diretamente com ele. Quando Ev assumiu o controle da empresa, adotou um modelo de gestão completamente diferente, demonstrando sua confiança desde o início, proporcionando uma sensação de orgulho e, em troca, sentindo a lealdade dos funcionários.

O silêncio de Jack foi interrompido quando as seguintes palavras saíram da boca de Ev: "Mark Zuckerberg" e "Facebook".

Nas semanas que antecederam a demissão de Jack, o Facebook havia tentado comprar o Twitter. Mark se mostrou decidido a conquistar Jack e a convencê-lo a vender o passarinho azul para o Facebook. Após a saída de Jack, era preciso cortejar os dois outros cofundadores do Twitter.

Biz e Ev tinham ido até o campus do Facebook alguns dias antes encontrar-se com Mark. Como praticamente todas as reuniões envolvendo o chefe do Facebook, o encontro havia sido quase insuportavelmente desconfortável.

Quando chegaram, Biz e Ev foram levados até uma pequena sala de reuniões e informados de que "Mark está um pouquinho atrasado, mas logo estará aqui". A sala cinza e relativamente grande estava mais para cela de prisão russa do que para escritório de rede social badalada. Considerando as poucas opções, Biz e Ev se acomodaram em um pequeno sofá de dois lugares encostado na parede. Biz fez algumas piadas enquanto esperavam. Poucos minutos depois o CEO do Facebook, com sua aparência juvenil, entrou na sala e sentou-se em uma cadeira diante deles. A cadeira era mais alta que sofá. O Facebook olhando o Twitter de cima.

"É melhor eu fechar a porta ou deixá-la aberta?", perguntou Ev.

"Sim", respondeu Mark.

Ev olhou para Biz, que deu de ombros. "Sim, é melhor eu fechar? Ou sim, posso deixá-la aberta?", perguntou Ev.

"Sim", respondeu Mark, de novo.

Ev decidiu pelo meio-termo, deixando a porta semiaberta. Mark começou a falar, fazendo pequenas pausas enquanto verbalizava um discurso escrito em sua cabeça. Todas as palavras haviam sido calculadas, todas as frases construídas, cada vírgula pensada; ele parecia o general de um exército em um encontro no campo de batalha discutindo a fusão dos exércitos.

"Quanto vocês acham que estão valendo?", Mark perguntou, enquanto eles se mexiam desconfortavelmente no sofá, abaixo dele, olhando para um rapaz que poderia, hipoteticamente falando, comprá-los ou matá-los, mantendo a mesma expressão no rosto. "Digam um número."

Ev olhou para Biz e disse: "Quinhentos milhões".

Silêncio na sala. Mark olhou para eles, imperturbável. "É um número e tanto."

"Acreditamos que esse é o número", disse Ev.

Mas Mark já sabia que Ev diria 500 milhões. Jack havia lhe contado.

Sem que Biz e Ev soubessem, Jack também havia se reunido com Mark. E foi por isso que Jack telefonou para Mark assim que foi demitido, para contar o que estava acontecendo e para marcar um encontro secreto que não tinha nada a ver com a venda do Twitter para o Facebook.

Na verdade, Jack Dorsey, um dos fundadores do Twitter, iria tentar conseguir um emprego no Facebook. "Tem certeza de que não há nada que possamos fazer?", Mark havia dito pelo telefone no dia em que Jack foi demitido. "Aposto que podemos fazer alguma coisa para manter você como CEO." Jack ficou impressionado com a afirmação de Mark, sem saber qual poderia ser seu significado. "Não, eu acho que não há nada que possamos fazer", Jack respondeu, nervoso.

Mark não gostou. Sua tentativa de seduzir Jack estava indo bem; ele havia sido metódico, começando com um telefonema intermediado por Matt Cohler, um dos primeiros funcionários do Facebook e empresário conhecido no Vale do Silício. Depois Mark e Jack se encontraram pessoalmente. Mais conversa. Mais sedução.

E funcionou.

Alguns dias após o encontro, Jack recebeu um e-mail de Mark. No assunto, apenas: "T". Na longa mensagem, ele apresentou, uma por uma, as razões por que o Twitter e o Facebook deveriam se unir: juntos eles poderiam mudar o mundo, conectar as pessoas, ganhar bilhões de dólares. Então, como Mark sempre fazia quando estava tentando comprar alguma empresa, ele observou que, se os fundadores decidissem não vender, o Facebook continuaria "a desenvolver produtos cada vez mais próximos deles". Uma ameaça com um beijo: você pode se juntar ao Facebook e viveremos felizes para sempre. Ou dizer não, e faremos tudo o que pudermos para destruir você.

Jack não precisava de ameaças. Ele já tinha se vendido. Mas com o negócio se aproximando da linha de chegada e Jack se preparando para pisar no acelerador, Ev tirou a chave da ignição, arrancou-o do banco do motorista e virou o carro, colocando a empresa numa direção completamente diferente.

Embora a perspectiva de vender o Twitter por 500 milhões de dólares fosse atraente para todos os membros do conselho — e algo muito distante da proposta de 12 milhões feita pelo Yahoo! um ano e meio antes —, e apesar de Ev temer que o Facebook tentasse destruir o Twitter de qualquer jeito, ele não acreditava na missão do Facebook.

"Para mim, existem três motivos para você vender uma empresa", Ev escreveu num e-mail para o conselho, explicando por que deveriam recusar a oferta do Facebook: 1. O preço é muito bom ou é um valor que a empresa terá no futuro ("Sempre dissemos que o Twitter é uma empresa de 1 bilhão de dólares. Acho que é muitas, muitas vezes isso", Ev escreveu); 2. Existe uma ameaça iminente ou muito concreta de um concorrente ("Não há nada que possa oferecer uma ameaça plausível de reduzir o Twitter a zero"); e 3. Você tem a chance de trabalhar para alguém grande ("Eu não uso [Facebook]. E tenho muitas dúvidas em relação às pessoas e à maneira como eles fazem negócios por lá").

Para Ev, o Blogger, a Odeo e agora o Twitter tinham um objetivo muito mais importante do que apenas se tornar um grande negócio. Essas pequenas empresas que ele havia ajudado a criar podiam dar uma voz às pessoas do mundo todo, ajudar aqueles que não tinham poder a enfrentar aqueles que abusavam do poder. Ele acreditava que o Twitter, que podia funcionar através de mensagem de texto de qualquer celular ou usando um navegador da internet, poderia ser a melhor ferramenta para isso. Ele achava que o Facebook estava mais preocupado em ser uma máquina de dinheiro corporativa.

Jack não ficou inteiramente convencido da decisão de Ev de não vender a empresa para o Facebook e respondeu: "Se os números estiverem certos, há uma história de sucesso em qualquer uma das alternativas".

Mas não importava o que Jack dissesse. Ele não tinha mais direito a voto. Era apenas um presidente do conselho invisível; seu cargo não passava de um prêmio de consolação de Ev para ajudar Jack a livrar sua cara no processo de saída.

Depois de uma *conference call* com o conselho no dia 30 de outubro de 2008, as pessoas que detinham o poder do Twitter decidiram que não havia interesse na venda para o Facebook. Naquela noite, Ev telefonou para Mark; disse-lhe que estava "honrado com a oferta, mas o Twitter queria continuar independente".

Apesar de o telefonema ter terminado amigavelmente, Mark não gostava de perder e resolveu mudar sua estratégia de batalha: em vez de tentar comprar o Twitter, ele tentaria contratar Jack. Achava que essa atitude poderia passar uma impressão ruim para os usuários do Twitter e para todo o mercado — um de seus fundadores passando para o lado de seu maior concorrente. Se isso acontecesse, publicamente poderia ser visto como uma vingança de Jack contra as pessoas que o haviam destituído ou como uma luta entre Ev e Jack para impor suas ideias. Por isso, as conversas entre Mark e o ex-CEO avançaram. Mark pediu a Jack que se encontrasse com Chris Cox, diretor de produto do Facebook, no café Peet's, em Palo Alto. Eles conversaram durante algum tempo e Jack falou de suas ideias sobre as redes sociais.

Alguns dias depois, Jack falou novamente com Mark pelo telefone.

"Então, o que você acha?", Mark perguntou. "Eu acho que você seria uma ótima aquisição para a empresa."

"Qual seria meu cargo?", Jack perguntou. "Eu gostaria de cuidar do desenvolvimento de produtos."

Mas ambos sabiam que essa não era uma alternativa possível. Esse era o papel de Chris Cox. Todos os outros cargos do primeiro escalão que Jack poderia exercer já estavam ocupados. "Por que você não vem até aqui e nós pensamos em uma posição pra você?", disse Mark.

Jack ficou parado, o telefone pressionado contra o ouvido, pensando na oferta de Mark. Embora ninguém da mídia soubesse que Jack havia sido demitido do Twitter — a história havia sido contada como se tivesse havido apenas uma troca de papéis —, a grande imprensa noticiou o fato. Jack sabia que se fosse para o Facebook, a notícia estamparia as manchetes. Essa atenção seria sem dúvida uma faca de dois gumes. É claro que seria uma vingança contra Ev, Fred e Bijan; seria um constrangimento ter um dos fundadores do Twitter se unindo ao seu maior concorrente. Mas ele também sabia que sua imagem ficaria marcada. Se as manchetes dissessem: JACK DORSEY, COFUNDADOR DO TWITTER, SE JUNTA AO FACEBOOK COMO VICE-PRESIDENTE EXECUTIVO DE PRODUTO, seria uma vitória para Jack. Mas se as manchetes dissessem: JACK DORSEY, COFUNDADOR DO TWITTER, SE JUNTA AO FACEBOOK EM UM CARGO MENOR, seria um retrocesso em sua carreira.

"Vamos continuar conversando e ver se conseguimos encontrar o cargo certo para mim", Jack disse a Mark. "Preciso pensar nisso, e se é para ir, quero fazer tudo certinho."

Lutar ou fugir

COM A APROXIMAÇÃO DO ANO DE 2009, Jack começou a procurar algo para fazer. Agora que a possibilidade de trabalhar no Facebook fora colocada em modo de espera indefinidamente, ele não tinha a menor ideia do que poderia acontecer. Mas de uma coisa ele tinha certeza: estava determinado a não seguir os passos do outro fundador do Twitter que também havia saído.

Noah havia sumido da face da Terra desde que fora colocado para fora do Twitter. Não aparecia mais nas festas, nas reuniões, nos bares — e parecia que ninguém havia reparado.

Antes de desaparecer, e antes de Jack ser demitido, Noah entrou em contato com Jack duas vezes. Por e-mail, perguntou se poderiam conversar. Mas Jack nunca respondeu às mensagens. Na época, ele tinha coisas mais importantes para fazer.

No final de 2008, Noah resolveu tentar contato com Ev. Apesar de já terem sido amigos inseparáveis, eles não se falavam havia mais de um ano, desde o South by Southwest. Ev concordou em se encontrar com ele no novo escritório do Twitter, na Bryant Street. Quando saiu do elevador e atravessou a porta da frente, Noah se viu em uma empresa diferente. Dezenas de engenheiros andavam para lá e para cá, as paredes estavam cobertas de cartazes bacanas, e a luz entrava por grandes janelas, iluminando o amplo espaço enquanto se ouvia o barulho abafado dos carros lá fora.

Naquela manhã havia tantas pessoas em reunião, que Ev e Noah tiveram que ficar na área aberta da sala, em dois sofás cinza, no mesmo lugar onde Jack havia anunciado sua saída para os funcionários algumas semanas antes. Ninguém parou para cumprimentar Noah, pois a maioria dos funcionários não sabia quem era ele. Depois de algumas trivialidades, Noah foi direto ao ponto: "Tenho a impressão de que estou sendo apagado da história", ele disse a Ev. "Tenho muito a ver com a criação do Twitter e gostaria de ser incluído nessa narrativa."

Noah estava se sentindo menosprezado e por isso decidiu que precisava conversar com os outros fundadores do Twitter. Nos últimos dois anos havia tentado criar outras start-ups, mas suas ideias, apesar de brilhantes, não iam para a frente por causa do passado. Não era falta de habilidade ou de criatividade ou mesmo de dinheiro — ele havia recebido algumas centenas de milhares de dólares com a venda da Odeo para Ev. O problema é que ele se sentia traído por seus amigos e colegas de trabalho. À medida que as relações entre Ev e Jack foram se deteriorando, Ev começou a se sentir mal pelo que havia acontecido com Noah; mas Ev jamais contou a ele que Jack havia sido o principal responsável por sua demissão. O fato de Ev ter oferecido a Noah uma pequena parte da sua cota de ações ajudara a suavizar o golpe, mas não diminuiu a tristeza de Noah.

Ev sempre fora generoso com seu dinheiro. Nos primeiros dias do Twitter, a casa de Jeremy em West Oakland foi assaltada; os ladrões arrombaram a porta da frente e roubaram os computadores da família, documentos importantes e o porquinho de seu filho de sete anos com quase duzentos dólares em moedas. Quando Ev soube o que havia acontecido, chamou Jeremy e lhe entregou seu cartão de crédito, dizendo a ele para repor tudo o que havia sido roubado.

Ev fez a mesma coisa com Biz, quando ele estava sem dinheiro, dando-lhe um cheque de 50 mil dólares para pagar suas contas e as prestações da hipoteca.

Mas Noah não queria dinheiro. Quando ele se sentou naquele sofá para conversar com Ev, o Twitter havia se transformado em partículas de um ar que todo mundo respirava, um ar especialmente amargo para Noah. Era como se ele tivesse ajudado a inventar o céu, escolhido as cores que iriam pairar acima da cabeça de todo mundo e, depois, banido pelos outros inventores, não conseguisse fugir de lá.

No Vale do Silício, onde as pessoas têm uma imensa dificuldade para falar de qualquer outra coisa que não seja tecnologia, Noah se sentia perseguido por um fantasma do passado. O logo azul do Twitter podia ser visto nos bares, nos restaurantes, nos carrinhos de comida, estava presente nas conversas. Como todas as pessoas da região, ele não conseguia escapar. "Você está no Twitter?", perguntavam os novos amigos, sem saber da sua participação.

"Sei que você teve um papel importante no começo da história", Ev disse, "mas agora a empresa se transformou em algo completamente diferente." Eles conversaram rapidamente sobre o passado e, quando Noah foi embora naquele dia, a porta do agitado e florescente escritório do Twitter se fechou para ele.

Ele empacotou sua vida em algumas caixas, enviou um último tuíte de San Francisco — "Há! Comprei um semirreboque gigantesco. Tentando descobrir como dirigir o maldito. Mudando para Venice Beach essa semana :-)" — e lá se foi para Los Angeles, com um ar diferente entrando pelas janelas abertas do carro. No rádio, ele ouviu algumas das mesmas músicas da viagem que havia feito alguns anos antes com seu ex-melhor amigo, Jack, a caminho de Coachella. Mas nessa viagem ele estava sozinho. Tentou encontrar consolo no Twitter, enviando algumas mensagens a respeito da viagem, mas isso só serviu para fazer com que se sentisse ainda pior. Ninguém respondia aos seus tuítes. Sua ideia original de um produto que lhe permitiria conversar com seus amigos não tinha importância para alguém sem amigos com quem conversar.

Assim que chegou na ensolarada Los Angeles, se instalou em um amplo armazém perto de Venice Beach e tentou começar uma vida nova.

Por algum tempo ele sentiu uma felicidade que não sentia havia muito, mas o sentimento durou pouco. Histórias a respeito do Twitter apareciam nas páginas de negócios e de tecnologia e em todas as fendas da cultura. Até as páginas de esportes falavam do Twitter.

Em uma quarta-feira de novembro de 2008, um artigo do *New York Times* anunciou que Shaquille O'Neal, o gigante do basquete, havia aderido ao serviço.

Apesar de as contas falsas terem surgido praticamente desde o início do Twitter, essas brincadeiras estavam chamando a atenção das celebridades verdadeiras. Um Shaquille O'Neal falso havia feito gracinhas no Twitter durante algum tempo. Agora seria substituído pelo verdadeiro Shaquille, que traria outros amigos famosos com ele. E onde estavam as celebridades, os fãs iam atrás. Os mesmos fãs que agora viviam em Venice Beach, Los Angeles. Os novos vizinhos de Noah.

Não demorou muito para que o pássaro azul também começasse a persegui-lo por ali, como fizera em San Francisco. "Ei, você já ouviu falar do Twitter?", as pessoas perguntavam a Noah nos bares da praia. "Uau, por que você tem tantos seguidores?", diziam nos cafés do bulevar Abbot Kinney.

O destaque do Twitter chegou ao auge durante um evento que ficou conhecido como "Milagre do Hudson", quando um Airbus A-320, com 155 passageiros a bordo, decolou do aeroporto de LaGuardia, Nova York, e foi atingido por um bando de aves. O avião pousou em segurança no rio Hudson. Uma foto dos passageiros evacuando o avião, tirada por um turista de uma balsa, foi postada no Twitter, e dali correu toda a internet, noticiários, jornais e revistas.

Twitter. Twitter. Twitter. Twitter. Twitter.

Não havia como escapar e Noah tentou se refugiar ainda mais. Desligou o celular, o computador, tudo o que pudesse conectá-lo à internet, na esperança de que a distância e o tempo pudessem curar suas feridas.

No final de 2008, Jack estava começando a trilhar o mesmo caminho de Noah. Mas decidiu lidar com a situação de maneira diferente. Pouco depois de ser demitido do Twitter, Jack também ficou desanimado, como Noah. E como ele, perambulou por San Francisco, infeliz, fervendo de raiva e ressentimento. E como Noah, também decidiu fazer uma caminhada para tentar descobrir o que fazer em seguida. Mas a partir daí seus caminhos divergiram.

Apesar de Jack ter perdido uma parte de suas ações ao sair, o conselho havia concordado em lhe dar uma indenização salarial de 200 mil dólares. Jack sempre fora descuidado com dinheiro, pegando com uma das mãos para gastar com a outra, por isso resolveu viver a vida e esperar que uma boa oportunidade surgisse. Apaixonou-se por uma bailarina de San Francisco, relação que terminou rapidamente. Depois visitou os amigos e a família em St. Louis, antes de viajar para Nova York, onde cortou o cabelo, tomou seu cappuccino favorito e fez compras na Earnest Sewn.

E então Jack finalmente descobriu o que estava procurando. Na viagem de volta a St. Louis, encontrou seu velho amigo Jim McKelvey, e eles começaram a conversar a respeito de algum negócio que pudessem tocar juntos. Jim ganhava a vida como soprador de vidro e fazia esculturas complexas que vendia para lojas e colecionadores. Ele contou a Jack que um dia havia deixado de vender uma grande escultura de vidro porque seu cliente não tinha dinheiro suficiente na carteira. Eles começaram a discutir um produto que permitisse às pessoas fazer esse tipo de compra usando um celular e um cartão de crédito, e começaram a trabalhar em uma ideia que chamaram de Squirrel no início, e depois de Square.

Jack também tinha um projeto paralelo: vingança. Ao contrário de Noah, que estava fazendo o possível para esquecer e perdoar a traição dos amigos, Jack tomou a direção oposta, incapaz de tirar da cabeça o ressentimento em relação a Ev, ao conselho, e agora também a Biz.

Jack começou a ficar obcecado por todos os artigos, posts em blogs e atualizações de status envolvendo o Twitter. Cada vez que lia um artigo em que Jack Dorsey não era citado como criador do Twitter, seu sangue fervia. Cada vez que uma celebridade tuitava dizendo que estava visitando o escritório do Twitter, sem que ele estivesse lá para recebê-la, suas feridas se abriam.

O ego mexia com todos eles: Noah, Jack, Ev e Biz. Todos eles eram movidos assim. Para Noah, o ego tornou-se um instrumento de reflexão, tentando entender quem ele havia prejudicado no passado e o que poderia fazer para se tornar uma pessoa melhor no futuro. Em Jack surgiu um sentimento oposto, que fazia com que ficasse obcecado pelas pessoas que o haviam prejudicado no passado, tentando descobrir uma forma de voltar a ser o centro das atenções no futuro. E qual a melhor maneira de alcançar esse objetivo senão ofuscando o ego dos outros?

Apesar de Jack não ter direito a opinar sobre as operações do dia a dia da empresa, ele decidiu aceitar todos os convites da imprensa que chegassem à sua conta pessoal do Twitter, que ele pôde manter como membro do conselho sem direito a palavra.

Ele começou a se encontrar com repórteres e blogueiros e às vezes contava uma versão da criação do Twitter que excluía todos os outros da história da empresa. Nenhuma menção a Noah, Biz, Jeremy, Crystal, Blaine, Florian ou Tim. Nenhuma menção às outras pessoas que estavam na sala quando o Twitter foi criado ou ao seu papel nas conversas do café da manhã, do almoço, do jantar, à época dos hackers. E, claro, nenhuma menção a Ev.

Apesar de Jack ter pensado no embrião do site, em que pessoas compartilhariam seus status, sem a Odeo o embrião teria continuado a ser exatamente isso — um embrião. Foi a determinação de Noah em salvar a Odeo que levou o conceito de status apresentado por Jack a um grupo de programadores competentes que trabalhou nele e o colocou em prática. Sem a visão de Noah — de um serviço que poderia conectar as pessoas que se sentiam sozinhas e de um nome que todos pudessem lembrar —, o Twitter jamais teria existido. E foi Ev quem insistiu para que o Twitter fosse sobre "o que está acontecendo". Sem o aporte financeiro dele e sem sua fama no Vale do Silício, o Twitter jamais cresceria com a mesma rapidez. Além disso, sem a firmeza ética de Biz para defender as pessoas que usavam o serviço, o Twitter seria uma empresa muito diferente.

Acima de tudo, sem as dezenas de funcionários dedicados, construindo e desenvolvendo novas ideias e mantendo o site vivo, a empresa poderia ter fracassado como tantas outras da área.

Mas Jack contou uma história muito diferente. Ele começou a desenvolver o mito da criação.

O maratonista

ALGUNS MESES HAVIAM SE PASSADO desde que Jack participara de sua primeira reunião do conselho como presidente sem direito a voto. Mas toda reunião era a mesma coisa: ele ficava sentado encarando Ev obcecadamente.

Para Ev as coisas haviam mudado um pouco. Ele aprendera a ignorar o olhar de Jack, assim como Fred, Bijan e Goldman.

Mas havia uma nova pessoa na sala, confusa com aquele espetáculo: Peter Fenton, o novo membro do conselho do Twitter e o mais recente investidor. Ele havia começado a participar das reuniões do conselho no início de 2009, com o entusiasmo de uma criança na manhã de Natal. Tornar-se um investidor do Twitter seria um dos maiores desafios de sua carreira até então, e ali estava ele, finalmente fazendo parte da empresa. Fenton demorou cerca de dez minutos para perceber que não havia presentes embaixo da árvore e que tinha alguma coisa muito errada no Twitter.

Ele estava fissurado na empresa havia meses. Em janeiro de 2009 ficou sabendo que o Twitter estava prestes a promover sua terceira rodada de financiamento. Mas o fundo de investimentos em que Fenton trabalhava, o Benchmark Capital, não iria participar desse financiamento.

Fenton estava com 36 anos na época e já valia dezenas de milhões de dólares. Ele parecia um membro do Corpo de Fuzileiros Navais, com seu cabelo claro e a postura sempre rígida. Como acontecia com a maioria dos investidores do Vale, para ele não era uma questão de dinheiro: tratava-se de vencer. Fenton tinha que ser o melhor em tudo o que fazia: em maratonas, nos investimentos, como piloto de helicóptero.

Para garantir sua participação na próxima rodada de investimentos do Twitter, ele mexeu os pauzinhos, fez contatos, recebeu Ev e Biz com todas as honras em um jantar em sua casa na área conhecida como Rol dos Bilionários e acabou se tornando, devido à extrema determinação, o principal investidor da nova rodada de financiamento da empresa, colocando nela 21 milhões de dólares, o que elevaria a avaliação do Twitter para mais de 250 milhões.

No dia 13 de fevereiro de 2009, Biz anunciou o novo aporte em um post dizendo: "O Twitter está crescendo em um ritmo fenomenal. O número de usuários ativos aumentou 900% em um ano". O post não dizia nada a respeito da receita, que havia crescido 0% desde o início da empresa.

A essa altura Ev havia assumido inteiramente o comando do Twitter e apesar de continuarem com menos de trinta funcionários em período integral (e alguns freelancers), ele tinha começado a neutralizar os intermináveis apagões e outros problemas que haviam infernizado o Twitter no passado. A capitalização estava começando a subir na escala de prioridades. Em janeiro, Ev contratara Kevin Thau como diretor de desenvolvimento de negócios com a tarefa de desenvolver parceiras e, finalmente, gerar dinheiro. Ev também havia estabelecido uma colaboração com a Current TV, canal administrado por Al Gore, que exibiria tuítes ao vivo durante o discurso inaugural do presidente Barack Obama.

Enquanto Ev tentava resolver as questões internas do passarinho azul, Biz, que era o funcionário mais sociável da empresa, tornara-se publicamente o rosto oficial do Twitter. Ele tinha começado a viajar por todo o país, divulgando o evangelho do Twitter em conferências, participando de programas de TV e concedendo centenas de entrevistas para revistas e jornais. Mas agora havia também um rosto não oficial do Twitter.

Jack tinha fundado a Square, sua empresa de pagamentos por celular, e agora ocupava um apartamento elegante no Mint Plaza, perto da Fifth Street. Apesar de pequeno, seu novo lar era minimalista e agradava a seu senso estético. O piso era liso e brilhante como o de uma pista de patinação no gelo. As paredes, brancas.

Para a irritação de Ev e Biz, Jack continuava a conceder entrevistas a quem quisesse ouvi-lo: jornais, blogs, programas de TV. Pior, Jack tinha começado a espalhar uma história de que continuava envolvido com a rotina do Twitter, falando dos novos recursos lançados pelo site como se estivesse envolvido com seu desenvolvimento, apesar de não ter sequer uma mesa no escritório da empresa.

Em vez de discutir com Jack, Ev tentou resolver o problema incluindo-o nos eventos. No início de janeiro de 2009, Biz, Ev e Jack dividiram o palco na cerimônia de premiação do Crunchies, onde os três levaram o prêmio de Melhores Fundadores. Eles se revezaram no microfone para agradecer ao público. Biz agradeceu a Ev e a Jack por terem sido um exemplo para ele. Ev agradeceu a Biz e a Jack e depois disse: "Isso foi um esforço de equipe, que deve ser compartilhado por toda a equipe", disse ele, com o prêmio na mão, sempre tentando dar crédito a quem merecia: "Além de nós, temos 26 pessoas dando duro no QG do Twitter". Jack, o último a falar, agradeceu solenemente aos milhões de pessoas que usavam o site. "Vocês estão mudando o mundo a cada 140 caracteres postados", Jack disse, sem muita emoção. E então os três deixaram o palco.

Antes de se tornar um investidor, como a maioria dos presentes à cerimônia do Crunchies, Fenton acreditava que Jack participasse do dia a dia do Twitter. Mas depois da reunião do conselho, com toda a tensão pairando no ar, Fenton ficou chocado.

Quando chegou em seu escritório, telefonou para Bijan. "Que merda foi aquilo?", ele perguntou.

"Quer dizer que você não sabia?"

"Sabia o quê?"

Bijan contou tudo a Fenton. Que Jack havia sido demitido da empresa, e por quê. Que Ev havia assumido e por quê. E que, caso ele não tivesse percebido, os dois sentiam uma profunda antipatia um pelo outro.

"Quando entrei na sala de reuniões tive a impressão de que as paredes estavam cobertas de sangue", Fenton disse depois de ouvir a história. Ele desligou e telefonou para Jack, convidando-o para jantar. Jack sugeriu o Chez Papa, que ficava perto de seu apartamento.

Quando se sentou diante de Fenton, na penumbra do restaurante, Jack contou seu lado da história: que Ev o colocou para fora na briga pelo poder e pelo controle e que o Twitter tinha sido sua ideia. E reclamou dos novos rumos da empresa.

Ev estivera bastante ocupado desde a saída de Jack, fazendo inúmeras mudanças no site e no serviço. Ele não perdera tempo para acabar com muitas das parcerias de mensagens de texto criadas na época de Jack (as mesmas parcerias que haviam sugado centenas de milhares de dólares mensalmente da conta bancária do Twitter). Jack, que acreditava que o Twitter devia trabalhar principalmente com SMS, também reclamou disso para Fenton. Ev isso. Ev aquilo.

Fenton ficou furioso. Boquiaberto. Ele bateu com a mão na mesa e prometeu a Jack: "Eu não descansarei enquanto você não voltar para a empresa".

Pela primeira vez em meses, Jack ficou eufórico por ter finalmente recrutado alguém para seu lado. "Você é o fundador dessa empresa", disse Fenton, batendo a mão de novo. "Não descansarei enquanto você não voltar para o Twitter!"

Jantar com Al

EV E BIZ TROCARAM OLHARES e entraram no hotel St. Regis. Eles passaram pela lareira moderna, viraram à esquerda, depois à direita, cruzaram portas, seguiram por um corredor e finalmente chegaram a um elevador semiprivado.

"O.k., entendi", Biz disse quando a porta do elevador se fechou atrás deles. "Vamos jantar com o ex-vice-presidente dos Estados Unidos." Ele parecia bastante agitado.

Ev sorriu. Eles estavam vestidos com suas roupas de sempre: jeans, suéter, blazer e tênis. Quando o elevador parou, saíram em um corredor relativamente escuro, com as paredes brancas e o carpete castanho-avermelhado. Parecia que estavam em uma boate descolada.

"Acho que é aqui", Biz disse, batendo levemente na porta de uma suíte. Eles esperaram alguns segundos e então ouviram os passos de alguém se aproximando.

"Olá, rapazes! Entrem", disse Al Gore, com o sotaque sulista da voz grave, recebendo-os no esplêndido apartamento que possuía no alto de um dos mais luxuosos hotéis de San Francisco. "Sejam bem-vindos!"

"Olá, Al!", Biz disse, estendendo a mão para cumprimentá-lo, apesar de jamais ter falado com o ex-vice-presidente. Ev, um pouco mais tímido, cumprimentou Gore formalmente. "Olá, sr. Gore. É um prazer conhecê-lo."

Era março de 2009 e Al Gore estava dirigindo a Current TV, rede de televisão que comprou depois de ter perdido as eleições presidenciais. Ele havia convidado Ev e Biz para jantar e discutirem "como o Twitter e a Current TV poderiam trabalhar juntos".

Assim que entraram, Gore apresentou-os às outras duas pessoas presentes; uma delas era Joel Hyatt, cofundador da Current TV.

"O que vocês querem beber?", Gore ofereceu. "Temos uísque, cerveja, vinho, champanhe?"

Biz nunca se deixara impressionar por celebridades. Para ele, gente da classe A, B, C ou Z tinha a mesma importância e, na maioria das vezes, os ricos e famosos o impressionavam menos do que um operário que levantava cedo todos os dias para ir trabalhar.

Mas Al Gore era diferente. Biz estava ansioso para conhecê-lo. Como Biz, Gore era apaixonado pelo meio ambiente e pelos animais. E eles tinham outra coisa em comum: não gostavam de George W. Bush.

A relação entre o Twitter e a Current TV tinha se estreitado em 2008, quando eles juntaram forças para criar uma versão experimental dos debates presidenciais. A ideia, batizada de "Hack the Debate", permitia que as pessoas tuitassem a respeito dos candidatos presidenciais e esses tuítes seriam exibidos ao vivo pela Current TV durante a transmissão dos programas. Embora as mensagens do Twitter estivessem sendo comentadas pelas redes de TV mais conhecidas, como a CNN e a MSNBC, a Current TV havia pensado em uma forma inteiramente nova de televisão interativa, criando quase uma fusão dos dois meios.

Depois de encerrados os debates, e depois de Barack Obama ter comentado no Twitter a vitória na eleição presidencial de 2008, Gore logo viu como essa combinação havia sido convincente: as pessoas debochando de Sarah Palin em tempo real, desmascarando declarações falsas de ambos os candidatos, torcendo para o time da casa. A Current TV estava determinada a desenvolver um laço mais forte com o futuro da mídia: o Twitter.

Como a maioria dos políticos de alto nível, Gore tinha mais charme e carisma do que uma estrela de Hollywood. Ele contou piadas e histórias dramáticas de sua época como vice-presidente. Contou como havia disputado a Current TV com um conglomerado francês e como precisou mexer os pauzinhos e cobrar uma série de favores devidos.

"Tivemos que apontar algumas armas metafóricas contra algumas cabeças metafóricas", disse Gore, rindo. Joel, seu parceiro comercial corrigiu. "Al, as cabeças eram verdadeiras!" Seguiram-se mais risadas.

O vinho continuou a ser servido e, antes que pudessem perceber, Ev e Biz estavam enchendo a cara com o ex-vice-presidente dos Estados Unidos. Biz sorriu e conversou com Gore como se eles fossem velhos colegas de copo de Boston. "Al" pra cá, "Al" pra lá, e mais piadas. Ele estava encantado. Ev também estava se divertindo, mas ao reparar no entusiasmo de Biz ele decidiu preparar o terreno para o que certamente viria em seguida.

"Vocês precisam saber que Biz fica entusiasmado com facilidade e pode muito bem apresentar um plano para trabalharmos juntos", Ev disse, interrompendo o grupo, "mas quero dizer que isso é mero entusiasmo. Não estamos necessariamente concordando com nada."

A essa altura da vida do Twitter, Ev já havia enfrentado dezenas de tentativas de celebridades que marcavam um encontro "só para conversar" e então lhe ofereciam uma oportunidade única de parceria, tudo pelo preço baixíssimo de uma participação acionária no Twitter.

As celebridades queriam uma participação no capital da empresa em troca do uso do serviço. Isso já havia acontecido com Ashton Kutcher, que convidou Ev e Biz para irem à sua casa em Los Angeles para "conversar". Ao lado da piscina, com Demi Moore sentada ali perto, Kutcher veio com um papo sobre participação na empresa. O rapper Sean "Puffy" Combs também tentou negociar uma participação com Ev.

Ev sempre respondia educadamente, dizendo "não" aos ricos e famosos, que não estavam habituados a ouvir "não". Isso também aconteceu com alguns CEOs. Em um jantar na residência multimilionária de Bill Gates em Seattle, Steve Ballmer, o chefe da Microsoft, disse a Ev que se algum dia quisesse vender a empresa, a Microsoft estaria interessada. Ev declinou da oferta educadamente.

Para Ev, não era uma questão de dinheiro, não tinha nada a ver com celebridades. Sempre foi a construção de algo que desse às pessoas de uma cidadezinha qualquer — como Clarks, Nebraska — a mesma voz daqueles que estavam nas grandes cidades.

Agora era a vez de Al Gore tentar pegar algumas penas do pássaro azul.

"Escutem, rapazes", Gore disse, começando a apresentar algumas ideias, incluindo a criação de uma empresa chamada Twitter TV. Seria uma espécie de fusão das duas empresas. Gore disse que o Twitter e a Current TV poderiam construir o futuro da televisão. Juntos, poderiam fazer com que o Twitter deixasse de ser apenas uma faixa na tela e se transformasse em uma experiência interativa completamente nova na sala de estar.

Gore foi muito convincente. O acordo provavelmente lhe daria uma grande participação acionária no Twitter. Ev abriu a boca para recusar educadamente a oferta, mas Biz, completamente embriagado, interrompeu-o.

"Al. Al. Acho que você tem toda a razão", ele balbuciou. "Mas se você estiver certo — e eu acho que está — por que ficaríamos presos só a você? Por que não fazemos o que você está pedindo com todos os canais de TV?"

Gore fez uma pausa antes de argumentar. Ele foi convincente, mas não o suficiente. Ev disse educadamente que pensariam a respeito. Precisavam analisar o projeto.

O jantar caminhava para o fim, mas Gore não desistia. Trouxe da cozinha uma garrafa de tequila Patrón e alguns copos. "Disseram que isto é muito bom", ele falou, soltando uma gargalhada. Os copos foram servidos e eles logo começaram a misturar tequila com vinho. Ev disse que estava na hora de ir e se despediu do ex-vice-presidente. "Muito obrigado pelo jantar e por tudo. Entraremos em contato", ele disse a Gore.

Ev e Biz caminharam até o elevador, desceram para o lobby e dali foram até o bar do hotel. Continuaram a beber, tentando relaxar.

"Caramba!", Biz disse, quase caindo da cadeira. "Acabamos de encher a cara com um sujeito que quase se elegeu presidente!"

Mas não demorou muito para perceberem que sua resposta seria novamente "não". Eles estavam determinados a manter a independência do Twitter.

"Precisamos parar com essas reuniões com gente famosa", disse Ev. "Eles estão sempre tentando nos comprar!"

Oprah

EV ESTAVA DESCANSANDO NO BANCO com almofadas de cetim bege na ponta da cama do Trump International Hotel & Tower quando as luzes voltaram a se acender. Lá embaixo, as águas do rio Chicago brilhavam, refletindo a cidade como uma exibição de fogos de artifício subterrâneos.

Uma série de tempestades havia atingido todo o centro-oeste, derrubando a energia e atrasando voos — incluindo o de Ev e Sara; por isso haviam chegado em Chicago muito depois do previsto. Quando estavam se registrando no hotel, a luz acabou.

Sara estava grávida do primeiro filho do casal e, ao ter um ataque de fome, revirou o minibar; por isso, havia saquinhos de amendoim, batata e doces espalhados por todo o quarto enquanto ela desfazia as malas.

Era quinta-feira, 16 de abril de 2009. Uma das semanas mais bizarras da história do Twitter estava em andamento.

Assim que a luz voltou, Ev pegou o controle remoto e ligou a TV na CNN. Ele ficou ouvindo e depois balançou a cabeça, rindo. Anderson Cooper, que olhava para a câmera como se estivesse falando diretamente com Ev e Sara, e não para milhões de pessoas que assistiam ao canal de notícias, repetiu várias vezes: "Vocês precisam entrar no Twitter.com e seguir a CNN". Sara parou e olhou para Ev.

"O que está acontecendo?", Ev disse para a esposa, espantado. "Que mundo é este?"

Ali estavam eles, no hotel Trump de Chicago, assistindo à disputa entre a CNN e Ashton Kutcher para ver quem teria a primeira conta com 1 milhão de seguidores no Twitter e, dali a poucas horas, Ev participaria do programa de Oprah Winfrey para ajudar Oprah, uma das mulheres mais famosas e influentes do mundo, a enviar seu primeiro tuíte.

Podia não parecer real, mas era — e tudo isso aconteceria nas próximas doze horas.

A ansiedade de Ev tinha começado alguns dias antes, quando o Twitter recebeu um e-mail do *The Oprah Winfrey Show* com um pedido simples: a empresa poderia participar de um telefonema rápido para falarem do Twitter no programa?

Kutcher e a CNN estavam concorrendo publicamente pela marca de 1 milhão de seguidores e, por isso, Oprah começou a fazer perguntas sobre essa coisa chamada Twitter. Ev e um pequeno grupo de funcionários ocuparam uma sala de reuniões para falar com os produtores do programa de Oprah.

"Oprah irá enviar seu primeiro tuíte durante o programa", disse alguém pelo viva-voz. Os integrantes do Twitter trocaram olhares, sorrindo. "E estávamos pensando em fazer todo um segmento do programa sobre o Twitter." Os sorrisos foram se dissipando.

O Twitter havia se transformado novamente em uma chama insaciável, alimentada diariamente por dezenas de milhares de novos usuários, todos ajudando a manter o fogo aceso. Em função disso, os servidores do site estavam sendo obrigados a trabalhar no seu limite mais uma vez. A equipe de engenharia estava exausta, com alguns funcionários trabalhando vinte horas ou mais para manter o site no ar. O Twitter teria dificuldades para lidar com uma simples menção em um programa tão popular quanto o de Oprah, com algo entre 26 milhões e 42 milhões de espectadores por semana. Para o bem ou para o mal, Oprah representava o *mainstream* do *mainstream*, e seus fãs poderiam rapidamente provocar um tsunami de adesões que o Twitter simplesmente não conseguiria administrar.

A voz continuou: "Ashton Kutcher participará do programa para falar da competição com a CNN". A preocupação tomou conta da sala de reuniões. "E Oprah quer fazer esse quadro na manhã de sexta, com o programa ao vivo, quando temos a maior audiência." Isso seria dali a dois dias. "Seria muito bom se tivéssemos alguém do Twitter por aqui para ajudar nosso pessoal, caso alguma coisa dê errado. Será que isso é possível?"

"É claro", Ev disse, aproximando-se do telefone. "Podemos mandar um dos nossos engenheiros."

"Ótimo", disse a voz do outro lado do aparelho, e depois perguntou: "E quem é você, qual é sua função?".

Ev voltou a se aproximar do aparelho e disse despreocupadamente: "Sou um dos fundadores e CEO do Twitter".

"E você poderia vir?"

Ev parou, olhou ao redor da sala e sacudiu os ombros. "Claro", ele disse. "Vocês conseguiriam uma passagem para que minha esposa me faça companhia na plateia?"

Os produtores disseram que sim e encerraram a conversa.

"O que vamos fazer?", uma assistente perguntou a Ev.

"Não podemos fazer muita coisa. Mas precisamos garantir que o site permaneça no ar", ele respondeu com um sorriso. "Caramba! Estamos falando da Oprah!"

Na quarta-feira foram realizadas várias reuniões para garantir que o Twitter não sofresse um colapso sob o peso do estrelato de Oprah. Para que tudo corresse bem com a TV ao vivo em rede nacional, os engenheiros do Twitter decidiram criar um "Servidor Oprah": um servidor inteiramente dedicado a Oprah, um Twitter só para ela, o que garantiria que, mesmo que o site caísse durante o programa, a conta de Oprah continuaria ativa.

A assistente de Ev entrou em ação imediatamente, reservando as passagens e o hotel. Ev viajaria na quinta, na hora do almoço, e se encontraria com Oprah na sexta de manhã para passear de mãos dadas com a rainha da televisão americana pelo vale das mídias sociais.

Na quinta-feira, pouco depois das sete da manhã, enquanto Ev e Sara faziam as malas para a viagem, o celular de Ev tocou. Ele atendeu, estranhando um telefonema àquela hora.

"Bom dia, Evan", disse uma mulher que se apresentou como a produtora do *The Oprah Winfrey Show* que havia falado com ele no começo da semana. "Tivemos uma mudança de planos", ela disse. "Decidimos que queremos ter você no programa com a Oprah amanhã de manhã."

A produtora explicou que Ev seria entrevistado por Oprah — diante de 7 milhões de espectadores — e que Ashton Kutcher participaria da conversa via Skype. Tudo isso seria feito depois de Oprah enviar seu primeiro tuíte ao vivo.

Ev estava pálido quando desligou o telefone.

"Quem era?", Sara perguntou.

"Puta merda, vou aparecer no programa da Oprah amanhã de manhã", ele disse, ansioso e petrificado. Depois de enviar um e-mail para avisar sua equipe sobre a mudança de planos, ele tuitou: "Amanhã acaba de se tornar um grande dia. (Desculpem pelo teaser — depois tem mais)".

Enquanto continuavam os preparativos para o evento com Oprah, o Twitter tentava lidar com a avalanche de adesões provocada pela disputa entre Ashton Kutcher e a CNN. Cada vez que garantiam um servidor, havia picos de tráfego. E as coisas tendiam a piorar.

Larry King postou um vídeo provocando Kutcher. "Você acha que pode vencer uma rede?", ele disse para a câmera. Isso levou a mais adesões. Kutcher convocou seus amigos famosos, como Shaquille O'Neal e P. Diddy, para ajudar na divulgação. Mais adesões. E agora, ali estavam eles, enquanto Ev e Sara assistiam à TV em Chicago, prestes a determinar qual seria a primeira conta do Twitter a ter 1 milhão de seguidores.

Em San Francisco, no escritório do Twitter, os engenheiros monitoravam o site enquanto as pessoas continuavam acessando o serviço, seguindo Kutcher ou a CNN. Para piorar as coisas, o Anonymous, um coletivo encrenqueiro de hackers, havia criado contas falsas para tentar superar Kutcher e a CNN na corrida pelo milhão de seguidores — aumentando o congestionamento.

Então, às 11h12 da manhã em Chicago, foi dado o veredito. Enquanto Anderson Cooper praticamente implorava para as pessoas seguirem a

CNN, Ashton Kutcher estava sentado no escritório de sua casa, usando um chapéu de caubói branco, cercado por amigos e outras celebridades, acompanhando a movimentação em sua conta no computador.

"Parece a final do American Idol!", disse Demi Moore, espiando por cima do ombro de Kutcher. "Faltam quinze pessoas!", ele gritou; quinze segundos depois, houve uma gritaria quando ele passou a CNN oficialmente. Kutcher berrou em comemoração e abriu uma garrafa de champanhe. P. Diddy, que estava no viva-voz, gritou: "Parabéns! Guarde um copo pra mim, cara!". A CNN admitiu a derrota, enquanto Kutcher tuitava: "A vitória é nossa!!!!!!!!".

Na sexta-feira, Ev acordou meio grogue por ter dormido poucas horas. Ashton e a ansiedade atrapalharam seu descanso.

Quando ele e Sara chegaram ao estúdio de Oprah, poucas horas antes da entrada do programa ao vivo, tudo parecia ter ficado nebuloso. Maquiagem, produtores correndo pra lá e pra cá, testes de som, público. Ev caminhava em direção à plateia, de onde seria chamado para subir ao palco, quando resolveu ir ao banheiro e levou um tombo.

Ele não teve muito tempo para se recuperar. Logo foi chamado para sentar-se ao lado de Oprah no palco, com câmeras apontadas para ele em todos os ângulos. Havia centenas de mulheres na plateia; Sara sorriu. Então, uma voz anunciou: "Cinco, quatro, três...".

"Olá, pessoal! Estou no Twitter pela primeira vez!", Oprah anunciou alegremente. Ev sentiu a adrenalina correndo pelo corpo enquanto as câmeras giravam pelo palco como bailarinas experientes.

Oprah fez seu discurso sobre o Twitter, descreveu a conversa com o porteiro do prédio a respeito do site naquela manhã e depois começou a fazer perguntas.

"Como foi que isso surgiu?"

"Biz e Jack, meus cofundadores, são supergênios", Ev respondeu, nervoso. Ele explicou a Oprah a diferença entre os blogs e o Twitter e disse que o site tornou possível a disseminação de informações em segundos. É tão rápido, ele disse, que os departamentos de polícia e os bombeiros estão usando o site. Oprah percebeu o nervosismo de Ev e, enquanto ele falava, estendeu o braço e pegou sua mão, o que ajudou a acalmá-lo.

Mas a adrenalina de Ev estava prestes a subir novamente. A equipe de Oprah já o havia avisado mais de uma dúzia de vezes que a rainha da televisão era absolutamente inepta com tecnologia. Para que ela não se atrapalhasse com seu primeiro tuíte, a equipe havia colocado vários adesivos coloridos em um laptop com instruções que ela deveria seguir após digitar sua primeira mensagem de 140 caracteres.

O plano foi colocado em ação no programa ao vivo. Oprah escreveria um tuíte e enviaria; o programa seria cortado para os comerciais. Nesse intervalo, Oprah deveria "Pressionar o botão do teclado com o adesivo amarelo" para carregar os tuítes de todos os seus amigos, incluindo George Stephanopoulos, Ellen DeGeneres, Shaquille O'Neal, Demi Moore e outros, que já haviam sido avisados pela produção para responder a Oprah, dando-lhe as boas-vindas ao site.

Mas, em vez disso, Oprah pressionou o botão Caps Lock, e digitou: "OI, TWITTER. OBRIGADA PELA CALOROSA ACOLHIDA. ESTOU ME SENTINDO NO SÉCULO XXI". Depois, em vez de apertar o "Enviar" no Twitter, ela sem querer pressionou o botão com o adesivo amarelo, reconfigurando a tela e apagando seu primeiro tuíte. Corte para o comercial. Oprah não havia enviado o tuíte. Ev percebeu e sentiu um nó na garganta. Ele pegou o teclado e digitou rapidamente o mesmo texto em maiúsculas e apertou "Enviar", o coração acelerando ao ouvir o câmera gritar: "Voltamos em cinco, quatro, três...".

Então, Kutcher apareceu na tela, sentado no mesmo escritório onde estava algumas horas antes, quando derrotou a CNN na disputa por 1 milhão de seguidores. "Parabéns!", Oprah disse a ele. "O que aconteceu hoje diz muito sobre o futuro da mídia", Kutcher respondeu a Oprah. "Entramos em uma era nas mídias sociais em que a voz de uma pessoa pode ser tão poderosa quanto a voz de uma rede. Essa é a força da internet social." Ele prosseguiu, explicando que, graças ao Twitter, podia controlar o tipo de imagens e vídeos que circulavam na internet a seu respeito, dando uma surra nos paparazzi: agora ele podia usurpar os tabloides de todo mundo postando imagens pré-aprovadas por ele antes de todos os outros.

No decorrer do programa, cresciam as adesões ao site. De Chicago a Clearwater, de Modesto a Miami, de Seattle a Statesboro, o número de adesões naquele dia foi maior do que em qualquer outro dia da história do Twitter — quase 500 mil pessoas nas primeiras 24 horas — e apesar do golpe, os servidores conseguiram sobreviver.

Após o encerramento do programa, Ev e Sara foram até a loja de Oprah e compraram babadores para Miles, o menino que Sara estava esperando e que nasceria nos próximos meses.

Mais tarde, Ev enviou um e-mail para a equipe do Twitter com o título: "Caramba!". Ele disse: "Estou indo para a cama aqui em Chicago. Vou dormir umas quatro horas". Depois falou do quanto estava orgulhoso das 35 pessoas que haviam mantido o site no ar mesmo com todo o afluxo de usuários. "Que semana para o Twitter! Obrigado a todos pelo esforço."

Ev não se aguentava de tanto orgulho. Mas nem todos estavam felizes.

Apesar de Kutcher ter dito que qualquer pessoa poderia ser tão poderosa quando uma rede de televisão, havia uma pessoa cujos tuítes tinham sido reduzidos à insignificância, uma pessoa que assistira ao programa de Oprah e havia visto seu ex-colega de trabalho e amigo, Ev, ao vivo na TV.

Noah.

Noah assistiu ao programa sem acreditar no que via, percebendo que havia sido completamente apagado da história do Twitter. Ele tuitou: "Assistindo à TV eu me pergunto como me tornei tão invisível, uma mise-en-scène tão ausente. Sem impressões digitais".

No passado, a história foi escrita pelos vencedores. Mas na era do Twitter a história é escrita por todos. Aqueles que falam mais alto, que conseguem contar *sua* versão da história é que se tornam os vencedores.

Ev não havia eliminado Noah da história intencionalmente. Ele sempre tentou dar crédito a quem merecia, agradecendo aos funcionários nas cerimônias de premiação, como no Crunchies, e falando do papel de Jack e de Biz nas entrevistas. Ev acreditava sinceramente que o Twitter havia se tornado uma empresa diferente daquela que Noah havia ajudado a criar.

O fato é que Jack jamais falara francamente sobre a colaboração que havia existido entre ele e Noah enquanto estavam incubando o Twitter.

Ao assistir ao programa de Oprah, Jack ficou enfurecido, pois achava que ele é quem deveria estar naquele palco. Ele depois expressaria a Biz sua preocupação: "Estou sendo apagado da história!".

"Não, não está", Biz respondeu a Jack. "Ev falou a seu respeito no programa. Ele disse que somos supergênios!"

Mas não importava o que Ev dissesse. Ou Biz. Jack sentia que estava sendo apagado. E, ao contrário de Noah, que havia desaparecido depois de ser expulso da empresa, Jack tinha outros planos.

Aterrissando no Iraque

O C-130 RUGIU AO POUSAR NA PISTA, suas hélices cortando furiosamente o ar seco do Oriente Médio. Apesar da distância, Jack podia ver que o avião de transporte era monstruoso. Perto das outras aeronaves, parecia uma gigantesca baleia azul em um aquário de peixinhos dourados.

Jipes e caminhões do exército cercaram o avião, que, por sua vez, foi cercado por soldados americanos uniformizados, com suas armas e mochilas verdes. Pareciam brinquedos espalhados no chão do quarto de um menino cheio de imaginação.

Jack observava a cena através das lentes dos óculos escuros enquanto o sol entrava pelas imensas janelas do saguão do Aeroporto Internacional Rainha Alia, em Amã, na Jordânia. A espera pelo embarque despertou um nervosismo que ele não sentia havia tempo e desviou sua atenção da participação de Ev no programa de Oprah Winfrey três dias antes. Agora, ele estava obcecado por outra coisa: o Iraque, onde estaria em algumas horas.

Ele estava tentando se acalmar quando sentiu um tapinha no ombro. Ao se virar, deu com Jared Cohen, do Departamento de Estado, responsável pela viagem que Jack faria dali a pouco.

"Você viu o artigo na primeira página do *Wall Street Journal* de hoje?", Cohen perguntou a ele.

"Não, que artigo?"

"Sobre o Twitter", Cohen respondeu, já se afastando para falar com outra pessoa. "Dê uma olhada. O título da matéria é 'A revolução do Twitter'." Jack tirou o iPhone do blazer e procurou pela matéria na internet até encontrar o site do *Wall Street Journal* alguns segundos depois.

Cohen parecia um ator de filmes de espionagem de baixo orçamento, o que era apropriado, considerando que ele trabalhava para o Departamento de Estado americano. Ele tinha o cabelo escuro e a pele clara. Apesar de ser grande e magro, os ternos sempre pareciam estar meio pendurados nos ombros. A gravata, um pouco torta, passava a impressão de que ele estava sempre ocupado.

Cohen começara a trabalhar no departamento no final de 2006, com Condoleezza Rice. Ele tinha apenas 25 anos na época, mas seu currículo já impressionava — mais do que o de muita gente com o dobro da sua idade. Tinha dois pomposos diplomas das universidades de Harvard e de Oxford; era fluente em árabe e suaíli; tinha escrito dois livros: um sobre o genocídio em Ruanda e outro sobre as revoluções silenciosas e a juventude muçulmana no Irã e na Síria.

Quando Hillary Clinton se tornou a nova secretária de Estado na administração Obama, deu a Cohen — e a seu chefe, Alec Ross, outro jovem funcionário do Departamento de Estado — autoridade para promover a diplomacia com as novas tecnologias disponíveis para os cidadãos comuns. Em outras palavras, eles tinham "licença para usar as mídias sociais".

Uma das ideias mais ousadas de Cohen e Ross era levar um grupo de cidadãos altamente influentes na área de tecnologia, incluindo gente do Google, YouTube, Meetup, Howcast, AT&T e, é claro, do Twitter, para o Iraque. A esperança deles era de que essas pessoas pudessem oferecer sugestões para reconstruir o país devastado pela guerra com tecnologia e celulares em vez de tijolos e cimento.

Cohen explicou o objetivo durante a parada do grupo em Amã. Eles se encontrariam com o presidente e o primeiro-ministro do Iraque.

Lembrou a todos para usarem ternos durante o voo, assim o grupo poderia ir direto para o encontro logo após o pouso.

E, agora, ali estavam eles, a oitocentos quilômetros da zona de guerra. Ev havia sido convidado para a viagem, mas estava ocupado demais para participar, assim como Biz e Goldman. A princípio, tinham pensado em recusar o convite, mas decidiram que Jack poderia ir se quisesse. Que mal ele poderia fazer no Iraque?

Eles atravessaram a pista e receberam equipamento de proteção do exército antes de embarcar no C-130. Perceberam imediatamente que não havia janelas no avião. Usando colete à prova de balas e capacete, eles apertaram os cintos de segurança. Jack, sentado ao lado de Cohen e de Scott Heiferman, fundador do Meetup, olhou para o fundo do avião, onde estavam sentados os soldados com suas armas, certamente indo para o Iraque por outros motivos.

Para a delegação de especialistas em tecnologia, era uma cena difícil de entender. O interior escuro do avião militar expunha suas entranhas de metal, e uma bandeira americana que caía do teto mostrava orgulhosamente de que lado estavam seus passageiros. O calor no interior do avião era quase insuportável. E não haveria serviço de bordo.

Uma onda de medo e agitação tomou conta do grupo quando o avião começou a subir. Enquanto encharcava o terno de suor, Jack não estava pensando no fato de que logo estaria com o presidente do Iraque. Ele não conseguia tirar da cabeça a última linha do artigo do *Wall Street Journal* que havia lido antes de embarcar.

A matéria traçava um perfil do Twitter e, como sugeria o subtítulo, "Dos cérebros por trás da ferramenta mais quente da internet". Mas não eram o título ou o subtítulo que o haviam deixado irritado. Ou a ilustração mostrando Biz e Ev. Ou a simples menção do envolvimento de Jack com o site. Na verdade, o último parágrafo havia despertado a raiva que agora lhe era muito familiar.

Ev dissera ao repórter do *Wall Street Journal* que havia uma possibilidade de o Twitter abrir seu capital, mas "provavelmente sem Ev, pois ele não tinha interesse em administrar uma empresa pública". Na verdade, Ev estava interessado em trabalhar em outra ideia. "Ele está pensando em uma forma de revolucionar o e-mail."

Jack repetiu a última linha em sua cabeça durante todo o voo. "Revolucionar o e-mail!" Por que Ev o colocou para fora se não pretendia sequer continuar administrando o Twitter?

Quando o avião começou a reduzir a velocidade, ele percebeu que as pessoas estavam tirando seus capacetes e sentando neles como se fossem banquinhos. "O que está acontecendo?", Jack gritou para o funcionário do Departamento de Estado sentado ao seu lado.

"Estamos pousando!", o homem gritou em resposta. "Às vezes somos recebidos por fogo de armas leves durante o pouso, e ninguém quer levar um tiro no traseiro." Jack tirou o capacete de metal rapidamente e imitou seus companheiros para se proteger das balas.

Pousar um C-130 em Bagdá não é exatamente a mesma coisa que aterrissar um avião de passageiros no aeroporto internacional de Nova York. Não há avisos para apertar os cintos ou comissários de bordo solicitando a todos que desliguem seus celulares. No Iraque, as preocupações são muito maiores — como não ser derrubado por um foguete, por exemplo. O truque que os pilotos usam é descer em espiral, como água circulando em torno de um ralo. (Ou, como explicou um piloto: "Você desce mais depressa que a calcinha da Paris Hilton".)

Enquanto o avião taxiava no solo, a porta traseira abriu e eles puderam ver um pedacinho do céu laranja. O calor do deserto atingiu-os como um cobertor chamuscado pelo fogo. Jack olhou para fora e viu dezenas de helicópteros voando como formigas caminhando pela linha do horizonte.

Parece uma cena de Forrest Gump, Jack pensou.

Eles logo descobriram que a sugestão de Cohen para que usassem terno no avião não tinha sido uma boa ideia. Os coletes, feitos de nylon resistente a balas, tinham passado as últimas duas horas esfregando seus blazers, transformando-os em farrapos.

Quando o avião finalmente parou, eles saíram por trás e foram apresentados a Tony, um ex-fuzileiro naval corpulento de ombros largos e olhos atentos. Tony cuidaria da segurança do grupo durante a semana seguinte. Ele explicou a todos o que fazer caso fossem sequestrados ou mantidos como reféns.

Depois o grupo foi levado para os helicópteros que os transportariam até a Zona Verde, área de Bagdá controlada pelos americanos. Apesar de não estar imune a ataques de mísseis, era o lugar mais seguro do Iraque — pelo menos para americanos.

Jack se sentou na parte de trás do helicóptero, observando os fuzileiros apontarem suas armas para o solo. "Esta é a estrada mais perigosa do mundo", um dos fuzileiros gritou para Jack. "Há explosivos plantados por toda parte."

"Interessante", Jack respondeu, nervoso, encolhendo-se em seu canto e suspirando profundamente. Olhou para os outros e sorriu um pouco sem graça. Scott tirava fotos com uma câmera digital, Cohen não tirava os olhos de seu BlackBerry, e Steven Levy, colunista da *Wired* e repórter convidado a acompanhar aquele grupo, escrevia em seu caderno de notas.

Além da habilidade para encontrar uma saída para qualquer situação, Cohen também possuía outra qualidade impressionante: o dom para levar a imprensa em suas excursões.

"A ideia é usar o cérebro deste pequeno grupo para dar sugestões aos membros do governo iraquiano, às empresas e a todos aqueles que ajudarão a reconstruir o país", Levy escreveu no site da *Wired* ao chegar em Bagdá. "Quem pode saber mais sobre isso do que um time de camaradas obcecados por tecnologia, que inclui o cara que criou o Twitter?"

Os dias que se seguiram foram ocupados com reuniões, fotos e entrevistas para a imprensa.

Eles circularam em jipes pretos à prova de balas para ir ao encontro de membros do governo iraquiano de todos os escalões e níveis de importância. Eram acompanhados por helicópteros, que vigiavam todos os seus movimentos como se fossem anjos da guarda.

"Tirando o capacete e o colete à prova de balas", Jack tuitou. O grupo tinha decidido usar a hashtag "#iraqtech" para a viagem. Apesar de Ev, Biz e Jack não terem dado muita importância às hashtags no início, por considerá-las coisa de nerd, elas haviam se integrado completamente ao site e eram usadas para organizar tudo, de discussões sobre programas de TV a greves e manifestações.

"É tanto concreto. Por toda parte", Jack tuitou quando saíram da Zona Verde. Ele passou boa parte do tempo pensando na exposição de Ev e Biz na mídia nos últimos meses, e ficou furioso por não ter dado tantas entrevistas.

Mas isso também iria mudar.

Uma das primeiras reuniões do grupo foi com a Comissão de Investimento Nacional, braço econômico do governo iraquiano. Depois eles se encontraram com membros do alto escalão do governo.

Cada reunião começava com uma estranha explicação sobre o trabalho de cada membro do grupo visitante.

"Criei uma empresa chamada Twitter."

"Tweeter?"

"Não, Twit-ter."

Eles realmente queriam ajudar os iraquianos com sugestões sobre o uso da tecnologia para a reconstrução do país e da economia em frangalhos.

Em uma das reuniões, enquanto o grupo tomava drinques bastante elaborados na casa de Barham Salih, na época vice-primeiro-ministro do Iraque, Jack tentou convencer os membros do governo a se cadastrar no Twitter. "O povo do Iraque e a mídia irão segui-lo", Jack disse a Salih. "Uma tecnologia como o Twitter pode tornar o governo mais acessível e transparente." Enquanto tomavam vinho, cercados pelos guardas, o vice-primeiro-ministro garantiu a Jack: "Vou me cadastrar amanhã".

"O presidente Obama usa muito o Twitter", Jack insistiu, explicando que o Twitter havia desempenhado um papel importante nas últimas eleições presidenciais. Como um caixeiro-viajante, Jack conseguiu cadastrar alguns guardas da American Blackwater, força armada encarregada da proteção do grupo.

Quando eles finalmente se reuniram com o presidente do Iraque, Jalal Talabani, já havia se espalhado pelo mundo ocidental a notícia de que uma delegação de mágicos da tecnologia perambulava por Bagdá explicando o funcionamento do Twitter e do YouTube aos membros do alto escalão do governo. Veículos de mídia, como a CNN, o *Los Angeles Times*, o *New York Times* e a TV Al Jazeera, além de dezenas de outros, começaram a seguir o grupo como paparazzi perseguindo Britney Spears em um shopping.

A multidão de repórteres que agora seguia a delegação insistia com Jared para falar com "o fundador do Twitter". Jack, feliz por poder desviar a luz dos holofotes de Biz e Ev, concordou, satisfeito.

Na última noite da viagem, todos eles se sentaram em torno de uma mesa na base do exército americano. Os laptops abertos, tomando cerveja quente, eles conversaram sobre os acontecimentos da semana, os lugares que haviam visitado, as pessoas com quem haviam conversado para tentar ajudar o governo a entrar no século XXI. Mas um deles, Jack, havia se transformado em estrela internacional. Uma foto de Jack conversando com os repórteres estampava jornais, blogs e revistas de todo o mundo.

O plano de Ev, Biz e Goldman para mantê-lo fora do caminho deu errado e o tiro saiu pela culatra. "Fundador do Twitter enviado para salvar o Iraque", dizia a manchete de um jornal britânico, com uma foto de Jack Dorsey.

No último dia, eles foram levados para o aeroporto logo cedo. Enquanto aguardavam para embarcar no C-130 que iria levá-los de volta, Jack checou o Twitter no celular e verificou que o vice-primeiro-ministro havia mantido sua palavra.

"Desculpem, meu primeiro tuíte não é agradável", disse Barham Salih em sua primeira declaração de 140 caracteres. "Tempestade de areia em Bagdá, outra bomba suicida. Terrível lembrete de que nem tudo está bem."

Time 101

OS FLASHES PIPOCAVAM como fogos de artifício diante de Jack, Biz e Ev. *Pop. Pop. Pop.*

"Deste lado!" "Aqui!", gritavam os fotógrafos, enquanto suas câmeras disparavam como artilharia silenciosa. Fogo amigo: *clique, clique, clique.* "Aqui!", eles gritavam. "Pra cá!"

Os fundadores do Twitter paravam a cada dois passos e depois tentavam avançar pelo tapete vermelho, observados por agentes do serviço secreto.

"Oi, Jack Dorsey", disse uma jovem ao se aproximar com uma prancheta na mão. "Olá, Evan Williams", gritou alegremente outra mulher que Ev nunca tinha visto. "Você deve ser Sara", ela acrescentou, cumprimentando a esposa de Ev. "Senhor e senhora Stone", disse outra. "Vou acompanhá-los." Os gritos dos paparazzi podiam ser ouvidos ao fundo enquanto eles entravam. "Liv! Liv Tyler!" "Kate!" "Whoopi, aqui!"

Eles passaram por detectores de metais, depois atravessaram um segundo portão de segurança. Mais um tapete vermelho com equipes de TV. "Ei, são os caras do Twitter!", eles ouviram, enquanto microfones e câmeras passavam a centímetros de distância. Algumas perguntas.

Algumas brincadeiras. Alguns passos à frente, mais um microfone. Uma câmera. Mais perguntas, mais brincadeiras. Encerrada a batalha com a mídia, eles receberam um cartão com o número de sua mesa. "Antes de entrarem, preciso entregar uma coisa", disse uma das moças. "Vocês precisam usar na lapela este alfinete para que os convidados saibam que vocês estão na lista das 100 Pessoas Mais Influentes do Mundo da revista *Time*."

Lá dentro, luvas brancas flutuavam no ar carregando bandejas de champanhe, navegando pelo salão como tapetes mágicos, imunes às turbulências do poder que as cercavam. Líderes mundiais, músicos, atores, CEOs bilionários, magnatas da mídia, prêmios Nobel, primeiras-damas, todos socializando, fazendo brindes e olhando em volta para a nata da nata da população.

Entre eles estavam Jack, Biz e Ev. Alguns anos antes talvez eles fossem alguém entre zé-ninguéns, visíveis apenas para os nerds de San Francisco. Antes disso, não eram absolutamente nada: Jack com seus dreadlocks azuis, empurrando um carrinho de bebê em Berkeley, um hacker-babá que dormia em um sofá emprestado; Biz, que tinha medo de andar de avião, driblava os cartões de crédito para pagar o aluguel, diante de uma dívida de 50 mil dólares; Ev, morando em um buraco em cima de uma oficina, usava uma bicicleta emprestada para se locomover até o trabalho, onde passava o dia em silêncio. Todos, solitários e sozinhos, em busca de algo. E depois de trilharem um longo caminho, ali estavam eles — ou assim pensavam.

Algumas pessoas estão destinadas à grandeza, outras precisam escalar uma colina para chegar lá.

Jack passou os olhos pelo salão e percebeu que deveria fazer com que o mundo soubesse onde estava. "Tomando champanhe no Jantar de Gala da *Time*", ele tuitou.

"Ah, você é a Whoopi Goldberg", disse Biz ao encontrar a atriz. "Adorei você em *Star Trek*", ele disse, todo animado. Ela não achou graça. Atrás dele, Stella McCartney, a famosa estilista, ocupava uma mesa com sua turma, que incluía Liv Tyler e Kate Hudson, cada uma com seu coquetel. As risadas ricocheteavam por toda a parte sob o murmúrio das conversas.

Embora o salão estivesse repleto de celebridades, muitas delas estavam falando de três pessoas: os caras do Twitter.

Ao ser entrevistado, John Legend disse aos câmeras: "Estou no Twitter. Me cadastrei há algumas semanas e já tenho 230 mil seguidores, o que não é nada mau".

"Uau, aquela é a M.I.A.!", Jack disse a Biz com o entusiasmo de uma criança vendo um de seus personagens favoritos na vida real. Ele decidiu se aproximar dela, o champanhe se agitando no copo como uma tempestade no oceano.

M.I.A., artista inglesa supertalentosa, havia se cadastrado no Twitter havia alguns meses, mergulhando fundo na piscina de 140 caracteres. Usando um vestido preto e jaqueta jeans, ela disse a Jack que amava o Twitter, pois podia dizer o que quisesse e estar sempre em contato com seus fãs. Enquanto eles conversavam, Ev se aproximou e se apresentou. "E você também é do Twitter?", M.I.A. perguntou a Ev.

"Sim."

"Ótimo, e o que é que você faz?"

"Sou o CEO."

A atenção de M.I.A. se voltou imediatamente para Ev. Jack ficou irritado com o fato de Ev ter roubado a conversa e poder se apresentar como CEO do Twitter. "Posso tirar uma foto de vocês?", alguém pediu. O marido de M.I.A. se aproximou para a foto. Enquanto Jack mantinha a cara fechada, os lábios cerrados, ela inclinou a cabeça e Ev esboçou um sorriso. *Click*. Um momento gravado para a posteridade.

Pouco depois, todos se reuniram no salão principal do Lincoln Center para o jantar. Biz e Livy encontraram seu lugar na mesa 10, onde puderam conversar com Lauren Bush, ex-primeira prima, e Jon Favreau, redator pessoal dos discursos do presidente dos Estados Unidos.

Enquanto se encaminhava para seu lugar no andar de cima, Jack passou os olhos pelo salão, à procura de Ev. Viu Michelle Obama de relance e Lorne Michaels, produtor do *Saturday Night Live*, parecendo um adolescente às voltas com seu celular, ignorando todos ao redor. Perto dele, Glenn Beck, apresentador da Fox, tirava fotos com seu smartphone enquanto conversava com Arianna Huffington, a blogueira e repórter. Atrás deles, Jimmy Fallon ria de uma piada.

Então Jack viu Ev, sentado na mesa 2, sem dúvida o melhor lugar da casa, na frente do palco onde estava Michelle Obama. Ev estava sentado com Joy Behar, coapresentadora do *The View*, e com Moot, criador do site 4Chan.com e eleito a pessoa mais influente do mundo em 2008.

Jack tomou um grande gole do copo de champanhe. Até mesmo no Jantar de Gala das 100 Pessoas Mais Influentes do Mundo havia uma hierarquia. E em 2009, no topo da lista, estava Evan Williams, o CEO do Twitter.

O nível superior parecia abrigar convidados menos importantes, como Christine Teigen, John Legend e Lou Reed. (Oprah também estava lá, mas teria que sair cedo.) Enquanto Jack espumava de raiva, seus pensamentos foram interrompidos por um tapinha no ombro. "E quem é você?", perguntou uma mulher mais velha, estendendo a mão para cumprimentá-lo.

"Sou Jack Dorsey, fundador do Twitter."

"Ah, então você vem ao programa amanhã?", a mulher disse, e se apresentou: "Sou Barbara Walters". Ela estava usando um vestido preto, com a parte de cima transparente, deixando os ombros à mostra. Os brincos grandes brilhavam como lustres em um palácio francês.

"Não", Jack respondeu. "Que programa?"

Walters explicou que na manhã seguinte, após o jantar da *Time* 100, os cofundadores do Twitter iriam ao *The View*.

Jack ficou desorientado e começou a contar sua versão da história como se estivesse dando uma entrevista para Walters em seu próprio programa.

Disse a ela que só algumas semanas antes tomara conhecimento de que a última edição da revista *Time* anunciaria as cem pessoas mais influentes do mundo. Dessas pessoas, 98 eram líderes políticos, físicos, vencedores do Nobel, economistas, músicos, reis e rainhas de uma lista de celebridades. Os outros dois nomes que completavam a lista eram Evan Williams e Biz Stone, do Twitter. Jack Dorsey não havia sido incluído.

Quando Jack descobriu, enviou a Biz uma mensagem enfurecida exigindo ser incluído. Biz explicou que isso não dependia dele. Os editores da *Time* não viram o nome de Jack como funcionário da empresa e por isso acharam que não fazia sentido incluí-lo. Biz sabia que era uma situação delicada e havia tentado incluir o nome de Jack, mas não adiantou. Houve uma troca de e-mails entre Jack, Biz, Ev e os editores da *Time*. Mas a *Time* reiterou sua posição, argumentando que Jack não estava envolvido com as operações do dia a dia do Twitter. Finalmente, após algumas negociações, Biz conseguiu fazer com que Jack fosse convidado para o jantar, mas tecnicamente ele não estava entre os 100 da *Time*. Assim, o jantar se transformou nos 101 da *Time*, embora ninguém soubesse, exceto os editores, os caras do Twitter e, agora, Barbara Walters.

Walters ouviu o que Jack tinha a dizer como uma mãe cujo filho acaba de voltar para casa depois de uma briga com seu melhor amigo. "Vamos dar um jeito nisso", Barbara disse a Jack, explicando que tocaria nesse assunto quando entrevistasse Ev no dia seguinte. Mas Jack ainda não tinha terminado. A entrevistadora mais famosa do mundo, habituada a falar com presidentes, reis e princesas, continuou a ouvi-lo reclamar de Ev e Biz.

Quando Jack teve nas mãos um exemplar da revista, foi até a página que dizia "Os rapazes do Twitter" e começou a ler. A *Time* havia pedido a várias celebridades que escrevessem um texto de trezentas palavras sobre os eleitos, e Ashton Kutcher tinha sido escolhido para apresentar o Twitter.

"Daqui a alguns anos", Kutcher escreveu, "quando os historiadores refletirem sobre a época que estamos vivendo agora, os nomes de Biz Stone e Evan Williams serão colocados ao lado de Samuel Morse, Alexander Graham Bell, Guglielmo Marconi, Philo Farnsworth, Bill Gates e Steve Jobs." Jack é mencionado no artigo, como um dos cocriadores do Twitter, mas não aparece na foto, que mostra Ev e Biz olhando um para o outro com alguns pássaros num galho de árvore desenhados ao fundo.

Para Jack, não importava o fato de Kutcher elogiar o Twitter como "a porta da frente para a internet". Ou que chamasse o Twitter de "palco para a humanidade e a conexão". Ou que mais de 2 trilhões de tuítes tivessem sido enviados pelo site desde a sua criação. A questão mais importante era que Jack Dorsey não havia recebido o devido destaque no artigo da *Time*. Ele não foi comparado ao inventor do telefone, ou ao criador do código Morse ou ao gênio por trás da televisão.

Biz e Ev tinham chamado Jack para ir até o escritório do Twitter conversar sobre a confusão criada pela *Time* 100. Jack estava começando a expressar suas queixas em voz alta, reclamando de uma supercélula em torno da empresa na imprensa e da falta de atenção em relação a ele.

Ev não costumava expor sua irritação a quem quer que fosse. Mesmo com a empresa crescendo, ele continuava a evitar confrontos a qualquer custo. Mas ele também tinha seu limite, e Jack, que vinha criando um frenesi na mídia, começou a deixar Ev furioso. O conselho também estava preocupado e começou a perceber que Jack sempre fazia comentários a respeito de assuntos sobre os quais não estava a par, como desenvolvimentos internos que desconhecia simplesmente porque não trabalhava na empresa. Biz também começou a ficar contrariado, pois Jack costumava dizer nessas entrevistas que ele era o "inventor" do Twitter; o único criador de uma ideia que na verdade havia tido muitos criadores.

Os escritórios do Twitter estavam se expandindo quando Jack chegou para a reunião. O trio decidiu conversar reservadamente — longe dos olhos dos funcionários — e foi para uma sala de reuniões que estava sendo construída.

Ao sentarem em torno de uma mesa quadrada, Ev disse a Jack para "esfriar a cabeça" e acabar com aquele delírio ególatra na mídia. "É ruim para a empresa. Passa a mensagem errada", disse Ev. Biz sentou-se entre os dois, observando a conversa como se assistisse a uma partida de tênis. Então Ev disse a Jack para corrigir sua biografia, onde ele se declarava fundador e inventor do Twitter.

"Mas *eu* inventei o Twitter", disse Jack, revoltado.

"Não, você não inventou o Twitter", Ev respondeu. "Eu também não inventei o Twitter. Nem Biz. As pessoas não inventam coisas na internet. Elas simplesmente desenvolvem uma ideia que já existe." Biz concordou com a cabeça, fazendo um comentário complementar.

Ev disse a Jack que ele não trabalhava na empresa havia mais de sete meses e que a ideia de Jack em relação ao que deveria ser o Twitter — um serviço de atualização de status — não era aquilo em que o Twitter havia se transformado. Ev o lembrou de que sua ideia sempre esteve ligada à questão do status, ao "O que você está fazendo?", enquanto Ev pensava mais em termos de blog, algo do tipo "O que está acontecendo?". Para Jack, tratava-se de falar a respeito de si mesmo — de Jack. Para Ev, o Twitter contaria a história de outras pessoas.

O Twitter acabou evoluindo de uma forma que nenhum deles havia previsto. As discussões iniciais sobre o compartilhamento de status pessoal haviam sido ofuscadas pelo papel do Twitter como um serviço noticioso e de compartilhamento de informações em tempo integral. Ou, mais importante ainda, o Twitter informava as pessoas o que estava acontecendo em tempo real. O crachá de imprensa e o título de "jornalista" haviam sido substituídos por um smartphone e uma conta no Twitter.

Mas Jack não conseguia enxergar nada além dos próprios sentimentos para entender o raciocínio de Ev. Acreditava que havia sido expulso num golpe pelo poder e influência. Se quisesse dizer às pessoas que havia inventado o Twitter, ele diria. E quanto maior ele se tornava, mais ansiava por voltar ao trono como seu legítimo dono.

Sentado no jantar com as cem pessoas mais influentes do mundo, Jack não conseguia ignorar o fato de que Ev estava sendo apresentado como o CEO do Twitter, e não ele. Que Ev estava sentado na mesa 2, e não ele. Que Ev estava a poucos passos da primeira-dama dos Estados Unidos da América, que agora falava ao microfone sobre inovação e empreendedorismo olhando diretamente para Ev, e não para ele.

Ev.

Não Jack.

Revolução iraniana

HILLARY CLINTON ESPERAVA pacientemente que Alec Ross, seu consultor em inovação, terminasse de desenhar.

Ela estava sentada no sofá azul de seu escritório no Departamento de Estado. Um grande lustre de cristal pendurado no teto iluminava a sala ocupada por um grupo de funcionários do governo.

Depois de desenhar algumas formas na página, Ross parou e admirou sua obra de arte. Balançou a cabeça em sinal de aprovação, sorriu e mostrou para a secretária de Estado.

Se alguém entrasse na sala naquele momento, poderia pensar que o grupo estava jogando alguma espécie de jogo de adivinhação com a diplomata mais importante dos Estados Unidos. Mas é claro que não estavam.

A sala ficou em silêncio enquanto Clinton estudava a página. A cena poderia ter sido tirada de uma antiga pintura da National Gallery, a alguns quarteirões de distância. Embora o grupo que cercava Clinton fosse formado por consultores em inovação e tecnologia, não havia celulares sobre a mesa de carvalho. Nem laptops ou iPads. Apenas um livro e um pequeno objeto de decoração.

Todos os aparelhos pertencentes aos membros do grupo estavam a treze metros de distância, atrás das "portas de choque" da sala da secretária de Estado. Todas as formas de tecnologia, com exceção do papel, são estritamente proibidas nas áreas de Informação Compartimentada Altamente Secreta, ou TS/SCI, na sigla em inglês, para que ninguém possa gravar uma conversa confidencial ou tirar fotos de um documento secreto.

Era por isso que Ross estava desenhando o Twitter em uma folha de papel, explicando para Hillary Clinton como funcionava o serviço.

"Então as pessoas digitam o que quiserem", Ross explicou, apontando para o alto da página. "Depois enviam a mensagem apertando este botão e ela é distribuída para todos os seus seguidores, que, por sua vez, podem compartilhar essa mesma mensagem com seus seguidores." Ele parou no meio da frase, percebendo que teria de explicar o que eram os "seguidores".

Ele olhou para os outros funcionários do Departamento de Estado, incluindo Anne-Marie Slaughter, diretora de planejamento político, que haviam sido convocados para uma reunião com Clinton sobre o funcionamento do Twitter.

Enquanto continuavam conversando sobre a importância do serviço, Slaughter comentou: "Um adolescente de dezessete anos com um smartphone agora pode fazer o que antes era feito por toda uma equipe da CNN. Isso dará transparência a lugares obscuros".

Ross, apesar de estar com 38 anos na época, parecia um adolescente com seu cabelo castanho ondulado e expressão infantil. Em seu primeiro ano no Departamento de Estado, recebeu o apelido de "rapaz do Obama" por ter sido contratado depois de seu trabalho da campanha presidencial, onde ajudou Obama a derrotar Hillary nas primárias dos democratas. Uma das armas de seu arsenal era a mesma tecnologia que agora estava explicando a ela: o Twitter.

"Podemos ver o que está acontecendo em lugares como a Síria e o Irã, lugares onde a mídia não pode entrar", Ross disse.

Aquela reunião estava ocorrendo por causa de algo que havia acontecido alguns dias antes.

No dia 12 de junho de 2009, Biz reparou em alguns avatares verdes em sua conta do Twitter. Pareciam muito estranhos, como gotas coloridas em um sorvete de creme. Ev também os viu, depois Goldman e outros funcionários. Mas, na época, ninguém sabia seu significado. Isto é, até os engenheiros do Twitter verificarem picos de atividade vindos do Irã.

Algumas horas depois começaram a surgir notícias, algumas citando o Twitter, de que Mahmoud Ahmadinejad, o presidente iraniano, havia anunciado que vencera as eleições por maioria de votos. Mas circulavam por todo o país acusações de que Ahmadinejad havia manipulado a eleição. Horas após o anúncio, os candidatos da oposição usaram o Twitter e o Facebook para expressar seu descontentamento e pequenos focos de protesto começaram a surgir nas ruas. No dia seguinte, com as informações se espalhando através do Twitter, os protestos haviam atingido as principais cidades do Irã. Um mar de gente usando bandanas verdes e empunhando bandeiras verdes, cor do partido oposicionista derrotado, tomou as ruas exigindo a recontagem dos votos.

Apesar de Ahmadinejad menosprezar os protestos, comparando-os à "reação passional após uma partida de futebol", ele mandou cortar as mensagens de texto, o Facebook, o Twitter e inúmeras formas de comunicação no país, esperando apaziguar os protestos. Mas a juventude iraniana começou a fazer gambiarras nos sites para continuar obtendo informações do governo e transmiti-las para o resto do mundo com o Twitter e outras mídias sociais.

Uma longa lista de hashtags, como #eleiçãonoirã, #irã, #forahmadin e muitas outras, tornaram-se os grandes assuntos do momento do Twitter. As pessoas compartilhavam vídeos dos manifestantes apanhando, sendo atacados e às vezes atingidos por tiros das forças governamentais iranianas. Não demorou muito para que os avatares verdes começassem a inundar o Twitter.

Com as notícias em tempo real escapando do Irã, os americanos organizavam seu próprio protesto no Twitter.

A hashtag "#foraCNN" começou a subir rapidamente no Twitter. Em vez de mostrar os violentos protestos no Irã, a CNN estava falando das fotos da Miss Califórnia seminua que haviam vazado na internet. Porém, como Ashton Kutcher havia provado dois meses antes, com o crescimento das mídias sociais como o Twitter, a CNN estava se tornando cada vez mais irrelevante.

Nos últimos meses, governos de todo o mundo tinham começado a monitorar o site, transformando o Twitter em um pan-óptico, observado de todos os cantos do planeta. A Casa Branca, o Kremlin, a residência do primeiro-ministro britânico; intelectuais, ativistas, ditadores; a CIA, o FBI e o Departamento de Estado. Todos estavam observando, reunindo informações sobre os protestos no Irã e usando o Twitter como um instrumento para entender melhor o que estava acontecendo ali.

Por isso, em meados de junho, a informação de que o Twitter seria desativado para manutenção de rotina entrou no relatório do funcionário do Departamento de Estado encarregado de acompanhar os acontecimentos no Irã.

Quando Jared Cohen, que tinha acabado de voltar do Irã, viu essa informação, enviou um e-mail para Jack. Durante a viagem ao Oriente Médio, Jack havia confidenciado a Cohen os problemas entre os fundadores do Twitter, mas ele acreditava que Jack conseguiria convencer Biz e Ev a adiar a manutenção.

Cohen explicou que havia um grande protesto programado no Irã justamente nessa época. "O Twitter poderá fazer uma grande diferença nos acontecimentos recentes do país", Cohen escreveu no e-mail.

Enquanto Jack retransmitia a mensagem para Biz, outro e-mail, copiando Cohen, enviado pelo Departamento de Estado, aumentou ainda mais a pressão: "Neste exato momento, está ocorrendo literalmente uma revolução pelo Twitter no Irã!".

Não era o primeiro e-mail que Biz recebia a respeito do assunto. A empresa havia sido inundada de mensagens de dezenas de pessoas que acompanhavam ou estavam envolvidas com a revolta iraniana, preocupadas com a desativação do site para manutenção. Biz, Ev e Goldman marcaram uma reunião para discutir o que fazer. Embora a manutenção do site fosse crítica — e sua não realização nos próximos dias poderia comprometer o funcionamento dos servidores — havia um consenso de que deveriam retardar o fechamento. Biz se juntou a Goldman para redigirem um post anunciando a decisão.

"É evidente que não somos inteligentes o bastante para entender a política iraniana", Biz disse a Goldman ao se sentarem em uma sala tranquila para pensar no que escreveriam. "Não sabemos quem são os mocinhos ou vilões." Biz fez uma pausa e depois brincou: "Espera, tem algum mocinho nessa história?". Goldman riu.

Eles ficaram em silêncio por algum tempo, tentando digerir o que estava acontecendo, o que eles estavam fazendo: escrevendo um post para comunicar ao mundo que a manutenção do Twitter, tecnologia que ambos haviam ajudado a criar, tecnologia que apenas três anos antes as pessoas usavam para dizer que estavam indo ao banheiro, ou para descobrir uma festa bacana, agora estava sendo usada nas ruas de Teerã para tentar derrubar um governo.

Era uma prova da resiliência da humanidade. Dê a um homem uma árvore e ele fará um barco; dê a ele uma folha e ele a usará para beber água; dê a ele uma pedra e ele a usará como arma para proteger a si mesmo e a sua família. Dê a um homem um pequeno espaço limitado a 140 caracteres e ele irá usá-lo para lutar contra uma ditadura opressora no Oriente Médio.

Biz interrompeu o silêncio para declarar que queria garantir a total imparcialidade do Twitter na revolução iraniana. "Quero ter certeza de que o Twitter não está na história. Não estamos a favor ou contra os manifestantes. Simplesmente ficamos orgulhosos desse uso do Twitter."

Às 16h15, Biz publicou o post no site da empresa anunciando que a manutenção havia sido reprogramada. "Uma atualização crítica da rede precisa ser feita para garantir a continuidade das operações do Twitter", dizia o post. "Mas nossos parceiros [...] reconhecem o papel do site como importante ferramenta de comunicação no Irã. A manutenção, que iria ser feita esta noite, foi reprogramada para amanhã, entre as 14h e 15h PST (1h30 no Irã)."

Tentando limitar o envolvimento do Twitter nos acontecimentos iranianos, Biz acresentou: "Nossos parceiros estão correndo grandes riscos não apenas pelo Twitter mas também pelos outros serviços que mantêm em todo o mundo — nossos cumprimentos por serem flexíveis em uma situação basicamente inflexível".

O plano de Biz não deu certo. A história correu o mundo, com o Twitter e seu envolvimento estampados na primeira página de quase todos os jornais.

Mark Landler, correspondente do *New York Times* que revelou a história, observou que embora "a administração Obama diga que tentou evitar palavras ou ações que pudessem ser retratadas como intromissão americana na eleição presidencial iraniana", parecia que isso tinha acabado de acontecer.

"Na tarde de segunda-feira, um funcionário do Departamento de Estado, Jared Cohen, enviou um e-mail para o site do Twitter com um pedido incomum: retardar a manutenção da rede social", escreveu Landler, que soube do pedido por meio de fontes no Departamento de Estado, "que cortaria o serviço enquanto os iranianos estavam usando o Twitter para transmitir informações e contar ao mundo sobre os protestos em Teerã".

E a tempestade midiática prosseguiu.

A secretária de Estado, Hillary Clinton, fez um discurso, cercada por dezenas de câmeras e repórteres: "Os Estados Unidos acreditam com plena convicção no princípio fundamental da liberdade de expressão. E ocorre que um dos meios de expressão — o Twitter — é muito importante, não apenas para o povo iraniano, mas para os povos de todo o mundo, e muito particularmente para os jovens".

Após a publicação do artigo do *New York Times*, o pessoal dos bastidores não ficou nada feliz: a Casa Branca, o Departamento de Estado e, é claro, o Twitter.

No Departamento de Estado, o nome de Cohen circulou acompanhado da palavra "demitido". Quando apareceu para uma reunião de trabalho na Casa Branca, ele estava com cara de gripado. "Que merda você andou fazendo?", perguntou um amigo. "Você está com uma cara péssima."

Cohen voltou para o Departamento de Estado e foi informado de que deveria aguardar em sua mesa por uma decisão. Clinton reportou aos seus superiores — que queriam que Cohen e todas as pessoas envolvidas com o incidente do Twitter fossem demitidas imediatamente — que eles estavam apenas fazendo seu trabalho e que tudo aquilo fazia parte de mudanças culturais. Argumentou ainda que o Twitter estava no centro dessas mudanças. No dia seguinte, Clinton foi até a mesa de Cohen e jogou um exemplar do *New York Times*, apontando para a matéria.

"Isso é ótimo", ela disse, com o dedo batendo no jornal. "É exatamente isso o que devemos fazer."

Mas havia uma pessoa sem um emprego em período integral que não estava sendo tão bem tratada. Jack. O artigo do *New York Times* mencionara seu nome como a pessoa que havia concordado em retardar a manutenção do site, embora ele não fosse um funcionário do Twitter. Apesar de Jack (dessa vez) não ter culpa por ter recebido o crédito, isso não tinha importância para Ev, Biz e Goldman, que ficaram consternados ao ver seu nome no artigo.

Biz e Ev passaram dias recusando-se a dar entrevistas sobre a situação no Irã, dizendo aos órgãos de imprensa que não consideravam "apropriado" o envolvimento do Twitter em uma situação política tão volátil, principalmente porque os manifestantes estavam sendo atacados por seu próprio governo.

Agora, parecia que o Twitter havia escolhido um lado em uma guerra internacional de palavras. Parecia que Ev, Biz e Goldman haviam escolhido o lado errado de um combate moral e diplomático.

O bilionário por acaso

"APOSTO QUE ELE VAI TENTAR NOS COMPRAR", Goldman disse para Alexander Macgillivray, que estava começando no Twitter como chefe do departamento jurídico da empresa. Ev olhou para os dois e deu mais uma mordida em seu sanduíche no restaurante Charlie's, em Palo Alto.

"De jeito nenhum", disse Macgillivray, cujo apelido era Amac. "Não depois do que ele fez, ele jamais tentaria nos comprar depois de tudo."

"Concordo com Amac", disse Ev. "Seria muito estranho."

"Não, ele vai tentar", Goldman insistiu. "Quer apostar quanto, Amac? Vamos lá, vamos apostar."

A amizade de Goldman, Ev e Macgillivray vinha crescendo desde 2003, quando o Google comprou o Blogger. Na época, Macgillivray era chefe adjunto do departamento jurídico do Google e se tornou o advogado da nova equipe de blogueiros na empresa. Em sua primeira semana no Twitter, ele teve que pular de cabeça.

"Não sou bom de apostas", respondeu o advogado de 36 anos e aparência de garoto.

"Está certo, então um aperto de mãos?", Goldman sugeriu, estendendo o braço por cima da mesa.

"Ótimo, um aperto de mãos. Mas duvido que ele tente nos comprar."

"É melhor irmos andando", Ev disse, olhando para o relógio.

Poucos minutos depois eles entravam no decrépito Honda Civic marrom de Macgillivray. Ev, sentando no banco dianteiro, indicava o caminho. Goldman olhava pela janela de trás. "Esse cara vale 7 bilhões de dólares?", Goldman perguntou sarcasticamente ao passarem pela casa igual a tantas outras.

Depois de estacionar o carro, eles seguiram até a casa bege, que parecia bem pequena. De perto, era possível notar que a pintura bege não era uniforme; havia algumas paredes mais escuras, outras mais claras. O jardim da frente, do tamanho de um pequeno apartamento, era coberto por um gramado. Algumas plantas balançavam conforme a brisa. Eles contornaram o despretensioso Acura preto estacionado na entrada da garagem e se dirigiram para a porta da frente. Ev bateu, depois virou-se para Macgillivray e para Goldman, que aguardavam com uma expressão de curiosidade no rosto. Alguns segundos depois a porta se abriu. Mark Zuckerberg.

"E aí, rapazes", Mark disse ao abrir a porta, usando calça jeans e camiseta e as inconfundíveis sandálias Adidas. "E aí, rapazes", ele repetiu, como se ainda não tivesse dito nada. "Vamos entrar."

Mark costumava se expressar com frases curtas. "Ainda estamos esperando algumas pessoas. Vou mostrar o lugar a vocês", ele disse, conduzindo-os pelo corredor da casa onde morava com a namorada, Priscilla Chan. "Mais uma vez, obrigado por terem vindo até aqui. Eu não queria que nos vissem no escritório. Que alguém pensasse que está acontecendo alguma coisa." Ele riu e olhou para Ev.

Ev retribuiu o olhar com um sorriso forçado. "Compreensível." Ele não estava achando muita graça.

Alguns dias antes, as relações entre o Twitter e o Facebook tinham azedado. Agora, ali estavam eles tentando solucionar uma coisa que provavelmente seria insolúvel. Às três horas da tarde de quarta-feira, 23 de junho de 2010, Josh Elman, um dos engenheiros do Twitter, havia apresentado uma nova ferramenta chamada "Find and Follow" [Encontre e siga], que permitia às pessoas encontrar e seguir seus amigos do Facebook no Twitter. Porém, alguns segundos após o novo recurso ter sido divulgado, parou de funcionar.

Elman, um engenheiro inteligente, de rosto redondo, dono de olhos que pareciam sempre semicerrados por trás dos óculos, tinha começado a trabalhar no Twitter depois de quase dois anos trabalhando no Facebook, por isso soube imediatamente o que havia acontecido. "Estamos com um problema", Elman disse a Ev e Goldman.

"Tem certeza de que eles nos desativaram?", Ev perguntou depois de ouvir a história. "Certeza de que não é um erro?"

"Não, eles nos desativaram", Elman respondeu, confiante. "Nosso aplicativo ainda está vivo no Facebook, mas eles desativaram o '*friends-dot-get call*' e ele fica voltando a zero", ele disse usando linguagem de programação. Em outras palavras, o Facebook havia trocado a fechadura da porta, pelo menos para o Twitter, bloqueando seu acesso às listas de amigos do site, mesmo com milhares de outros sites tendo acesso à mesma agenda.

As publicações da área de tecnologia já tinham começado a tentar usar o novo recurso e rapidamente informaram que estava quebrado, apontando o dedo diretamente para o Twitter. Para se defender, a empresa passou horas envolvida em uma briga pública com o Facebook.

"Acreditamos que é um problema no lado do Facebook", declarou o Twitter em seu site, dando um tapa na cara do concorrente. O Facebook respondeu, dizendo à imprensa que era apenas uma dificuldade técnica boba, uma pena, e que "estamos trabalhando com o Twitter para resolver o problema".

Claro que aquela declaração "era uma grande mentira", como disse Goldman ao ver a resposta do Facebook. Os executivos do Twitter sabiam que o concorrente ficaria contrariado com o novo recurso, mas não imaginavam que a empresa acabaria com ele assim que fosse entregue ao mundo. No início da semana, durante uma reunião administrativa do Twitter, os executivos tinham decidido mostrar ao Facebook o que estavam planejando. Algumas pessoas da sala haviam defendido uma filosofia do tipo "peça perdão, não permissão". Mas Goldman decidiu falar com Bret Taylor, chefe de tecnologia do Facebook, com quem havia trabalhado no Google alguns anos antes.

"Nós não queremos que vocês lancem isso", Taylor disse a Goldman pelo telefone. "Vocês são uma grande empresa e queremos ter uma boa relação com vocês."

"Isso é ótimo. Ficamos felizes em ter uma boa relação com vocês, mas ainda queremos lançar esse recurso", Goldman respondeu, observando que o Twitter estava usando apenas os perfis públicos que o Facebook disponibilizava a qualquer um. "Só gostaríamos de avisar a vocês que vamos lançar o recurso." Taylor ficou contrariado com essa resposta e o telefonema esquentou uma vez que chegaram a um impasse.

Mark e os outros membros da administração do Facebook estavam em Barcelona. Quando Taylor ligou para Mark para contar o que estava acontecendo, o CEO do Facebook deu instruções claras para desabilitar o Twitter no instante em que ele tentasse fazer o lançamento.

E foi aí que as coisas terminaram. Pelo menos até chegarem à casa de Mark.

"Este é nosso estúdio", Mark disse, apontando para uma sala de paredes azuis. Havia duas mesas sem cadeiras no lado direito e um pufe de couro no canto esquerdo. "Alguns designers do Facebook vieram pintar este lugar", ele acrescentou orgulhosamente, conduzindo-os até a grande cozinha amarela. As bancadas de mármore preto estavam praticamente vazias.

"Você acabou de mudar pra cá?", Goldman perguntou.

"Não", Mark respondeu, confuso. Goldman não sabia como dar continuidade à pergunta, por isso apenas olhou para Mark em silêncio. Felizmente, alguém bateu na porta e a equipe do Facebook entrou.

Ev sabia que a situação era desconfortável. Ele já havia passado por algo parecido quando o Facebook tentou comprar o Twitter um ano e meio antes.

Todos se acomodaram na sala, onde não havia lugar para todos se sentarem.

Apesar de Mark ter desdenhado publicamente o concorrente de 140 caracteres, tendo dito a um grupo de amigos íntimos que o Twitter era uma bagunça, "como se uma turma de palhaços tivesse encontrado uma mina de ouro e depois se perdido lá dento", ele estava preocupado com a empresa. Em uma entrevista recente para o blog Inside Facebook, Mark admitiu: "Observei o crescimento deles e pensei que, se continuasse assim, por doze ou dezoito meses, daqui a um ano eles seriam maiores do que nós". Todavia, procurou minimizar sua preocupação.

"Mas a taxa de crescimento deles não é natural. Eles receberam muita atenção da mídia e cresceram rapidamente por um breve período."

Não era bem assim. O Twitter continuava crescendo em um ritmo nunca antes visto. Você não vai parar no programa da Oprah, não aparece na capa da *Time* ou numa matéria de primeira capa do *New York Times* e do *Wall Street Journal*, nem é destaque na Copa do Mundo e nem alimenta revoluções para descobrir, de repente, que as pessoas pararam de se cadastrar. O Twitter continuava a quebrar recordes a cada semana.

Depois que o Facebook desativou o último recurso do Twitter, Mark procurou Ev e sugeriu que os dois conversassem "para encontrar a melhor solução juntos".

Quando todos entraram na sala azul, Mark foi o primeiro a se sentar. Como em uma brincadeira infantil com cadeiras, todos os outros se sentaram nos lugares mais próximos de onde estavam. Ficou uma situação estranha pois Mark e Ev acabaram sentados um ao lado do outro. A reunião foi bastante cordial. Mark, Taylor, Dan Rose (chefe de desenvolvimento de negócios do Facebook) e um advogado falaram rapidamente sobre como o Twitter e o Facebook poderiam encontrar formas de trabalhar juntos. Usaram termos como "oportunidade", "construção" e "parceria". A cada poucos segundos, Mark virava a cabeça e olhava diretamente para Ev, que estava a apenas alguns centímetros de distância.

Mark explicou que as pessoas que entravam no Facebook para ver o perfil de outros constituíam a maior parte do tráfego do site. O *feed* de notícias do Facebook, ou linha do tempo, estava sendo usado apenas como trampolim para levar as pessoas até as páginas dos perfis.

"Conosco acontece exatamente o contrário", Ev disse, acrescentando que a linha do tempo do Twitter representava 90% do tráfego do site; e as páginas de perfil, apenas 10%.

"Eu sei", disse Mark, que sempre fazia a lição de casa. "É por isso que eu acho que vocês estão fazendo um ótimo trabalho. Seria incrível se pudéssemos...", ele fez uma pausa. "Se pudéssemos fazer uma parceria com vocês. Deve haver coisas que fariam sentido se estivéssemos mais alinhados." Goldman ergueu a cabeça imediatamente e olhou para

Amac, imaginando se o Facebook tinha acabado de fazer uma oferta para comprar o Twitter. Mas no tribunal de Amac, aquilo não constava.

Então Rose disse: "É claro que se vocês algum dia quiserem vender a empresa, estaríamos interessados na compra".

A essa altura, Ev já tinha perdido a conta de quantas ofertas de compra já havia recebido. Yahoo!, Google, Facebook, Microsoft, um ex-vice-presidente, celebridades e rappers haviam mostrado interesse pelo Twitter, e todas as vezes Ev tinha dito não.

A questão não era o dinheiro. O Twitter e o Facebook eram duas empresas completamente diferentes, com objetivos diferentes e, na opinião de Ev, com princípios morais completamente diferentes. Os ideais do Twitter haviam sido firmados quando Ev começou o Blogger, quase uma década antes, dando forma à sua convicção de que os blogs, e agora o Twitter, deveriam oferecer às pessoas um microfone que lhes permitisse dizer o que lhes viesse à cabeça. Foi esse mesmo motivo que levou Ev a contratar Amac, que se tornara um defensor aguerrido da liberdade de expressão na internet enquanto trabalhava no Google. Por essa mesma razão, Goldman trabalhava ali. O mesmo motivo por que Biz era tão importante para a integridade do Twitter. Eles acreditavam que essas tecnologias, antes e acima de tudo, deveriam servir como instrumento de expressão para pessoas comuns.

Quando funcionários do governo vieram bater na porta do Twitter pedindo informações sobre as pessoas que usavam o serviço por razões variadas, Ev, Biz, Goldman e Crystal, que administrava a equipe de apoio do Twitter, sempre disseram não, "sem um mandado, não". Essa seria a postura do Twitter ao longo dos anos. E esse DNA faria dele uma empresa diferente no Vale do Silício. O Twitter, com Amac à frente do departamento jurídico, lutaria contra uma ordem judicial para eliminar os tuítes dos manifestantes do movimento Occupy Wall Street durante protestos. Enfrentaria o Departamento de Justiça em uma caça às bruxas por apoiadores do WikiLeaks na internet. E em um contraste gritante com o Facebook, o Twitter permitia aos recém-chegados que pudessem optar por não ser rastreados pelo serviço.

A abordagem do Facebook em relação à liberdade de expressão e ao rastreamento era completamente diferente, violando frequentemente a privacidade das pessoas e, às vezes, removendo conteúdos que violassem os termos estritos do serviço. O Facebook também exigia que as pessoas usassem seus nomes e datas de nascimento verdadeiros no site. O Twitter, no entanto, era tão aberto quanto uma piscina pública. Era assim que Ev gostava. Publicação em um clique, agora com 140 caracteres.

Como Ev ainda era o dono da maior parte da empresa, ele ficaria bilionário com uma venda para o Facebook ou qualquer outro grande comprador. Mas para Ev não era uma questão de dinheiro, tratava-se de proteger a inviolabilidade do Twitter e dar às pessoas um microfone para se expressar.

"Agradeço a oferta", Ev respondeu a Mark, educadamente, demonstrando respeito. "Mas não acho que vá haver alguma mudança para nós agora."

Eles concordaram em continuar se falando e encerraram a reunião com vários apertos de mão. "Manteremos contato."

Quando deixavam a casinha daquele bilionário por acaso, passando pelas plantas, atravessando a grama que começava a ficar marrom, Goldman olhou para Amac e sussurrou: "Eu não disse?".

O técnico e o comediante

O TWITTER ESTAVA CRESCENDO EM TODOS os seus aspectos. Em número de cadastros, em número de pessoas que visitavam o site por minuto e em tudo que pudesse ser medido, o site continuava a dobrar, triplicar, quadruplicar. Em 2007, as pessoas estavam enviando 5 mil tuítes por dia. Em 2008, a empresa estava processando 300 mil tuítes diários. Em 2009, esse número cresceu 1400%, chegando a 35 milhões de tuítes diários.

Mas o número de funcionários da empresa havia aumentado lentamente e ainda continuava na casa dos dois dígitos. Apesar da pressão do conselho para que um CTO (diretor de tecnologia), um COO e um CFO fossem contratados, entre outros cargos de alto nível, Ev não conseguia decidir quais eram as pessoas certas. De acordo com seu estilo de liderança, ele preferia escolher entre os amigos, pessoas que ele sabia que não tentariam sabotá-lo e nem apressariam seu lento processo de tomada de decisões.

Isso era algo que ele havia prometido a si mesmo que nunca mais faria — demorar demais para tomar uma decisão.

Em 1996, quando tinha 24 anos, Ev voltou para a fazenda da família após o fracasso da empresa que ele havia começado em Lincoln, Nebraska.

"Vamos fechar o escritório", ele disse aos funcionários e amigos. "Todo mundo deve voltar pra casa." Então, duro e arrasado, ele empacotou sua vida e atravessou quase 140 quilômetros dirigindo até Clarks.

A empresa, chamada Plexus — nome que ele havia encontrado em uma busca aleatória no dicionário e que significava "uma rede de vasos e nervos do corpo" —, era administrada por Ev e seu irmão. Antes de fechar as portas, os dois haviam empregado funcionários em meio período, amigos de Ev em sua maioria.

Ev tinha convencido o pai, Monte, um ano antes: "A internet vai crescer", ele professou. A Plexus poderia ser a maior empresa de hospedagem de sites do Nebraska. Monte acreditou no filho dissidente e concordou em financiar o negócio. Depois de quase um ano, o dinheiro do pai tinha desaparecido; algumas de suas amizades estavam destruídas; sua relação com o irmão, abalada.

Após o fracasso da empreitada, Ev se sentou à mesa onde alguns anos antes fazia as lições de matemática e história e relembrou os acontecimentos do último ano. Respirou profundamente, pegou uma caneta e papel e começou a fazer uma lista.

Um , dois, três, quatro, cinco... Ele fez uma pausa quando chegou ao dez. Depois continuou e, sem perceber, chegou ao número 34.

A lista reunia todas as ideias que ele havia tido enquanto dirigia a Plexus. Mas não era uma boa lista. Na verdade, era uma relação de 34 projetos que ele havia começado e nunca levara adiante. Ele sabia que a empresa não fracassara por falta de trabalho. Pelo contrário. Ela tinha afundado porque todas as semanas Ev anunciava aos seus amigos e empregados que havia tido uma nova ideia, um novo projeto, um novo foco. Quando a Plexus finalmente se voltava para um único projeto, Ev não conseguia se decidir sobre o melhor momento para lançá-lo. Ele agia como um geólogo em busca de petróleo que está sempre mudando o local da perfuração, antes mesmo que os trabalhadores pudessem limpar a área para iniciar o trabalho.

Os projetos acabavam se empilhando e caindo sob o próprio peso. A sensação de culpa por ter desperdiçado o dinheiro do pai — economias reunidas aos poucos para arar os campos e irrigar as plantações — contribuía para aprofundar o sentimento de derrota.

Naquele momento, olhando aquela lista, ele fez duas promessas a si mesmo: a primeira era que devolveria o dinheiro ao pai; a segunda era que, se algum dia tivesse a oportunidade de dirigir outra empresa, jamais perderia o foco. Tomaria decisões e se manteria firme.

A primeira promessa ele acabou cumprindo, devolvendo ao pai o dinheiro corrigido com juros e muito mais. A segunda não foi tão fácil. Ter novas ideias e perder o foco fazia parte da essência de Ev.

Em 2009, ele estava fazendo o possível para evitar que isso acontecesse no Twitter, procurando se dedicar inteiramente ao site para que ele conseguisse administrar toda a atenção que estava recebendo pelo papel de destaque em situações que envolviam os Estados Unidos e o Irã, Oprah e Obama, negócios e protestos. Ele também estava supervisionando a última rodada de financiamento, que colocaria o Twitter em um novo patamar.

Embora Ev tivesse previsto levantar 50 milhões de dólares na quarta rodada, houve tanto interesse pelo Twitter que ele acabou levantando 100 milhões, com a Insight Venture Partners, de Nova York, liderando os investimentos. Com isso, a avaliação da empresa alcançou pela primeira vez um marco: 1 bilhão de dólares. Mas a receita do Twitter ainda estava presa ao mesmo número de três anos antes: 0. Agora, como havia acontecido com a Plexus, a hesitação de Ev para tomar decisões finais estava começando a segurar o crescimento comercial do Twitter.

No início de 2009, por insistência de Fenton, o conselho havia incentivado Ev a procurar a ajuda de um mentor para administrar melhor essas decisões. Fenton tentou convencê-los a trazer Bill Campbell, lendário conselheiro de CEOs, mentor de Steve Jobs e de muitos outros titãs da indústria de tecnologia. Para surpresa de Fenton, tanto Ev quanto Campbell disseram não. "Twitter? Não estou interessado", Campbell disse a Fenton. "Não preciso de um conselheiro", disse Ev.

Mas Fenton não era o tipo de pessoa que entendia o significado da palavra "não" e telefonava frequentemente para Campbell para comentar as novidades a respeito do site.

Durante uma pescaria de fim de semana, Campbell reparou que o filho de um de seus convidados, um especialista em tecnologia, em vez de prestar atenção às trutas, passou o tempo todo vidrado no Twitter.

Campbell voltou para o Vale do Silício com a cabeça feita. Entendeu que o Twitter envolvia mais coisas do que ele imaginara a princípio e disse a Fenton que trabalharia com Ev.

"Campbell é um cara que sabe das coisas", Fenton explicou a Ev, tentando convencê-lo a conhecer o mentor. "Ele trabalhou como conselheiro de Eric Schmidt, Larry e Sergey, e Steve Jobs. O cara é uma lenda." Ev finalmente acabou concordando com um encontro.

Campbell era uma verdadeira entidade no Vale do Silício. Ex-jogador de futebol da Ivy League, foi apelidado de "o Coach" [o Técnico] por aqueles que o conheciam. Apesar de estar quase chegando aos setenta, ainda tinha um físico espetacular. O penteado era o mesmo havia décadas: uma risca no lado esquerdo, o alto da cabeça coberto com os fios brancos e ondulados.

À medida que se aproximava o encontro, Ev, agora com 37 anos, foi ficando empolgado com o que poderia aprender com o homem, a lenda, o Coach.

Ele se sentou no sofá do escritório de Campbell — uma das mãos segurando firmemente seu bloco de notas; a outra, uma caneta — pronto para anotar os conselhos do homem. Fenton observou os dois com entusiasmo. Campbell recostou-se na cadeira e começou a exercer seu papel de conselheiro. Ele vociferou, gritou, delirou, despejando observações como se estivesse tentando fazer com que Ev levasse a bola até a linha do gol. E disse palavrões. Como um martelo insistente, usou a palavra "fuck" como se fosse um simples ponto final. *Fuck* isto... *fuck* aquilo. *Fuck. Fuck. Fuck.*

Quando chegou a vez de Ev falar, ele fez sua primeira pergunta: "Qual é a pior coisa que posso fazer como CEO de uma empresa?".

Sem hesitar um segundo, Campbell respondeu: "Contratar seus malditos amigos!". E continuou a falar por mais dez minutos sobre amigos e negócios, e como eles não deveriam se misturar. Ev escreveu em seu bloco de anotações.

Ev ficou encantado com Campbell. Eles se cumprimentaram e concordaram em fazer uma reunião semanal. Fenton ficou animado: "Isso será ótimo!". Dando um tapinha nas costas de Ev, Campbell completou: "Muito bom mesmo!".

Um dos motivos que levaram Fenton e o conselho a insistir com Ev para que procurasse um mentor era a insistência do CEO em contratar amigos para trabalhar no Twitter. Ev não achava que isso fosse um problema. A maioria de seus amigos eram pessoas com quem podia conversar sobre tecnologia, e eles haviam se encaixado perfeitamente nas empresas que havia criado ao longo dos anos. Ele também achava que devia seu sucesso a muito trabalho e um pouco de sorte, e queria dar às pessoas que conhecia uma oportunidade para fazer parte disso. Ele havia contratado sua irmã para administrar a cozinha do Twitter. Sua mulher, Sara, havia sido contratada para ajudar no planejamento visual do novo escritório. Vários amigos do Google trabalhavam como engenheiros e designers do site.

Ev também argumentava que seus amigos jamais iriam traí-lo.

Apesar de estar disposto a ouvir os conselhos de Campbell, Ev ainda queria contratar um conhecido, seu bom amigo Dick Costolo, que ele conhecera alguns anos antes no Google.

Em 2009, Dick estava com 45 anos e morava em Chicago com a esposa, Lorin, e os dois filhos. Apesar de não ser tão jovem e moderno como a maioria dos fundadores de start-ups de tecnologia, ele era muito conhecido na área e havia se tornado um grande amigo de Ev.

Dick cresceu perto de Detroit e estudou ciência da computação na Universidade de Michigan. No primeiro semestre do último ano da faculdade ele decidiu fazer aulas de teatro para preencher uma janela do curso, imaginando que assim não aumentaria a carga de estudo e poderia dedicar suas noites aos trabalhos de computação. Mas, depois de sua primeira apresentação como ator, ficou encantado e resolveu se inscrever novamente no curso de teatro no segundo semestre.

Gostou tanto da coisa que em pouco tempo passou a ignorar os trabalhos de ciência da computação e a fazer apresentações de *stand-up comedy* num teatro perto da faculdade. Apesar de ter se formado com várias ofertas de emprego em grandes empresas de tecnologia, Dick preferiu ir atrás do sonho recém-descoberto de se tornar ator, ou comediante, ou ambos. Arrumou suas coisas e foi para Chicago, onde se juntou ao grupo de comediantes da The Second City com a esperança de um dia chegar ao *Saturday Night Live* ou até mesmo a ter um programa só seu.

Mas não foi bem assim.

Apesar de ser um comediante talentoso, Dick fazia suas apresentações à noite e durante o dia trabalhava na Crate & Barrel, embrulhando e vendendo louças, para pagar as contas. Ele acabou se cansando da situação e, no início dos anos 1990, decidiu que estava na hora de colocar seu diploma de ciência da computação para trabalhar e arrumou um emprego na Andersen Consulting para subsidiar sua carreira de comediante.

Em várias ocasiões, ele chegou no emprego e explicou aos chefes que eles deveriam prestar atenção a uma coisa nova chamada "World Wide Web". Mas eles davam risada, achando que era mais uma de suas piadas.

Dick acabou se cansando da atmosfera corporativa e se demitiu. Em vez de se dedicar à comédia, juntou um grupo de colegas de trabalho e eles criaram sua própria empresa de consultoria, chamada Burning Door Networked Media, especializada em construir e administrar projetos baseados na internet. Em pouco tempo, ele estava criando e vendendo empresas, três ao todo, e ganhando milhões de dólares nesse processo. Uma das empresas que lhe deu muita credibilidade foi a Spyonit, serviço que notificava as pessoas quando havia mudanças em um site no qual estavam interessadas. Por fim, em 2007, Dick tirou a sorte grande ao vender para o Google — por mais de 100 milhões de dólares — uma empresa chamada FeedBurner, que ajudava blogueiros a disponibilizar seus posts. Nessa época ele conheceu Ev, e os dois ficaram amigos.

Em 2009, depois de encontrar Dick numa festa em San Francisco, Ev perguntou se ele não estaria interessado em gerenciar o pessoal do Twitter durante as duas semanas de sua licença-paternidade. A conversa progrediu e Ev acabou consultando o amigo se ele não estaria interessado em um emprego em tempo integral no Twitter, como chefe de operações. Até então, ninguém havia ocupado o posto de COO do site, mas Fenton e o resto do conselho estavam pressionando Ev para que contratasse alguém.

A princípio, Bijan e Fenton não mostraram muito interesse na contratação de Dick, observando que ele era mais um amigo de Ev.

"Odeio ser do contra", Fenton escreveu em um e-mail, "mas se contratarmos o COO errado, isso poderia causar um grande caos." Bijan concordou, questionando se não deveriam procurar alguém no mercado para preencher o cargo em vez de contratar outro amigo de Ev.

Mas Ev não desistiu. "Somos amigos há alguns anos e acho que ele é um grande complemento para mim e para a equipe", Ev disse ao conselho num e-mail. "Sinto por Dick um grau de confiança que não teria em uma pessoa vinda de fora, mesmo que fosse alguém muito experiente."

Para Dick, a perspectiva de ser o COO do Twitter seria uma retomada das oportunidades que ele havia perdido ao preferir tentar uma carreira como comediante em vez de trabalhar em uma grande empresa de tecnologia depois da faculdade. O Twitter estava mudando o mundo, e Dick queria fazer parte disso. Essa era sua chance de voltar ao palco, um palco mundial.

Depois de inúmeras entrevistas com Biz, Goldman, Bijan, Fred e Fenton, o conselho resolveu contratá-lo, apesar de Ev não ter lhes dado muita escolha. Ao contrário de sua dificuldade para resolver questões pequenas, quando Ev tomava grandes decisões, elas aconteciam. Como na época em que foi de carro até a Flórida para trabalhar com o guru da publicidade, Ev estava determinado: o Twitter contrataria Dick.

No início de setembro de 2009, um dia antes de começar a trabalhar no Twitter, Dick escreveu seu primeiro tuíte como funcionário da empresa. Era uma piada, e as pessoas riram, inclusive Ev. Mas a gracinha ainda voltaria para assombrá-lo.

"Primeiro dia como coo do Twitter amanhã", ele escreveu. "Tarefa #1: sabotar o CEO, consolidar o poder."

Jack perdeu a cabeça

"PRECISAMOS CONVERSAR", Biz disse a Ev. "Jack perdeu a cabeça."

"O que você quer dizer com isso, ele 'perdeu a cabeça'?", Ev perguntou, rindo.

Biz virou seu laptop e o empurrou sobre a mesa para que Ev pudesse ver.

"Meu Deus", Ev disse, balançando a cabeça, incrédulo. "De novo?"

Início de 2010. Ali estava mais um artigo a respeito de Jack, afirmando que ele era o fundador, inventor, arquiteto e criador do Twitter, outro artigo dando a entender que Jack era o único funcionário da empresa, apesar de agora haver mais de cem pessoas trabalhando no site. Jack não estava entre eles. E estava ficando pior a cada dia. Desde que fora colocado para fora da empresa, Jack havia falado com praticamente todos os veículos de imprensa. Blogs, jornais, canais de TV, revistas, palestras. Sim, sim, sim e sim. Ele aceitava todos os convites.

Até mesmo Biz, que raramente demonstrava contrariedade, estava começando a perder a paciência com a farra midiática de Jack. Ele não apenas falava com todo mundo, como nunca fazia qualquer menção ao envolvimento de outras pessoas na criação do Twitter. Pior, Jack estava dando entrevistas sobre questões éticas relacionadas ao Twitter. Biz sempre deixara claro para todos os funcionários e executivos do Twitter que eles não deveriam aceitar entrevistas em que o Twitter fosse colocado como catalisador de alguma questão de cunho social. A maneira como o Twitter estava sendo usado em questões que envolvessem guerra, política ou grandes eventos não deveria ser comentada por qualquer pessoa que trabalhasse ou que estivesse ligada à empresa. "Não quero que pensem que estamos defendendo um lado do que quer que seja", Biz dizia sempre.

Jack acreditava que essa regra não se aplicava a ele e, quando falava sobre essas questões, sempre fazia tudo errado. Em uma entrevista concedida a Ai Weiwei, famoso artista e ativista chinês, Jack foi questionado sobre a posição do Twitter em relação à liberação do site na China. Sem saber qualquer coisa a respeito da situação política chinesa, ele se atrapalhou, e parecia não saber que o Twitter havia sido bloqueado no país pelo governo comunista.

Na época, Ev pediu a Sean Garrett, que havia sido contratado como diretor de comunicações, para ajudá-lo com o incansável assédio da mídia e falasse com Jack, lhe desse algumas dicas. "Se ele quer falar com a imprensa, precisa pelo menos saber do que está falando."

Publicamente, Jack não podia explicar algumas das decisões que estavam sendo tomadas na empresa e, mesmo que pudesse, em geral não concordava com elas. Ele estava convencido de que Ev vinha se concentrando demais na internet sem prestar atenção suficiente no lado móvel do serviço. E discordava inteiramente da principal alteração feita por Ev no início de novembro de 2009 — uma das maiores feitas no site desde a saída de Jack.

Ev finalmente havia mudado a pergunta do Twitter "O que você está fazendo?" (que ele sempre vira como algo egocêntrico) para "O que está acontecendo?", que dava ao Twitter um ar de blog. Era uma vitória de Ev em relação às discussões dos dois fundadores logo no início, quando Jack dizia que o Twitter tinha a ver com status, e Ev defendia que dizia respeito aos acontecimentos ao redor.

"O Twitter foi concebido originalmente como um serviço de atualização de status — uma maneira simples de manter contato com as pessoas conhecidas, enviando e recebendo respostas curtas para uma pergunta: 'O que você está fazendo?'", Ev e Biz escreveram em um post no site do Twitter. "É claro que alguém em San Francisco pode responder: 'Tomando um café delicioso'. Mas uma visão panorâmica do Twitter mostra que não se trata apenas de devaneios pessoais. Entre uma xícara de café e outra, as pessoas são testemunhas de acidentes, organizam eventos, compartilham links, notícias."

Eles acrescentaram: "'O que você está fazendo?' não é mais a pergunta certa. Por isso, a partir de hoje, o Twitter vai perguntar: 'O que está acontecendo?'. Não queremos mudar a forma como as pessoas usam o Twitter, mas talvez seja mais fácil explicar para seu pai". Jack, é claro, não concordava com a mudança, e nas entrevistas continuou a falar de "status" como a base dos tuítes.

Internamente, era óbvio que Ev estava no comando da empresa. Externamente, algumas pessoas acreditavam que Jack estivesse exercendo seu papel de "presidente do conselho".

A mídia não sabia de nada disso, como mostraram as notícias apontando Jack como o cérebro por trás da operação. Uma dessas notícias, intitulada "O cérebro do Twitter", foi veiculada pela CBS no fim de 2009. A notícia começou com o âncora da TV falando sobre a empresa. "Recentemente, Wall Street avaliou a rede social em 1 bilhão de dólares, apesar de o Twitter não ter arrecadado um centavo até agora", então surgiu na tela uma foto de Jack. "Jack Dorsey tinha apenas 29 anos quando criou o Twitter e agora, aos 32, é evidente que ele mudou a maneira como nos comunicamos."

O vídeo, que incluía uma longa entrevista com Jack, em nenhum momento mencionou o envolvimento de Ev, Biz ou Noah. "Dorsey se transformou num superstar", disse o âncora. "No mês passado ele foi homenageado em sua cidade natal, St. Louis, onde deu uma palestra na Universidade Webster, recebeu as chaves da cidade das mãos do prefeito e fez o primeiro lance no jogo do St. Louis Cardinals."

Quando Ev soube da notícia, apenas balançou a cabeça em sinal de desaprovação.

Todas as manhãs os funcionários do Twitter chegavam para trabalhar e davam com mais notícias a respeito de Jack — artigos, palestras e entrevistas em todos os lugares. Dos grandes, como o *Los Angeles Times*, o *New York Times* e o *Wall Street Journal*, às revistas especializadas em tecnologia como a *GigaOM*, a *TechCrunch* e a *Mashable*, e até segmentadas como *AskMen* e *Alive*. Jack chegou inclusive a dar uma palestra numa escola primária de New Jersey.

Enquanto Jack atraía a imprensa como uma estrela de cinema na coletiva de um lançamento mundial, as pessoas que trabalhavam no Twitter ficavam cada vez mais aborrecidas — e até mesmo constrangidas.

Os investidores também estavam começando a ficar frustrados com a imprensa. Foram realizadas várias reuniões no escritório da empresa para discutir a forma adequada de lidar com a situação. Em mais de uma ocasião, Ev cogitou a retirada pura e simples de Jack do conselho, mas ponderou que a imagem do site seria mais prejudicada com a saída do cofundador do que com os danos que Jack já estava causando.

Mas não eram apenas as entrevistas de Jack que despertavam a ira dos investidores e cofundadores do Twitter. Enquanto se dedicava ao desenvolvimento de sua nova empresa, a Square, Jack estava usando seu endereço do Twitter para marcar reuniões com investidores e a mídia, sempre afirmando que ficaria feliz em conversar a respeito do Twitter quando, na verdade, pretendia apresentar sua nova empresa. Quando os investidores perceberam isso, o problema voltou para Ev, Biz, Fred, Bijan e os outros, que convocaram novas reuniões para decidir o que fazer.

Eles também estavam contrariados pelo fato de Jack ter alterado seu perfil no Twitter, apresentando-se como "inventor" e "fundador" do site.

Eles avisaram Jack que ele devia parar de usar seu e-mail e o próprio Twitter como isca, mas como as advertências foram ignoradas, os executivos do Twitter, especialmente Ev, decidiram dar um basta.

Em uma reunião interna, Ev, Dick, Amac, Sean Garret e outros executivos decidiram encerrar a conta de e-mail de Jack.

Naquela tarde o telefone de Jack tocou. Era Amac, ligando para avisá-lo de que seu e-mail seria desativado porque estava sendo usado para coisas que poderiam prejudicar a imagem da empresa. E explicou todas as implicações legais e comerciais que estavam em jogo. Jack ficou furioso e telefonou para Biz, tentando impedir a desativação de seu e-mail. Então, Jack recebeu um telefonema de Dick, que na época não era seu fã. Ele explicou que todas aquelas declarações na imprensa e o uso do e-mail do Twitter para marcar reuniões para sua nova empresa estavam prejudicando a imagem pública do site e, ainda mais importante do que isso, prejudicando outro aspecto do Twitter que finalmente — e miraculosamente — havia melhorado.

Pela primeira vez na história da empresa, um número que sempre ficara no zero desde o primeiro dia tinha começado a crescer: a receita. Em dezembro de 2009, graças a Dick, eles tinham conseguido um acordo com o Google e o Bing para colocar os quase 40 milhões de tuítes enviados diariamente pelo site em seus respectivos mecanismos de busca. Em troca, o Google havia concordado em pagar 15 milhões ao Twitter. A Microsoft pagaria 10 milhões.

Jack ficou furioso com o fato de lhe tirarem seu e-mail e exigiu que fosse reativado imediatamente.

Tarde demais: jack@twitter.com já era. E não havia nada que Jack pudesse fazer a respeito.

"Eles acabaram com meu maldito endereço de e-mail!", ele se queixou com Fenton, seu único aliado no conselho.

Fenton também ficou furioso. "Vamos resolver isso, Jack."

Mais uma vez, outra tentativa para calar Jack iria se voltar contra Ev.

Jack, junto com Fenton, começou a elaborar um plano que lhe devolveria muito mais que seu endereço de e-mail. Um plano que levaria Jack de volta ao Twitter.

Steve Jobs 2.0

PARA A MAIORIA DAS PESSOAS era apenas mais um tuíte enviado na noite de 9 de setembro de 2009: "Ouvindo Beatles".

O tuíte seguinte, no início de dezembro, também passou despercebido. "Ouvindo Beatles e trabalhando." Depois, mais três tuítes fazendo referência ao grupo inglês apareceram em janeiro de 2010. "Ouvindo Beatles e lendo e-mails." Quatro tuítes no mês de março: "Trabalhando no escritório e ouvindo Beatles".

Ninguém deu atenção a eles, perdidos entre dezenas de milhões de tuítes.

Mas para Jack, responsável por todos esses tuítes relativos aos Beatles, eles eram o início de uma longa jornada. Uma reinvenção de si mesmo. Uma metamorfose, que transformaria o rapaz de St. Louis — que poucos anos antes havia chegado na Odeo usando uma camiseta que estampava seu número de telefone — no guru perfeccionista e elegante que todos achavam que lembrava o maior empresário americano: Steve Jobs.

Jack sempre fora um admirador de Steve Jobs, colecionando citações do venerável CEO, pesquisando seus designers favoritos e tentando entender seu estilo — como a maioria dos jovens empresários do Vale do Silício. Mas ao contrário (da maioria) dos outros jovens CEOs, Jack começou a levar a admiração para outro patamar.

Em 2009, quando começou a construir a Square, Jack não estava olhando para Jobs apenas com admiração, ele o estava imitando. Começou mostrando a todo mundo que estava ouvindo os Beatles, banda favorita do chefe da Apple — Jobs disse uma vez ao *60 Minutes* que seu "modelo de negócio são os Beatles". Mas, com o passar do tempo, Jack tentou emular também a aparência de Jobs. Ele tentou os óculos redondos e clonou o mantra do uniforme diário. Um dia, ele apareceu no trabalho de jeans, camisa branca abotoada até o pescoço e um blazer preto. E a partir desse momento raramente era visto em público usando algo diferente.

Jack começou a falar de Mahatma Ghandi, o líder indiano defensor da não violência, depois de descobrir que Jobs tinha viajado pela Índia por vários meses em 1974 em busca de iluminação. Jack colocou uma imagem de Ghandi no protetor de tela de seu computador e depois tuitou o retrato. Ele também começou a andar por San Francisco com os novos funcionários da Square, fazendo um caminho que começava em uma estátua de Gandhi.

Ele copiou várias decisões de Jobs. Dizia "aparar as arestas" nas reuniões de design, termo que Jobs começou a usar em 1981, quando projetou o sistema operacional Macintosh. Ele montou na Square o mesmo cronograma de reuniões semanais que Jobs havia comandado na Apple. E começou a usar as mesmas citações de Jobs em seus discursos.

Então, Jack começou a contratar ex-funcionários da Apple para trabalhar na Square. Mas as entrevistas eram diferentes daquelas feitas com os outros candidatos. "Você chegou a trabalhar com Steve Jobs?", Jack perguntava. "Você poderia me falar um pouco do estilo dele como gestor?" Durante uma conversa com um conhecido designer da Apple que havia sido contratado pela Square, Jack ouviu que Jobs não se considerava um CEO, mas um "editor". Logo Jack começou a se referir a si mesmo como "o editor, não apenas o CEO" da Square. Durante uma fala para os funcionários, ele anunciou: "Tenho falado com frequência da natureza editorial do que eu acho que seja meu trabalho. Acho que sou apenas um editor".

Jack começou a falar "Ninguém nunca fez isso antes" em relação a seus produtos, citação exata de uma entrevista de Jobs no início de 2010. Jack também adotou os termos usados por Jobs para descrever novos recursos da Square, palavras como "mágico", "surpreendente" e "encantador", todas usadas por Jobs em eventos da Apple.

Em pouco tempo, como alguém que tivesse feito pequenas cirurgias plásticas até ficar parecido com seu ídolo, Jack não parecia nem agia mais como Jack Dorsey: ele começou a agir como se fosse a reencarnação de Steve Jobs. Referências aos Beatles e a Gandhi, o título de "editor", a filosofia do design, o uniforme diário e todas as citações contribuíram para o que aconteceu em seguida.

Os blogs de tecnologia, agora acreditando que Jack havia fundado e construído o Twitter sozinho, que ele havia tido a ideia quando criança — algo que Jack insinuara para muitos órgãos de imprensa —, e que possuía os mesmos princípios de Jobs tanto no design quanto na administração, começaram a perguntar: "Jack Dorsey é o novo Steve Jobs?". (Eles inevitavelmente respondiam: "Sim".)

Jack não havia elaborado um grande plano para copiar Jobs. Na verdade, elaborara uma dezena de pequenos planos que foram se somando na tentativa de se reinventar.

Em muitos aspectos, Steve Jobs foi quem ajudou a criar Jack Dorsey. Jobs era famoso por negar acesso aos repórteres. Ele treinara a mídia para que se comportasse exatamente como ele queria — quando ele falava, eles ouviam, e esse era seu maior truque de mágica. Por isso, quando ele se afastou da Apple em 2009 por causa da doença, a mídia saiu em busca do próximo Steve Jobs. Jack andava do mesmo jeito, usava as mesmas citações, os mesmos óculos, tinha os mesmos princípios e as mesmas teorias fantásticas sobre design. Ele até ouvia Beatles!

Mas para Jack a invenção cuidadosamente orquestrada do Steve Jobs 2.0 não resultou apenas na criação de uma aura de visionário; ela acabou ateando fogo numa fogueira que Jack vinha tentando acender desde que fora colocado para fora do Twitter. Uma fogueira que acabaria queimando Ev.

Numa tarde em meados de 2010, Mike Abbott, vice-presidente de engenharia do Twitter, telefonou para Jack e perguntou se poderia passar no escritório da Square para conversar. Abbott não sabia que o título de presidente do conselho do Twitter ostentado por Jack era de fachada. Como o resto do mundo, ele acreditava que Jack tinha poder nas grandes decisões da empresa. E como quase todo o Vale do Silício, acreditava que Jack Dorsey era o herdeiro da mística de Steve Jobs.

Eles começaram a se encontrar regularmente, falando de design e de projetos para o Twitter. Até que um dia a oportunidade se apresentou.

"Preciso da sua ajuda", Abbott disse a Jack. "Não temos uma direção no Twitter e não sei dizer quais são os rumos que a empresa está tomando." Abbott explicou que não gostava de trabalhar com Greg Pass, diretor de tecnologia do Twitter, que achava que Ev não tinha pulso firme e que precisava da ajuda e da orientação de Jack. "Não sei o que fazer", Abbott admitiu.

Era o momento que Jack estava esperando. Fenton sempre estivera no time de Jack. Mas os outros membros do conselho, principalmente Fred e Bijan, tinham muitas desconfianças em relação a ele e acreditavam que Jack quase afundara o Twitter com sua falta de habilidade para dirigir a empresa.

Agora um dos executivos da empresa estava pedindo sua ajuda. Como Jobs, Jack acreditava que poderia sussurrar no ouvido de uma pessoa e esses sussurros se transformariam em gritos em outro lugar. Por isso Jack começou falando macio.

"Na minha opinião, um vice-presidente se equipara a um CEO e, se você falou com Ev e não deu em nada, você precisa procurar o conselho", Jack disse a Abbott. "Fale com Benton, fale com Bijan, com Fred — exponha suas preocupações. Converse com os outros executivos."

Foi o que Abbott fez, falando com o conselho sobre suas preocupações em relação a Ev e a Goldman, expressando seus receios de que a empresa não estava apenas indo na direção errada, ela simplesmente não estava caminhando em direção alguma.

Abbott começou a falar com outros vice-presidentes para conversarem com Jack. Os sussurros acabaram chegando nos ouvidos de Ali Rowghani, que havia sido contratado como diretor financeiro e também estava insatisfeito com a demora de Ev para tomar decisões. Ali marcou uma reunião com Jack no café Blue Bottle, perto do escritório da Square. Em meio ao aroma das xícaras de café vendidas a cinco dólares cada uma, Ali lamentou a situação da empresa. Adam Bain, que estava construindo o modelo de negócios do Twitter, também foi conversar com Jack. E depois foi a vez de Dick.

Não que a empresa estivesse desmoronando. Pelo contrário. O Twitter havia feito o acordo com o Google e o Bing, e agora também estava testando algumas ideias com publicidade, criando um novo tipo de experiência comercial em que as pessoas podiam transformar seus tuítes em anúncios. O site estava finalmente se recuperando. A equipe de engenharia havia criado um plano de longo prazo para reconstruir todo o back-end do Twitter, corrigindo os problemas (entre eles, os apagões) que atormentavam a empresa desde sua criação.

O problema era Ev. Ele continuava incapaz de tomar decisões e raramente se comunicava com o conselho e com os executivos. Alguns, como Mike Abbott, ficavam ofendidos quando não eram incluídos nas discussões e decisões do alto escalão.

Ev estava dirigindo uma empresa que até mesmo o mais experiente dos CEOs teria dificuldade para dirigir. Os pequenos problemas de uma start-up como a Odeo, tornavam-se grandes problemas em uma empresa com um crescimento tão vertiginoso como o do Twitter. Esses grandes problemas, quando apresentados ao conselho sob as lentes de aumento de Jack, seriam fatais para Ev.

Na época, Ev havia decidido reestruturar o Twitter, programando uma "plástica" mais que necessária no site. Ele convocou os funcionários de sua maior confiança e montou o que chamaram de "sala de ataque" para discutir suas ideias. Todos os dias, Ev se reunia com seu pequeno grupo de designers e programadores, com fotos e imagens inspiradoras penduradas nas paredes, tentando pensar em uma nova cara para o Twitter.

Ev mergulhou de cabeça na reformulação do site, ignorando as tarefas diárias de um CEO. A alguns quarteirões dali, Jack continuava a aconselhar as pessoas que não estavam envolvidas no projeto: *Você precisa falar com o conselho. Você precisa conversar com Fenton. Fale com Fred. Bijan. Diga a todos eles que Ev não está fazendo um bom trabalho. Fale de seus medos em relação ao futuro do Twitter.* Jack fez questão de aconselhar algumas pessoas a falarem de suas preocupações com Campbell, conselheiro de Ev.

Apesar de não ser normal que o conselheiro de um CEO participasse das reuniões do conselho, Campbell costumava chegar sem avisar e participava dos acontecimentos. As pessoas ficavam confusas com o espetáculo, porém, considerando que ele não era um conselheiro comum, simplesmente aceitavam.

Com os sussurros chegando também aos seus ouvidos, Campbell estava começando a manifestar suas preocupações quanto à adequação de Ev como CEO. Mas não falou com Ev; em vez disso, conversou com Fenton a respeito das sessões de aconselhamento que tinha com Ev. Fenton, por sua vez, conversou com Jack a respeito dessas sessões. Como uma bola de neve rolando montanha abaixo, acumulando todas as partículas de sujeira que encontrava e ficando cada vez maior e mais escura (a cada reunião, a cada telefonema), o processo contra Ev começou a adquirir um impulso irrefreável.

Roleta-russa

OS ATIRADORES COMEÇARAM A APARECER de manhã cedinho. Vestidos inteiramente de preto, eles subiram até o teto. Então, em pé sobre as lajes de concreto cinza, eles pegaram seus rifles e ajustaram a mira telescópica. Podia-se ouvir a estática dos rádios de comunicação enquanto os mascarados falavam em russo.

Durante duas semanas, ternos pretos começaram a aparecer esporadicamente no escritório do Twitter a qualquer hora do dia. Eles vinham em grupo, como formigas em busca de comida, examinando todos os cantos do edifício. Os óculos de sol brilhantes escondiam seus olhos; as armas ficavam escondidas sob os blazers escuros. Alguns tinham o olhar feroz de cães farejadores em busca de explosivos no prédio.

Eles espiavam pelas janelas, afastando as persianas silenciosamente para perscrutar as ruas movimentas de San Francisco.

"Precisamos de um mapa com todas as saídas e elevadores", disse um deles com seu sotaque russo carregado para um funcionário do Twitter. Os elevadores precisariam ser fechados para a visita. "Colocaremos detectores de metal na entrada do escritório."

Depois de Dick ter assumido o posto de COO, a empresa iniciou uma onda de contratações. No fim de 2009, o Twitter havia passado de trinta para quase 120 funcionários, incluindo freelancers. Por isso, em novembro desse ano a empresa se mudou para um novo escritório, na Folsom Street, n. 795, ocupando o sexto andar de um grande edifício que havia abrigado inúmeras empresas de tecnologia. Em junho de 2010 esse escritório abrigava quase duzentos funcionários.

Em uma conferência recente da empresa, batizada de Chirp, Ev anunciara que mais de 100 milhões de pessoas haviam se cadastrado no Twitter e 300 mil novas pessoas se cadastravam no site todos os dias. Ryan Sarver, responsável pelas ferramentas de terceiros, disse ao público que o Twitter contava com 100 mil aplicativos. Esses aplicativos, ele disse, estavam interagindo com o site 3 bilhões de vezes por dia. A cereja do bolo desses números tinha começado a assustar o Google: as pessoas estavam pesquisando o Twitter 600 mil vezes por dia.

Sara havia sido chamada para projetar o novo escritório do site. A atmosfera descolada contava com uma grande luminária vermelha no formato de @ sobre um sofá azul, muitos adesivos no formato de pássaros e toques de design moderno, como três cabeças de veado em madeira. Havia até uma cabine de DJ no salão do refeitório.

Membros do governo apareciam para visitas cada vez mais frequentes. John McCain tinha aparecido em um fim de semana para conhecer o escritório e conversar com os executivos para entender melhor o papel do Twitter — e aprender a usá-lo para não perder eleições. Gavin Newsom, então prefeito de San Francisco, tinha começado a aparecer regularmente para discutir assuntos da câmara municipal e conversar com Ev. E Arnold Schwarzenegger tinha passado por ali para um bate-papo sobre a internet.

Mas o dia 23 de junho de 2010 foi diferente. O presidente da Rússia, Dmitry Medvedev, viria ao QG do Twitter para visitar o escritório e, como ele disse, "ver com os próprios olhos" a empresa mais quente do Vale do Silício. Ele também pretendia enviar seu primeiro tuíte.

Era um exemplo gritante das mudanças ocorridas no cenário mundial. Em visitas anteriores aos Estados Unidos, os líderes de outras nações se reuniam com jornalistas e editores de revistas e jornais. Agora, em vez de ir para Nova York e visitar a *Esquire*, a *Time* ou a *Newsweek*, os governantes estavam indo ao Vale do Silício para conhecer as empresas que estavam mudando a maneira como o mundo se comunicava.

O Twitter seria a primeira parte de uma visita de três dias do presidente Medvedev aos Estados Unidos para estreitar as relações do país com a Rússia. Ele pretendia participar de algumas reuniões no Vale, incluindo um encontro com Steve Jobs. (Medvedev esperava descobrir uma forma de criar um equivalente do Vale do Silício na Rússia.) Depois ele seguiria para Washington e se encontraria com o presidente, Barack Obama, com a secretária de Estado, Hillary Clinton, com o vice-presidente, Joe Biden, e com outros membros do alto escalão do governo para discutir questões ligadas a segurança nacional, ações de contraterrorismo, tratados nucleares e a crise econômica mundial.

Porém, antes de qualquer coisa, Medvedev tinha algo mais importante a fazer: tinha que tuitar.

Mas havia um pequeno problema.

Nos últimos meses o Twitter vinha chamando mais atenção do que nunca. O escritório havia se transformado numa espécie de Estação Central das celebridades, que sempre chegavam sem aviso prévio e depois tuitavam orgulhosamente para que todos soubessem onde estavam. A visita ao escritório da empresa havia se transformado em peregrinação. Por isso, cada passo do Twitter era captado pelos órgãos da imprensa de todos os cantos do planeta. Não havia uma única publicação que ainda não tivesse falado do Twitter.

Algumas semanas antes de o presidente russo ter anunciado que faria uma visita à empresa, o Twitter havia sido matéria de capa da revista *Time*. O título da matéria era "Como o Twitter mudará a forma como vivemos".

Steven Johnson, conhecido escritor e autor da matéria da *Time*, usou a reportagem de capa para desfazer o equívoco de que o Twitter servia apenas para dizer aos amigos "qual era seu cereal matinal preferido".

Em vez disso, Johnson observou, "como milhões de outros adeptos, que o Twitter tem uma profundidade insuspeita".

"Em parte graças à mudança na pergunta para que as pessoas falem do que está acontecendo em vez de falar sobre seu status [o Twitter se tornou] um dispositivo indicador em vez de um canal de comunicação: compartilhando links para artigos mais longos, debates, posts, vídeos — qualquer coisa que viva atrás de uma URL", Johnson escreveu. "É tão fácil usar o Twitter para divulgar um artigo brilhante de 10 mil palavras da *New Yorker* quanto para falar sobre seu amuleto da sorte."

Como consequência de toda essa atenção, centenas de milhares de pessoas estavam se cadastrando no Twitter todos os dias. No auge da onda, mais de 20 mil pessoas se cadastraram no Twitter em uma única hora. (Em 2006, foram necessários oito meses para alcançar a marca de 20 mil usuários.) Até mesmo um site com a melhor engenharia teria problemas para lidar com tanta atenção. Mas para o Twitter, que ainda usava goma de mascar e fita adesiva para se manter em pé, essa multidão parecia uma baleia querendo entrar num aquário.

Havia vários motivos para o site desaparecer em seu próprio buraco negro. Um engenheiro do Twitter poderia fazer o upload de um código ruim e desativar o site. Um servidor poderia falhar e, como peças de dominó, derrubar uma dezena de outros servidores. Mas havia também problemas mais graves. Depois das revoluções no Irã, na Síria e em outros países do Oriente Médio, o Twitter agora se transformara em alvo de ataque de governos desonestos e pessoas mal-intencionadas com bons computadores que tentavam derrubá-lo. Alguns hackers, mostrando-se hábeis em seu ofício, conseguiram acertar o olho do touro em várias ocasiões, tirando o site do ar. Por sorte, no momento em que a comitiva do presidente Medvedev parou diante do edifício bege na esquina da Folsom com a Fourth Street, uma ou todas essas coisas já haviam acontecido com o Twitter.

As ruas que cercavam o edifício foram bloqueadas com caminhões e carros da polícia de San Francisco para evitar qualquer possibilidade de atentado. Agentes russos e membros do serviço secreto americano ocuparam a rua, cercando o carro do presidente.

Ev estava nervoso com essa visita e havia vestido uma roupa especial para a ocasião, uma camisa bege abotoada até em cima e um blazer preto. Biz fazia companhia ao prefeito Newsom, que estava tomando um gigantesco café do Starbucks.

"Como você está elegante", Ev brincou com Biz ao chegar no escritório. Biz estava de tênis, calça jeans gasta e larga e uma jaqueta fechada com zíper. Parecia que havia saído para comprar leite na padaria e não para vir ao encontro do presidente da Rússia e uma comitiva de imprensa mundial.

Goldman, vice-presidente de produto, estava no terceiro andar com a equipe de engenharia. Como um dos funcionários mais antigos da empresa, ele tinha concordado em cuidar de qualquer problema que surgisse enquanto o presidente enviava seu primeiro tuíte.

Na rua, o presidente Medvedev olhou para o edifício enquanto era conduzido para dentro pelos membros de sua equipe de segurança. Ele passou por uma loja do Subway à direita, cruzou as portas de vidro e atravessou o saguão com piso de mármore para chegar ao elevador. Ele não precisou esperar pois era a única pessoa autorizada a entrar ou sair do edifício.

Como um general de prontidão, Goldman continuava observando os engenheiros que cuidavam do site. Enquanto o presidente subia pelo elevador, um engenheiro olhou para Goldman e pronunciou as palavras tão temidas: "O site caiu".

"O que você quer dizer?" Como uma pessoa que tinha acabado de cair em uma piscina de água fria, ele ficou paralisado. Começou a imaginar o pior cenário possível.

Nas semanas anteriores eles haviam feito reuniões na Casa Branca, no Departamento de Estado, no escritório do prefeito de San Francisco e do governador Arnold Schwarzenegger, e na embaixada russa para planejar a visita meticulosamente. O plano era: depois que o presidente russo enviasse seu primeiro tuíte, a Casa Branca retuitaria. Barack Obama responderia, cumprimentando-o pelo primeiro tuíte, assim como o prefeito e o governador, todos dando as boas-vindas ao presidente russo no Twitter e nos Estados Unidos.

Mas isso não aconteceria se o site estivesse fora do ar. Pior, com Goldman confinado no terceiro andar até que o presidente deixasse o prédio, ele não poderia subir para avisar Ev e Biz acerca do desastre. Ele tentou enviar uma mensagem de texto para ambos, mas, sem saber o que estava acontecendo três andares acima, Goldman não sabia se o presidente estava lá ou se eles poderiam checar seus celulares.

Quando a porta do elevador se abriu no sexto andar, o presidente Medvedev cumprimentou o prefeito Newsom. Depois, foi apresentado a Ev, Biz e Dick.

Quando Biz estendeu a mão para cumprimentar Medvedev, sentiu o celular vibrar em seu bolso. Era a mensagem de Goldman, explicando a situação e pedindo que fizessem todo o possível para retardar ao máximo o primeiro tuíte.

Biz mostrou o celular a Ev, que espiou a mensagem com um sorriso amarelo. "Por favor", disse o prefeito Newsom, conduzindo-os pelo corredor. Biz tentou atrasá-los, caminhando lentamente. Um funcionário do departamento de relações públicas do site, que havia descoberto o problema, bateu no ombro de Dick e repetiu as palavras da mensagem de Goldman: "O site caiu".

Dick virou-se, com uma expressão confusa e preocupada. "Tipo, caiu totalmente?", ele perguntou, os olhos arregalados. Biz continuou caminhando devagar, tentando pensar em uma desculpa para atrasar o grupo. "Deveríamos mostrar a ele a bicicleta elétrica", ele disse, enquanto ziguezagueavam pelo escritório.

Os funcionários do Twitter abriam caminho enquanto o grupo passava. Biz continuava a caminhar como um velho com problemas de locomoção, fazendo o possível para retardar a inevitável chegada à cafeteria, de onde o primeiro tuíte do presidente russo seria enviado.

Eles continuaram passeando, lentamente. Muito, muito lentamente. Passaram pelos quadros que Ev e Sara haviam escolhido, dentre os quais estava o favorito de Ev, com uma moldura preta e, ironicamente, pendurado de cabeça para baixo. Dizia: "Cometa erros melhores amanhã".

Ev adorava esse pôster. Havia tuitado a respeito dele assim que chegou no escritório, em meados de dezembro, no final de uma tarde de quinta-feira: "Novo letreiro no QG do Twitter". Mas com o site fora do ar e o presidente russo a alguns passos da cafeteria, eles poderiam passar sem os erros daquele dia. Ou do dia seguinte.

Encharcado de suor, Goldman caminhava atrás dos engenheiros, que estavam fazendo tudo o que podiam para colocar o site no ar, falando com os servidores, tentando desesperadamente descobrir qual era o problema.

Três andares acima, Biz e Ev já não podiam mais segurar o presidente. Entraram na cafeteria sem saber o que encontrariam no computador. Então, tudo aconteceu em câmera lenta: o espocar dos flashes dos fotógrafos enquanto o presidente russo se aproximava do pódio, estendendo os dedos para tocar o laptop, preparado para enviar seu primeiro tuíte. Ev olhou para Biz, que não tinha ideia do que aconteceria. O site funcionaria? Seria esse o maior constrangimento da história da empresa? Uma tempestade midiática de San Francisco a São Petersburgo chamando o Twitter e a tecnologia americana de piada?

Mas os deuses interferiram. "Voltamos!", gritou um engenheiro, recostando-se na cadeira. Um suspiro de alívio tomou conta da sala.

"Olá a todos!", Medvedev digitou lentamente em russo no computador do pódio. "Estou no Twitter e este é meu primeiro tuíte." Ev estava com um microfone na mão, narrando para os funcionários e toda a mídia o que estava acontecendo. Quando Medvedev pressionou o botão "Enviar", olhou para o projetor à sua frente e sorriu. Parecia uma criança que tinha acabado de resolver um problema complicado. Biz, que estava mais atrás com as mãos enfiadas nos bolsos do jeans, sorriu.

"Puta merda", ele sussurrou para Ev enquanto o presidente caminhava na direção do prefeito Newsom. "Essa foi por pouco."

Reuniões secretas

A PORTA DO APARTAMENTO DE JACK SE ABRIU e Dick entrou. Ele seguiu pelo corredor até a cozinha e abriu a geladeira. Deu uma espiada no interior. "Sim, exatamente como eu imaginava", Dick disse para Jack, sorrindo ao ver apenas algumas garrafas de cerveja e água. "Parece mesmo um apartamento de solteiro."

Jack riu, e Dick foi cumprimentar Fenton e as outras pessoas presentes, incluindo um consultor de relações públicas que Fenton havia contratado para ajudar com as questões que pudessem surgir a partir da reunião que estavam prestes a realizar.

As brincadeiras acabaram assim que a reunião começou.

Era a segunda de duas reuniões secretas realizadas no verão de 2010 no loft de Jack no Mint Plaza. Fazia alguns meses que Jack tinha começado a convencer o conselho e os funcionários mais antigos do Twitter de que havia chegado a vez de Ev ser demitido do cargo de CEO.

Jack não havia tido qualquer problema para convencer Fenton de que Ev era a pessoa errada para dirigir a empresa. Desde o primeiro dia, Fenton mordeu a isca sem pestanejar. Mas Jack tivera muito mais dificuldade para convencer o resto do conselho.

Porém, depois que Abbott, Ali e outros funcionários mais antigos se queixaram das decisões administrativas de Ev, a falha durante a visita do presidente russo, a demora de Ev para decidir qualquer coisa e sua insistência em contratar amigos, a maré tinha começado a virar.

Tomando providências para que as coisas certas chegassem aos ouvidos certos, Jack havia passado o verão fazendo as pessoas se mexerem como peças de xadrez em uma partida contra seu inimigo. O problema era que Ev não tinha ideia de que havia um jogo em andamento. Reuniões secretas no apartamento de Jack, no café Blue Bottle e no escritório da Square? Ev nem imaginava.

Após a saída de Jack, um ano e meio antes, Fred e Bijan acreditavam que Ev era a pessoa certa para dirigir o Twitter. E Ev rapidamente mostrou que estavam certos. Mas agora, com a receita crescendo lentamente e um novo conjunto de problemas decorrentes do crescimento massivo do Twitter em 2009, os primeiros investidores se perguntavam se ele seria o líder certo para levar o Twitter adiante, o que incluía tornar a empresa lucrativa de forma consistente. Depois, se tudo corresse de acordo com o planejado, abrir o capital do Twitter. Seus receios aumentaram quando Jack sussurrou indiretamente em seus ouvidos que eles poderiam perder centenas de milhões de dólares do dinheiro investido com Ev no comando.

É claro que Ev não teve chance de tranquilizar ninguém. Até onde sabia, tudo corria muito bem com o Twitter. Ele fazia suas reuniões semanais com Campbell, ouvindo suas turbulentas orações. "Você está fazendo um ótimo trabalho!", Campbell dizia. Nas reuniões do conselho, Campbell aparecia para ouvir as apresentações de Ev em relação à situação da empresa. Depois aplaudia e abraçava seu "protegido", proclamando para todos os presentes que Ev estava "fazendo um ótimo trabalho!", pedindo que aplaudissem (isso não era comum em reuniões de conselho corporativo). Quando Ev saía da sala, orgulhoso com o fato de seu mentor achar que estava fazendo um ótimo trabalho, Campbell gritava para o grupo: "Vocês precisam se livrar desse cara! Ele não sabe o que está fazendo!".

Para alguns membros do alto escalão da empresa, incluindo Ali, todo aquele suplício se resumira a um grande problema que poderia deixar o Twitter em péssima situação.

No ano anterior, uma empresa chamada UberMedia tinha construído e comprado uma série de aplicativos de terceiros para o Twitter, incluindo aplicativos bem conhecidos como o Twidroyd e o Echofon. A UberMedia era dirigida por Bill Gross, empresário esperto que estava prestes a comprar outro aplicativo, talvez um dos maiores, chamado TweetDeck. Mas Gross tinha em mente planos muito maiores do que comprar clientes do Twitter.

Gross pretendia construir um clone do Twitter, que poderia ser usado para desviar as pessoas do Twitter para um serviço inteiramente novo, com o qual Gross ganharia dinheiro com publicidade. Ele também havia desenvolvido uma relação comercial com Ashton Kutcher e esperava convencê-lo a embarcar nesse novo projeto.

Quando Ali e Dick ficaram sabendo das conversas envolvendo o TweetDeck, perceberam que essa compra daria a Gross 20% de todos o clientes do Twitter. Ali e os outros queriam se antecipar à UberMedia. Mas Ev não conseguia se decidir. Não estava seguro de que valia a pena gastar dezenas de milhões de dólares para comprar o TweetDeck. Uma hora ele concordava e no minuto seguinte mudava de ideia, protelando mais uma vez a decisão.

No loft de Jack, durante a primeira reunião secreta, o grupo fez um pacto em relação a três coisas: em primeiro lugar, eles se uniriam contra Ev e Goldman independente do que acontecesse; em segundo lugar, eles destituiriam Ev do cargo de CEO; e, em terceiro lugar, pediriam a Dick para assumir como CEO interino até que encontrassem um substituo à altura. Por fim, trariam Jack de volta à empresa. Apesar de querer ser o CEO do Twitter, Jack sabia que não poderia fazer isso e dirigir a Square ao mesmo tempo. Mas a volta seria suficiente. Pelo menos por enquanto.

Depois houve a segunda reunião secreta, onde eles contaram a Dick uma parte do plano e lhe disseram que ele havia sido escolhido porque os funcionários confiavam em seu trabalho e porque poderia ajudar muito como CEO na fase de transição, até que encontrassem um substituto permanente.

No escritório da empresa, Ev, completamente alheio ao golpe, estava orgulhoso dos últimos números do Twitter: as pessoas estavam enviando mais de 2 bilhões de tuítes por mês e milhões de novas contas estavam sendo criadas a cada semana. Ele também estava vibrando com a nova versão do Twitter, que pretendia lançar no dia 14 de setembro de 2010. Internamente, ela recebera o nome-código "Phoenix"; externamente, seria chamada de #NewTwitter e teria pequenos fragmentos de mídia embutidos no tuíte. Não seria mais preciso entrar em outros sites para ver fotos, vídeos ou links que as pessoas compartilhavam; tudo estaria dentro do Twitter em pequenos painéis laterais. O tuíte de 140 caracteres estava se tornando uma espécie de envelope com mais informação por dentro.

Apesar de o Twitter agora estar começando a ganhar dinheiro com publicidade, Ev não estava tão preocupado com a receita da operação, o que só colocava mais lenha na fogueira do conselho para destituí-lo como CEO. Dick, contudo, havia liderado a mudança para tornar o Twitter lucrativo, o que contribuíra para a decisão do conselho de pedir que assumisse como CEO interino quando colocassem Ev para fora da empresa.

Para Ev, a vida seguia de acordo com o planejado. Ele e Sara estavam pensando em ter mais um filho; além disso, ele se desfizera de uma pequena parte de suas ações e, com isso, pôde sacar alguns milhões para comprar uma casa nova em San Francisco e uma casa em Tahoe, a três horas de distância da cidade, para esquiar com a família. Ev continuava a ajudar os amigos discretamente. Em um vernissage, comprou todos os quadros sem revelar seu nome. Ele também havia começado a fazer obras de caridade, doando secretamente centenas de milhares de dólares. E cuidava dos amigos e familiares mais próximos pagando suas dívidas.

Ev não sabia nada a respeito das reuniões secretas ou que seus executivos estavam falando diretamente com o conselho ou que suas conversas com Campbell acabavam chegando nos ouvidos de Fenton e depois de Jack.

Até onde sabia, ele estava "fazendo um ótimo trabalho!".

Os palhaços na mina de ouro

EM MEADOS DE SETEMBRO DE 2010, a luz do sol entrava pela janela do escritório enquanto Ev rabiscava algumas ideias em um quadro branco. Do lado de fora da sala, ouvia-se apenas o murmúrio discreto das batidas nos teclados e os cliques dos mouses. Lá embaixo, a rua fervilhava com a movimentação dos carros.

Ele olhou para a porta e viu Campbell ocupando toda a passagem como um jogador de futebol americano.

Ev sorriu, feliz em ver o Coach para sua sessão semanal. Ev estava especialmente bem-humorado; o #NewTwitter estava sendo muito bem recebido, com ótimos comentários da crítica especializada, e naquela noite haveria uma festa para celebrar um mês de trabalho duro dos funcionários. O *New York Times* também estava preparando um perfil a seu respeito para a edição de domingo: o garoto de fazenda que se tornara bilionário e havia ajudado a inventar o Blogger e o Twitter. O homem por trás de duas empresas que haviam mudado a mídia e a maneira como as pessoas se comunicam.

Mas Campbell parecia preocupado. "Sente-se", ele disse, sério. "Isso não vai ser fácil. Precisamos conversar."

Ev caiu no sofá, sem saber o que iria ouvir. Sua mente começou a girar, pensando em todas as possibilidades. E então, como a batida de um pássaro que vem voando e se choca contra o vidro de uma janela, Campbell disse: "O conselho quer que você assuma o cargo de presidente".

Ev ficou confuso. "Como assim?"

"O conselho nomeará Dick o novo CEO", Campbell disse. "Querem que você deixe o cargo."

No início, Ev achou que Campbell estivesse brincando e riu, nervoso. Mas Campbell não estava brincando.

"Você está falando sério? Não estou entendendo, do que é que você está falando?", Ev perguntou, o coração acelerado. "Não estou entendendo o que você está dizendo."

Então Campbell repetiu: "O conselho não quer mais que você seja o CEO. Querem que você saia".

Campbell continuou falando, divagando sobre a decisão do conselho, sobre a opinião deles de que Ev não era a pessoa certa para dirigir o Twitter. Que ele demorava demais para tomar decisões. Que ele não conseguia executar as coisas. "Veja, são esses caras, esses malditos investidores de Nova York", Campbell disse, tentando mostrar que não tinha nada a ver com a decisão.

Quando Ev começou a entender o que estava ouvindo, interrompeu Campbell. "Você está no meio disso? Você concorda com o conselho?", ele perguntou. Campbell começou a desconversar, desviou o olhar, sem conseguir responder. "Você concorda com isso?", Ev perguntou de novo, de maneira mais incisiva. O descrédito havia se transformado em raiva.

Campbell vacilou de novo, xingou o conselho, os investidores. "Esses filhos da mãe!"

Quando Ev achou que já tinha ouvido o suficiente, pediu que Campbell saísse para poder telefonar para o conselho e descobrir o que estava acontecendo.

"Ei, sinto muito, cara", disse Bijan. Ele suspirou e disse a Ev que o considerava um ótimo CEO. "Queremos que você continue, como uma espécie de consultor de produto", Bijan disse. "Não queremos que você deixe a empresa. Você é realmente muito valioso para o Twitter." Mas, ele explicou, a empresa precisava de um novo tipo de CEO, alguém que pudesse focar na receita e conduzir o processo para a abertura do capital do Twitter.

Ev ficou atônito com o que acabara de ouvir. Desligou e telefonou para Fred Wilson, que não se mostrou sequer remotamente tão amigável ou pesaroso quanto os outros. Fred disse sem rodeios que achava que ele sempre havia sido um CEO terrível, que ele não tinha noção de produto. Fred disse que havia odiado o novo design do site, que aquela era a direção errada para a empresa.

"Do que é que você está falando?", Ev perguntou a Fred, a voz trêmula. "É assim que os investidores ferram as empresas! De onde você tirou isso? Todas as vezes que apresentei um produto ao conselho, você sempre disse 'isso é incrível, isso é ótimo'. Sei que tivemos problemas na execução mas...", ele fez uma pausa, respirou fundo, baixando o tom da voz, e afirmou: "Realmente não entendo como vocês podem fazer uma coisa dessas com o fundador de uma empresa".

"Nunca considerei você o fundador", Fred respondeu maliciosamente, ofendido com o que Ev havia dito sobre os investidores. "Jack fundou o Twitter."

Ev arregalou os olhos. "Que merda é essa agora? Você demitiu Jack! Isso é loucura. Isso é loucura."

"Não estamos discutindo", Fred disse. A decisão já havia sido tomada pelo conselho. Ev não seria mais o CEO.

Ev ficou enfurecido. Não sabia em quem confiar. Há quanto tempo o conselho teria decidido sua demissão? Eles *poderiam* demiti-lo? Afinal, Ev ainda possuía a maioria das ações do Twitter e tinha dois votos no conselho.

Ev tentou falar com Fenton várias vezes, mas a ligação caía na caixa postal. Ele queria falar com Goldman e Biz. Estariam eles envolvidos nisso? Campbell, Fred, Bijan e Fenton queriam que ele deixasse de ser o CEO — isso estava claro. Mas, e os "seus rapazes"? Dick, seu amigo de tantos anos, claro que tinha que fazer parte do golpe para poder assumir como novo CEO.

Mas e Goldman? E Biz? Não pode ser, ele pensou. Ev disparou pelo corredor e desceu até o terceiro andar. Manteve a cabeça baixa para não falar com os funcionários.

“Você está bem?”, Goldman perguntou quando Ev entrou com uma expressão preocupada. Ev apontou para a sala de reuniões do fundo. Depois de entrarem, Goldman fechou a porta e se sentou à mesa, olhando para seu melhor amigo e chefe com ar de interrogação. A sala não tinha janelas, apenas a iluminação opaca das luzes no teto. Do lado de fora, centenas de funcionários cochichavam. Ev encostou na parede e contou a Goldman o que tinha acabado de acontecer. Ficou evidente na hora que Goldman não havia tomado parte na rebelião do conselho.

“Você está brincando?”, Goldman disse, confuso. “O que eles disseram?”

Ev falou da conversa que havia tido com Campbell, dos telefonemas para Fred e Bijan, explicando de maneira geral o que eles haviam dito.

Goldman ficou chocado.

Estava escuro e a chuva castigava o carro de Dick Costolo. Ele segurava o volante firmemente com as duas mãos, tentando se concentrar na estrada escura. Estava exausto após o longo voo de volta de Indianápolis, onde havia feito uma palestra sobre o Twitter. Mais alguns quilômetros e estarei em casa, ele pensou.

Assim que cruzou a ponte Golden Gate seu celular tocou. Ele se atrapalhou para responder com o Bluetooth do carro.

Ev e Goldman estavam sentados em uma sala de reuniões do sexto andar quando o viva-voz finalmente parou de chamar. “Dick falando”, eles ouviram, com o barulho da chuva caindo ao fundo.

“Que merda é essa, Dick?”, Goldman disse. “Então você está agindo pelas costas de Ev para ser o CEO da empresa? Não dá pra acreditar!”

Dick o cortou. “Do que é que você está falando? Quem vai ser o CEO?”

Ev se inclinou sobre o aparelho. “O conselho tentou me demitir hoje e disse que você irá dirigir a empresa”, ele disse com a voz ponderada, e depois repetiu: “Eles me disseram para ser presidente do conselho e que você vai assumir”.

“Que merda é essa que você está dizendo? Isso é novidade pra mim”, Dick respondeu, parecendo tão surpreso quanto Ev ficara ao ouvir a mesma notícia de Campbell. "Ninguém ia me contar?", ele brincou, e sua risada ecoou no carro, invadindo a sala de reuniões.

"Quer dizer que você não sabia de nada disso?", Goldman perguntou.

"Nããão!", Dick respondeu, chocado. "É a primeira vez que ouço falar nisso." Não era verdade, mas também não era mentira.

Apesar de o conselho ter pedido a Dick no início daquele verão para assumir interinamente como CEO, Dick pediu que agissem de maneira diplomática para não parecer que ele estava expulsando Ev para assumir o controle — algo que ele de fato não estava fazendo. Esse plano foi pelos ares quando Campbell apareceu na sala de Ev e fez o discurso errado. Campbell, que sabia havia meses que Ev seria demitido (enquanto continuava com suas sessões como mentor), sugerira ao conselho que ele mesmo desse a notícia a Ev, mas ele não deveria mencionar o papel de Dick na equação. Isso deveria vir depois.

Dick havia ficado numa situação delicada entre a ética e os negócios, diante da demissão de seu chefe e amigo. Ele imaginou que o conselho agiria diplomaticamente, mas as coisas não haviam caminhado como deveriam.

Enquanto dirigia no escuro pelas ruas molhadas, ele explicou para Ev e Goldman que iria dizer ao conselho que não aceitaria o cargo sem o consentimento de Ev — e, como isso evidentemente não aconteceria, ele não aceitaria o cargo.

Ao desligarem o telefone, Goldman olhou para Ev e perguntou se ele acreditava em Dick. "Não sei. Eu realmente não sei mais em quem acreditar."

Nos dias seguintes, as coisas começaram a acontecer exatamente como haviam acontecido com Jack dois anos antes.

Ev telefonou para Ted, o advogado do Twitter, que repetiu quase literalmente o que havia dito para Jack quando ele fora demitido: "Não há muita coisa que você possa fazer", ele disse. "Tudo se resume à votação do conselho." Depois, seguindo seu roteiro, Ted explicou que sentia muito, que não podia conversar com Ev porque era advogado do Twitter.

Goldman resolveu então partir para a ofensiva, dizendo ao conselho que eles realmente não conheciam Ev. Se achavam que ele iria simplesmente se demitir, "não é o que vai acontecer", ele disse. "Se ele sair, eu saio. E Biz também. E metade dos funcionários. Vocês vão perder todos nós." Ele estava certo. A maioria dos funcionários adorava Ev. Mais da metade teria grande prazer em guardar seus poucos pertences digitais em pen drives e ir embora com ele se Ev pedisse. Ele havia se esforçado muito para ser o melhor chefe e havia conseguido. Mas, apesar de ter conseguido estabelecer uma relação muito boa com seus subordinados, o mesmo não acontecera com os executivos e os membros mais antigos.

As conversas começaram a se transformar em um carrossel. *Fuck* pra cá. *Fuck* pra lá. *Fuck you*. Fenton apareceu no escritório para tentar desatar o nó. "Eu disse a você para controlar o Campbell", Fenton disse a Ev. "Eu realmente sinto muito, mas eu disse a você para controlar o ego dele."

"Que merda o Campbell tem a ver com isso?", Ev perguntou, repetindo vários palavrões, as mãos tremendo. "Veja, eu reconheço que não sou o melhor CEO, mas vocês não podem colocar o Dick como CEO. Ele não tem envolvimento com o produto. Ele é do operacional."

"Vamos resolver a questão do produto depois."

"Como?"

"Eu não sei, depois damos um jeito. Você continuará envolvido; talvez Jack possa voltar e ajudar."

Isso foi um murro no estômago. A palavra "Jack" ficou pairando no ar. "Espera, o que foi que você disse?", Ev perguntou, as mãos paradas, o olhar cravado em Fenton. "Vocês vão trazer Jack de volta?"

"Não, não. Eu não sei se Jack vai voltar. Essa decisão não compete a mim. O novo CEO terá que decidir isso."

Depois de alguns dias, houve uma reunião fechada com Campbell, Ev e o resto do conselho. Dick ficou em seu escritório, trabalhando nas operações do dia a dia.

Depois de conversar com os advogados, Ev percebeu que teria de renunciar ao cargo de CEO, mas sabia que poderia retardar a transição e encontrar o melhor substituto para o Twitter.

"Devemos contratar alguém de fora, procurar um executivo, ou colocar Dick como CEO?", Campbell, que havia convocado a reunião, perguntou a Ev.

Ev disse que Dick havia feito um ótimo trabalho na empresa, mas "não é o cara certo para ser o CEO".

"Bem, se ele não é o cara certo, devemos demiti-lo?", Campbell perguntou a Ev.

Ev hesitou. "Se não vou ser mais o CEO, provavelmente vou assumir o papel de Dick, então sim, devemos demiti-lo."

"Está certo!", Campbell disse, batendo na mesa. Então ele se levantou enquanto as pessoas pediam para que parasse. "Não é melhor conversarmos sobre isso?", disse Fenton, inquieto.

"Não, estamos dirigindo uma empresa!", Campbell respondeu, e saiu da sala deixando os membros do conselho em estado de choque. Minutos depois, Campbell estava sentado na sala de Dick, dizendo que ele havia sido demitido e precisava falar com o conselho, e por que sairia sem direito a indenização.

"Do que é que você está falando?", Dick perguntou, totalmente confuso. "Isso é alguma piada?" Minutos antes haviam dito que ele seria o novo CEO do Twitter e agora estava sendo demitido da empresa.

Dick continuou sentado, boquiaberto, sem saber o que fazer depois de Campbell ter dito que encontrariam outra empresa no Vale em que ele poderia ser o CEO.

Em seguida o telefone de Dick começou a tocar. Fred e Bijan lhe disseram: "Não vá a lugar algum! Você não está demitido!".

No fim de semana, Dick e Ev combinaram um encontro para um brunch no condado de Marin, onde Dick morava. Dick havia passado muitas noites tentando decidir o que fazer, e ali estava ele novamente, entre a ética da amizade e o desejo de ver o Twitter, com todos os seus funcionários, crescer como uma empresa bem-sucedida.

"Escute, você me trouxe até aqui e eu lhe disse que nunca agiria pelas suas costas, e não vou", Dick disse a Ev quando se sentaram para tomar o café da manhã. “Por isso me diga o que você quer que eu faça e é o que farei.”

“Preciso que você se demita para que eu possa me concentrar na busca por um CEO”, Ev respondeu.

“Está certo, ótimo. Ótimo”, Dick disse, batendo levemente na mesa entre cada palavra. “Ótimo. Vou mandar um e-mail para o Ted e pedir que cuide da papelada e trate da minha indenização.” Ele estava tentando agir corretamente com Ev e imaginou que estava resolvido.

Mas assim que o conselho descobriu que ele estava se demitindo, o telefone de Dick começou a tocar novamente. “Não se demita!”, Fenton disse a ele.

“Jesus! O que é que vocês querem que eu faça?”

“Não faça nada!”

Enfim, Fred se cansou.

Todos receberam um e-mail informando que Fred e Bijan estavam pegando um avião para San Francisco. Em anexo, um documento legal convocava a presença de todo o conselho para uma reunião extraordinária. “Desculpem o aviso formal, mas fui informado de que isso é necessário”, Fred disse no e-mail.

> Pelo presente documento, estão convocados os membros do Conselho de Diretores do Twitter, Inc. (“Twitter”) para uma reunião extraordinária do Conselho de Diretores. A reunião está sendo convocada com base na cláusula II, parágrafo 2.4, do Contrato Social do Twitter. Será realizada na sexta-feira, 1º de outubro de 2010, às 14h, horário local, no escritório do Fenwick & West Advogados Associados, California Street, n. 555, 12º andar, San Francisco, Califórnia.

O documento estava assinado por Fenton, Bijan, Fred e Jack.

Apesar de saber a essência do que estava acontecendo com Ev e o conselho, Biz desconhecia toda a extensão do problema. E não se importava com isso. Ele jamais se interessou por um lugar no conselho do Twitter, não queria saber de guerra corporativa. Preferia construir bases éticas ao redor dos castelos corporativos. Porém, querendo ou não, ele estava prestes a fazer papel de soldado na última batalha.

Quando Fred enviou o documento legal para o conselho, Biz estava viajando pelo Japão para algumas reuniões e encontros com a imprensa. A viagem seguia tranquila até o dia em que seu celular tocou no escritório do Twitter no Japão e o nome "Jack Dorsey" apareceu na tela.

"Ev não é mais o CEO", Jack disse sem rodeios. "Você tem que voltar para podermos comunicar à empresa amanhã." Biz estava parado no meio de um corredor, com os funcionários do Twitter circulando normalmente. "Espera um pouco, espera um pouco", ele disse, procurando com os olhos um lugar tranquilo onde pudesse conversar sem ser ouvido. Abriu a primeira porta que viu e entrou.

"Do que é que você está falando?", Biz perguntou. Jack explicou o que havia acontecido — a carta de Fred, a reunião marcada no escritório dos advogados — e que o plano era anunciar que Ev estava deixando a empresa no dia seguinte, sexta-feira.

"Você não pode fazer isso sem mim", Biz disse, percebendo que havia entrado numa saleta cheia de computadores, por onde os servidores alimentavam o Twitter japonês. Um mar de fios azuis ocupava o piso e as paredes.

"Sei que não podemos. É por isso que você precisa voltar agora. Precisa estar aqui amanhã", Jack disse. "Pegue um avião fretado e volte."

"Não posso fretar um jato no Japão", Biz respondeu, observando que precisava participar de uma coletiva de imprensa muito importante. "Isso custaria uma fortuna."

"Cancele a coletiva e pegue um jato fretado. A empresa vai pagar."

"Espera aí, preciso pensar." Biz sabia que se Jack estava ligando, era porque Ev de fato seria afastado da empresa no dia seguinte. Mas esse era um daqueles momentos em que ele poderia retardar os acontecimentos.

"Escute, você não pode fazer isso sem mim. Se fizer isso, os funcionários vão achar que você colocou Ev pra fora e agiu pelas minhas costas porque eu não estou aí."

“Eu sei! É por isso que preciso que você volte pra cá.”

“Mas eu não posso fazer isso”, Biz disse sem hesitar. “Não poderei voltar até domingo, por isso teremos que fazer o anúncio na segunda.”

Assim que desligou, Biz telefonou para Goldman para bolar uma estratégia. Jack telefonou para Fenton para fazer o mesmo. Não importava, Jack voltaria para a empresa no dia seguinte, com ou sem Biz ao seu lado.

Jack mal conseguiu dormir na quinta-feira. Passou a noite pensando no que diria na manhã seguinte aos trezentos funcionários do Twitter, sendo que jamais havia visto 290 deles. Mas o plano já havia sido colocado em prática, ou assim ele pensava. Após a reunião, Jack iria com Dick e os membros do conselho até o escritório do Twitter. Ali, anunciaria triunfalmente que estava voltando para a empresa. O executivo exilado voltando para seu trono. Dick seria o novo CEO temporariamente, e Jack ocuparia outro cargo, talvez gerenciando o produto ou implementando a pauta de priorizar mensagens para atualização de status pessoais e não mensagens sobre o que acontecia no mundo.

Ele acordou na sexta-feira ensaiando o que diria aos funcionários enquanto vestia seu uniforme: jeans Earnest Sewn e uma camisa branca Dior impecável. Depois colocou gel nas mãos e ajeitou o cabelo até ficar perfeito. Sua história de que era o inventor do Twitter havia sido aprimorada ao longo dos últimos dois anos e agora ele a contaria na casa construída por Ev.

A manhã transcorreu quase tranquilamente. Ao se aproximar a hora da reunião, Jack percebeu que havia um e-mail de Ev em sua caixa de mensagens. Os dois não se falavam havia meses. Ele começou a ler: “Jack: sei que não nos demos muito bem no passado, mas quero tentar resolver isso... se eu continuar como CEO vou descobrir um jeito de trazer você de volta para a empresa... quero lembrá-lo de que se fizermos isto, a mudança que vocês querem, tomo seu lugar e você está fora do conselho”.

Como Ev havia feito dois anos antes, Jack não respondeu.

* * *

Ev mal conseguiu dormir na quinta-feira. Passou a noite pensando no que aconteceria no dia seguinte. Quando acordou, estava quase em transe. A manhã passou rapidamente, como uma névoa e, à tarde, ele sabia que sua hora havia chegado.

Sozinho, caminhou pelas ruas da cidade até o grande edifício envidraçado do escritório de advocacia. Chegou cedo para uma reunião com Fenton para tentar fazer um acordo e negociar um papel no gerenciamento de produto — ou pelo menos foi isso o que lhe disseram.

A recepcionista cumprimentou Ev e o conduziu até a sala do conselho, onde ele encontrou Fred e Bijan sentados ao lado de Fenton. "O que está acontecendo?", Ev perguntou a Fenton, confuso por encontrar todos ali. "Pensei que você tivesse dito que conversaríamos só nós dois primeiro."

"Sinto muito, isso não vai acontecer. Precisamos acabar com isso", Fenton respondeu.

Ev olhou para Fred e Bijan e pediu a eles que deixassem a sala por alguns instantes.

"Você mentiu pra mim", Ev gritou para Fenton assim que eles saíram. "O que está acontecendo?"

O resto da conversa foi abafado pela porta fechada.

Depois de algum tempo, todos foram encaminhados para outra sala de reuniões. Estavam presentes os sete membros do conselho: Fred, Bijan, Fenton, Dick, Jack, Goldman e Ev. Os dois advogados, Ted e Amac, também participaram.

A porta da sala foi fechada. O ar tenso encheu o ambiente enquanto todos ocupavam seus lugares. A reunião teve início.

E então Ev pronunciou a frase de 22 caracteres: "Eu renuncio ao cargo de CEO".

"Alguém precisa apresentar uma moção", disse Ted, pedindo a duas pessoas da sala que confirmassem a moção. Ev olhou em volta para ver quem votaria e quem seria o primeiro a levantar a mão.

"Eu", disse Fred, decepcionado com toda aquela turbulência.

Então ficaram todos em silêncio. Fenton não levantou a mão. Nem Bijan. Ou Dick. Em vez disso, a mão de Jack subiu lentamente no ar.

"Eu", disse Jack.

Foi nesse momento que Ev começou a perceber o que estava acontecendo. Jack estava por trás de tudo aquilo. Ele era o cérebro. Mexendo as peças do xadrez. Essa era a vingança de Jack.

Os vários advogados consultados por Ev lhe disseram que ele estava ferrado. O conselho havia preparado sua saída durante meses, certificando-se de que uma vez tomada a decisão, não haveria nada que Ev pudesse fazer.

Como os advogados explicaram, havia sete lugares no conselho. Fred, Bijan e Fenton votariam por sua saída. Goldman, Ev e até mesmo Dick votariam contra. Mas restava um voto decisivo: Jack.

Enquanto se dava conta de que Jack havia conspirado contra ele, Ev se lembrou da conversa que havia tido dois anos antes com Fred e Bijan sobre o que fazer com Jack depois que ele fosse demitido.

Ev concordara em fazer de Jack o presidente do conselho comanditário como prêmio de consolação. Um prêmio que Ev não precisaria ter dado. Não tinha nenhuma obrigação legal ou corporativa. Apenas moral.

Em muitas ocasiões desde então, Ev pensou em tirar Jack do conselho. Por causa de suas declarações para a imprensa. Pelo fato de Jack dizer às pessoas da área que Ev o havia chutado para fora da empresa. Por ter mudado seu perfil no Twitter colocando-se como "inventor" do site. Por causa de sua divergência fundamental em relação ao produto. Mas apesar de ter chegado muito perto dessa decisão inúmeras vezes, ele acabava optando por evitar um conflito. O ato de misericórdia seria a demissão de Ev.

Jack e Ev se olharam. Naquele momento eles não eram capazes de perceber que ambos haviam sido fundamentais para que o Twitter se transformasse no que era. O equilíbrio perfeito entre duas maneiras diferentes de enxergar o mundo: a necessidade de falar de si mesmo e a necessidade de deixar que outros falassem. Um não poderia existir sem o outro. Esse equilíbrio, ou luta, havia criado o Twitter. Uma ferramenta que podia ser usada por titãs da indústria e também por adolescentes, por celebridades e por pessoas comuns, por funcionários do governo e por revolucionários. Um lugar onde pessoas com pontos de vista completamente diferentes, como Jack e Ev, podiam coabitar.

A troca de olhares foi interrompida com a apresentação de uma moção para fazer de Dick o CEO interino da empresa. Votado. Depois outra moção.

"Estamos fazendo um rodízio nos lugares do conselho", disse Fenton. "Jack será o presidente."

Goldman e Ev se olharam, confusos. "O que vocês querem dizer com rodízio de lugares no conselho?", Goldman perguntou.

Ev imaginava que, não sendo mais o CEO, ocuparia o assento que Jack mantivera aquecido como presidente comanditário. Com isso, Jack deixaria o conselho. Mas o conselho também havia previsto esta ação. Ev desceria ainda mais, e Jack seria alçado ao cargo de presidente do conselho executivo do Twitter. Quando Ev percebeu, ficou chocado com a brutalidade do golpe.

Então Dick, o novo CEO interino, falou. "Está certo, então vamos para o Twitter anunciar...", mas ele foi interrompido por Ev.

"Não, vamos mudar o comunicado."

"Do que é que você está falando?"

"Fenton e eu acertamos que eu ficaria como diretor de produto", Ev disse. "Por isso quero repensar o comunicado. Não vamos anunciar as mudanças à empresa hoje." E, ele acrescentou, não queria que Jack estivesse presente durante o anúncio.

A reunião foi encerrada, com Jack espumando por não poder voltar para o Twitter e fazer um discurso eloquente. Assim que voltou para seu escritório na Square, ele pegou o telefone. "O que aconteceu?", ele esbravejou para Fenton. "Isso não fazia parte do plano!"

"Eu sei, eu sei. Vamos resolver isso."

Uma tempestade no domingo

A PRIMEIRA VEZ QUE OS colegas de trabalho viram Biz brigar por alguma coisa foi por causa de ratos, no fim de 2006, quando a Odeo se mudou para o n. 164 da South Park, onde pouco tempo depois seria criado o Twitter.

O espaço tinha algo de estranho quando o grupo igualmente estranho de programadores se mudou. Pequenas salas à direita e à esquerda, níveis diferentes e uma pequena cozinha.

Enquanto se acomodavam, escolhendo as mesas como crianças brigando pelo melhor quarto em uma casa nova, a pequena área da cozinha se transformou no coração do escritório. Às vezes, Noah fazia panquecas de manhã. Para deixar o lugar com ar de casa, sempre havia salgadinhos e frutas no balcão. Mas os programadores da Odeo não comiam as maçãs e bananas; eram ratos que todas as noites deixavam suas marcas nas frutas.

"Isso é nojento", diziam os funcionários ao encontrarem as frutas mordidas logo cedo.

Então eles decidiram. Precisavam exterminar os ratos — com ratoeiras, veneno, qualquer coisa. Quando Biz ficou sabendo do plano para matar os ratos, entrou em cena como um negociador de reféns em uma escola primária.

"Vocês não vão matar esses ratos", ele disse. As pessoas olharam para ele, sem saber se ele estava falando sério. "Não estou brincando: ninguém toca neles."

Todos tentaram convencê-lo de que os ratos estavam comendo as frutas, que aquilo era nojento, que...

"Não dou a mínima. Ninguém aqui vai colocar ratoeiras e matar os ratinhos", ele disse com firmeza, os olhos cheios de lágrimas, as mãos tremendo de raiva, atônito com o fato de alguém querer machucar um animal, principalmente um animal tão pequeno e indefeso como um ratinho. "Isso não vai acontecer", ele repetiu. "Ninguém vai matar os ratos!"

Foi a primeira vez que alguém viu Biz nervoso daquele jeito; apesar de não ter sido a última, nos quatro anos seguintes isso aconteceria raras vezes.

Na manhã do dia 3 de outubro de 2010, dois dias depois de Ev ter sido demitido do cargo de CEO, Biz acordou meio grogue. Fizera um voo longo de volta do Japão. Apesar de ainda não saber, ele iria brigar de novo. Mas desta vez não seria para proteger ratinhos e sim Ev, seu chefe e melhor amigo por quase uma década.

Biz cuidou dos animais. Fez seu café. Deu um beijo em Livy e se despediu, desculpando-se por ter de trabalhar no domingo.

O escritório do Twitter estava em silêncio; as luzes, desligadas. Os computadores dormiam. Imóveis. Lá fora, de vez em quando passava um táxi vazio e algumas pessoas passeavam com seus cachorros. Algumas nuvens brancas cruzavam o céu como tartarugas sonolentas cobertas de algodão. A alguns quarteirões dali, a AT&T estava se preparando para a partida entre o San Francisco Giants e o San Diego Padres.

Mas a tranquilidade do escritório estava prestes a ser quebrada por uma nova tempestade. Em algumas horas, o escritório do Twitter despertaria com tensão e palavrões como nunca antes. E as primeiras trovoadas já podiam ser ouvidas ao longe, em Nova York, quando um e-mail de Fred chegou na caixa de mensagens de todos, às 9h57, endereçado a Ev mas incluindo todo o conselho e Biz.

"Ev", dizia o e-mail, "Peter, Bijan e eu não estaremos na empresa na segunda-feira como combinamos." Em seguida destacou seis pontos que deveriam ser comunicados aos funcionários do Twitter e à mídia, a maioria deles já do conhecimento de Ev: Dick seria o CEO interino; o conselho iria encontrar um CEO para substituí-lo; Ev continuaria no conselho, teria uma sala no Twitter, representaria a empresa externamente e contribuiria para a estratégia do produto. Mas havia um acréscimo a ser feito no comunicado: "Você não terá mais um papel operacional na empresa", Fred escreveu.

Ev leu essa última linha algumas vezes, confuso. Quando concordou em deixar o cargo de CEO na sexta, Fenton lhe disse que ele seria o diretor de produto no Twitter, garantindo que o site manteria sua trajetória baseada no design e não no dinheiro. Agora, enquanto se dirigia ao escritório para elaborar o anúncio que deveria apenas comunicar uma mudança de papéis, ele percebeu que havia caído num engodo.

Como Jack, dois anos antes, e Noah, dois anos antes de Jack, Ev estava oficialmente sem emprego no Twitter. E como os outros dois fundadores, estava de mãos atadas para fazer qualquer coisa. E o conselho sabia disso. Ele havia renunciado ao cargo de CEO oficialmente, por isso todos os acordos que não haviam sido colocados no papel ou acertados por e-mail eram nulos e inválidos. A decisão agora estava nas mãos de Jack, o presidente do conselho executivo, e de Dick, que agora mandava no Twitter oficial e legalmente.

Um a um, Ev, Dick, Biz, Goldman, Amac e Sean Garrett, que chefiava a equipe de relações públicas, foram chegando no escritório. As luzes foram se acendendo. Os computadores acordaram de seu sono tranquilo. Os assistentes dos executivos também chegaram para ajudar os chefes.

As reuniões começaram.

Os executivos entravam e saíam de três salas diferentes: Puffin, Penguin e TK. E apesar de estarem se reunindo para discutir o destino de Ev, pareciam crianças brincando de esconde-esconde.

Mas o clima não era alegre. Não havia risadas. Havia apenas tensão e tristeza, mesmo entre a equipe vencedora.

Goldman estava triste e mal-humorado, principalmente depois de ler o e-mail de Fred. Eles tinham perdido e Ev estava fora. Acabou. Só lhes restava redigir um comunicado à imprensa que entraria para a história descrevendo uma versão inventada do final da batalha.

Mas Biz estava sinceramente confuso. "Eu não entendo como podem simplesmente jogar no lixo toda a carreira desse cara", ele disse a Goldman enquanto conversavam sobre o e-mail de Fred. "Essas pessoas não têm sentimentos?" Apesar de ter sido um dos fundadores do Twitter, Biz nunca teve muito poder na empresa. Ele nunca conseguiu entender o que movia os "caras do dinheiro". O e-mail do conselho lhe parecia profundamente injusto.

Enquanto eles iam de uma sala de reuniões para outra, uma das relações-públicas da empresa se sentou no sofá do corredor elaborando em seu laptop várias versões do post que deveria ir para o site na manhã de segunda-feira. A primeira versão anunciaria que Ev estava deixando a empresa de uma vez e Jack, o fundador exilado, estava voltando. Porém, com o correr do dia, o plano e o post mudariam várias vezes.

Kris, assistente de Ev, ficou encarregada de examinar todos os tuítes de Dick, apontando qualquer coisa que pudesse ser considerada problemática. Enquanto revia milhares de atualizações de 140 caracteres, ela parou no meio da tela e chamou as pessoas para ver a mensagem que ele havia enviado de brincadeira um ano antes: "Primeiro dia como COO do Twitter amanhã. Tarefa #1: sabotar o CEO, consolidar o poder".

Primeiro, Ev entrou na sala Puffin com Dick e tentou convencê-lo a deixar que ficasse na empresa.

"Isso não compete a mim, depende do conselho."

"Você é o CEO, você tem que decidir."

A conversa prosseguiu e então ficou acalorada. "Não vou fazer isso", as pessoas ouviram Dick gritar. "Não vou fazer isso de jeito nenhum!"

Minutos depois Ev saiu da sala de cabeça baixa. Biz entrou. "Ev acabou de sair, parecia muito decepcionado", ele disse a Dick. "O que aconteceu?"

Dick explicou que Ev havia proposto assumir um papel de liderança em relação ao produto, com Dick tornando-se o CEO permanente, mas ele se recusou a aceitar a proposta, dizendo a Biz: "Não fico à vontade para fazer isso porque vai parecer que negociei para conseguir essa posição".

Biz balançou a cabeça, derrotado como Ev, e saiu da sala.

O conselho havia dito a Dick para se manter firme em relação à decisão de colocar Ev para fora. Mesmo que Dick quisesse manter Ev na empresa, o veredito não estava em suas mãos, as pessoas acima dele já haviam tomado essa decisão.

As pessoas conversaram pelo telefone com os membros do conselho. Foram realizadas várias reuniões separadas e depois todos se encontraram na sala de reuniões principal — Dick, Sean, Amac, Goldman, Biz e Ev — para decidir como seria a segunda-feira.

"Então, o negócio é o seguinte, Ev está fora e eu sou o CEO interino..." Dick explicou como seria o comunicado enquanto Ev ficou sentado em silêncio, sem poder fazer nada na empresa que dirigia até dois dias atrás.

"E Jack virá aqui..." Dick continuou a falar do plano, que incluía a presença de Jack durante o anúncio de que Ev estava deixando a empresa.

Então Biz interrompeu sua fala, quase sussurrando. "Desculpe, mas estou confuso. Por que não podemos dizer que Ev ficará encarregado do produto?"

"Não posso fazer isso."

"Por que não?", Biz perguntou, sinceramente confuso com o que estava acontecendo.

"Não vou fazer uma troca, não quero que digam depois que só estou no cargo de CEO porque fiz uma barganha", Dick respondeu, batendo com os dedos na mesa enquanto falava. Biz continuou com a expressão confusa, porque não conseguia entender o que ele estava querendo insinuar com aquela coisa de barganha e muito menos por que o conselho podia colocar Ev para fora do Twitter sem mais nem menos. Dick repetiu: "Não vou permitir que digam que sou o CEO porque fiz um acordo".

Biz contraiu o rosto levemente enquanto ouvia.

"Todo mundo parado por um segundo!", ele disse então, erguendo a mão no ar como um guarda de trânsito. "Parem tudo, só um segundo." Biz olhou diretamente para Dick enquanto todos observavam em silêncio.

"Dick!", ele disse em voz alta. "Por favor, explique pra mim — deixa eu ver se entendi direito —, você não concorda com a ideia de que Ev seja o chefe de produto e você o CEO por que não se sente à vontade?"

"Exatamente."

"Bem!", Biz começou a gritar. "Bem, e que tal você ficar pouco à vontade com relação à carreira deste cara?", Biz perguntou, apontando para Ev. "Que tal você começar a ficar desconfortável com relação a isso?"

Um silêncio pesado tomou conta da sala. Biz continuou encarando Dick. "Você não se sente pouco à vontade diante de toda a carreira de Ev sendo destruída?"

Todos se viraram para Biz, com uma expressão de espanto no rosto. Biz voltou a se sentar, nervoso mas satisfeito por ter explodido.

Dick sustentou seu olhar, contrapondo mentalmente a decisão ética e a comercial. "Está certo. Está certo. Vou telefonar para Fenton e conversar com ele", Dick disse finalmente, levantando-se.

Dick caminhou até a cafeteria enquanto discava. Levou o celular ao ouvido e encostou na janela da grande sala vazia, onde em menos de 24 horas os funcionários iriam saudá-lo como novo CEO do Twitter.

Biz e Goldman também deixaram a sala, mas seguiram em outra direção, rumo a outra sala de reuniões. Os assistentes se limitavam a observar enquanto os executivos ziguezagueavam pelo lugar. Kris enviou várias mensagens de texto para Sara, que estava em casa com o bebê, para mantê-la a par da situação.

As mãos de Biz tremiam quando ele telefonou para Bijan, mas sua voz soou forte e confiante ao dizer: "Escute, se Ev não vier na segunda, eu também não venho!", Biz disse, enfático. "E você pode lidar com esse anúncio por sua conta, sem minha ajuda ou de Goldman, e sem Ev, o que será um puta desastre gigantesco."

Goldman ficou sentado em silêncio, ouvindo o que Biz dizia a Bijan como se não tivesse qualquer outra preocupação no mundo. Bijan não precisou ouvir muito para se deixar convencer. Ele se sentia mal pelo modo como as coisas acabaram transcorrendo, mas também sabia que os investidores precisavam se garantir para não perder centenas de milhões de dólares caso o Twitter fracassasse. Como Dick, ele estava entre a moralidade e os interesses comerciais. Quando Bijan começou a falar, Biz o interrompeu. "Dick tem que ser o CEO definitivo, sem essa merda de 'interino'." Ele explicou que a empresa e seus funcionários já tinham passado por muita coisa, e que essa ideia de demitir o CEO, colocar um CEO interino e depois procurar um novo CEO acabaria com a confiança dos funcionários do Twitter.

"Está certo, entendi, entendi. Vou telefonar para Fred e Fenton, vou falar com eles."

Depois de encerrados os telefonemas, todos se reencontraram na sala de reuniões e decidiram o que seria o plano final — plano que não deixaria Jack nada feliz, pois ele não estaria presente no anúncio que seria feito na segunda-feira de manhã; plano que permitiria a Ev manter um emprego na empresa, como diretor de produto. Mas Jack sabia que o plano duraria pouco. Ev não.

4 de outubro de 2010, 10h43
Escritório do Twitter

"Saia", disse Evan Williams para a mulher que estava parada na porta de seu escritório. "Eu vou vomitar."

Ela recuou e fechou a porta. Um som metálico ecoou pela sala enquanto ele pegava o cesto de lixo preto no canto do escritório com as mãos úmidas e trêmulas.

Segunda-feira de manhã. Dali a 47 minutos Ev iria fazer o anúncio para os funcionários do Twitter. Funcionários que não sabiam o que aconteceria naquele dia.

O escritório havia aberto suas portas normalmente. As garrafas de café estavam cheias. Os funcionários chegaram imaginando que seria mais uma segunda-feira como tantas outras. Talvez aparecesse uma celebridade inesperadamente. Ou um político. Talvez houvesse uma entrega de doces ou de sorvete de algum comerciante agradecendo à empresa pela ajuda nos negócios.

As pessoas estavam compartilhando links no Twitter a respeito dos últimos números da *New Yorker*, da *Economist* e do *New York Times*, cada um com um artigo sobre o papel do Twitter nas revoluções que estavam ocorrendo naquele momento no Oriente Médio, revoluções que estavam começando a se espalhar por outros países, tudo graças ao Twitter.

Goldman havia chegado cedo naquela segunda-feira. Reuniu um grupo de funcionários de sua confiança e contou a eles uma variação da história que seria contada à mídia mais tarde. Depois chegaram Ev e Sara, e ele foi para sua sala preparar-se para o que viria em seguida. "Você está bem?", Sara perguntou, e ele respondeu que não estava se sentindo nada bem. Não sabia dizer se era apenas nervosismo ou se estava ficando doente. Ou ambas as coisas. De qualquer forma, sentia o estômago revirado. Sara deixou a sala quando uma relações-públicas entrou para revisar o discurso que Ev faria dali a 45 minutos. Então, ele a interrompeu.

A porta se fechou quando Ev caiu de joelhos no carpete.

Era isso. Seu último ato como CEO: olhar para o fundo de um cesto de lixo, pensando em como havia chegado ali. Pensando nas coisas que havia postado, fotografado e tuitado na última década, que ainda vagavam em algum lugar da internet, perdidas em um mar de bilhões de publicações.

Procurou respostas no vazio. Dali a pouco mais de quarenta minutos seria colocado para fora da empresa que havia criado, empresa que havia financiado com seu próprio dinheiro, que ele amava, para a qual havia contratado amigos. Alguns dos quais o haviam traído.

Procurou respostas em suas lembranças. Mas mesmo quando se enterra lembranças na internet, é preciso lembrar em que caixa ficaram escondidas. E quando foram guardadas ali.

Mesmo na internet, o elefante que nunca esquece, as lembranças são esquecidas.

Ev sabia o tempo todo que a questão nunca foi dinheiro. Um bilionário também vomita em um cesto de lixo. A questão era deixar uma marca no universo. Era o poder, o poder que havia sido tirado dos políticos e de Hollywood, das celebridades, dos revolucionários, das corporações e da mídia. Poder que fora afunilado na internet através dessa coisa bizarra chamada Twitter. Essa coisa acidental que havia virado o mundo de cabeça para baixo.

Agora era a vez do mundo de Ev virar. E, naquele momento, olhando para o chão, sozinho, ele se arrependeu.

A porta da sala abriu e Sara entrou. “Como você está?”

“Ferrado.”

Dick estava falando ao telefone na sala ao lado, o olhar baixo, andando de um lado para outro da sala, conversando sobre o retorno de Jack para a empresa. Um novo plano estava sendo elaborado.

Biz sentou-se diante do computador e digitou um e-mail para a empresa solicitando a todos que se reunissem na cafeteria às 11h30. Não seriam permitidas pessoas de fora; elas deveriam ficar no saguão até o encerramento da reunião; não teremos patês, apenas notícias importantes.

E então chegou a hora.

Os funcionários se levantaram e começaram a ir para a cafeteria. Um zumbido silencioso e confuso tomou conta do ambiente enquanto cada um procurava se acomodar da melhor maneira possível.

Então Ev apareceu, seguido por Biz e Goldman.

E Dick.

Com o microfone na mão, Ev fez seu discurso, dizendo aos funcionários que havia decidido assumir um cargo ligado ao produto e que havia convidado Dick para assumir como CEO. Algumas palavras solenes ditas em um tom otimista. Depois ele entregou o microfone para o novo CEO do Twitter. O terceiro em dois anos.

Às 11h40, enquanto Dick assumia o comando, uma pessoa do departamento de relações públicas, sentada na plateia com seu laptop aberto, apertou um botão e colocou no ar o post anunciando que Dick Costolo era o novo CEO e que Evan Williams, por sua própria vontade, deixara o cargo para focar no desenvolvimento de produto.

“Se queremos transformar o Twitter em uma empresa de 100 bilhões de dólares”, Dick disse para a plateia, “Ev e eu concordamos que esta é a melhor decisão.”

Em poucos segundos a imprensa começou a se movimentar para cobrir o anúncio. Anúncio que não mencionara o perverso motim que havia se instalado no conselho do Twitter nos últimos meses. Anúncio que não mencionara o fato de Ev quase ter ficado sem emprego. E que não mencionara que Jack Dorsey voltaria. Isso ainda estava por vir.

V
#DICK

Sem supervisão de adultos

"ESTÁ SENTINDO O CHEIRO?", disse um engenheiro de cara arredondada, o nariz farejando o ar. Era final de tarde de uma quinta-feira. Momentos antes, o escritório estava tão calmo e sereno quanto as águas de um lago no verão, e o único barulho que se podia ouvir era o som abafado dos computadores dos funcionários.

"É cheiro de maconha", disse o engenheiro do Twitter aos seus colegas, inspirando profundamente para ter certeza de que não estava sendo enganado pelo nariz. "É maconha, certo?"

Outro engenheiro também respirou fundo. "E essa música?"

Eles olharam um para o outro, tentando entender o que estava acontecendo.

Não sabiam, mas duas horas antes as portas de metal do elevador haviam se aberto no sexto andar e, como em uma cena de abertura de um videoclipe de rap, dali saiu um grupo de homens fortes, quase todos negros.

"Sou Nick Adler", disse confiante o homem de cabeça raspada para a recepcionista de olhos grandes e inocentes sentada atrás do balcão. "Viemos falar com Biz Stone. Foi Omid quem nos mandou."

A recepcionista olhou melhor e percebeu no centro do grupo, acima de todos como uma abelha rainha cercada por suas operárias, o rapper Snoop Dogg. Balançando a cabeça de um lado para o outro enquanto examinava o local, os óculos de sol escondendo os olhos avermelhados e um boné cobrindo o cabelo em tranças.

"Sim, vou avisar", disse a recepcionista, sorrindo, tentando localizar Biz. Mas não havia ninguém que ela pudesse chamar. Não havia nenhum vice-presidente ou executivo ou qualquer adulto responsável pela supervisão no prédio.

Uma das primeiras medidas de Dick ao assumir como CEO foi tirar Goldman da chefia de produto do Twitter. Dick queria limpar a área, livrar-se do velho e trazer o novo, fazer do Twitter sua empresa. O afastamento de Goldman era o primeiro passo. Mas na última hora foi feito um ajuste. Em vez de ser demitido, Goldman teve "permissão" para se demitir.

No início de dezembro, Goldman participou do LeWeb em Paris e, quando estava no palco com MG Siegler, colunista do TechCrunch, divulgou a notícia publicamente.

"Faz tempo que você está no Twitter. Quais são seus planos?", Siegler perguntou.

"Na última sexta-feira comuniquei a toda a empresa que estou deixando o Twitter no fim do mês", disse Goldman. "Não vou dizer que preciso passar mais tempo com minha família — pois tenho apenas minha namorada e dois gatos — mas preciso dar um tempo." (Goldman ainda estava namorando Crystal.)

O paradeiro de Ev também era ignorado. Depois de entregar o cargo de CEO para Dick e passado o choque inicial por ter sido colocado para fora da empresa, ele ficou entusiasmado com seu novo emprego, percebendo que havia se livrado do estresse imposto pelo lado comercial da empresa. Agora poderia focar no produto. Por isso, em novembro ele retomou o trabalho projetando novos recursos para o Twitter. Mas as coisas logo começaram a azedar.

Quando ele apresentou suas ideias a Dick, elas foram basicamente ignoradas. Não demorou muito para que o próprio Ev começasse a ser ignorado. Ele não era informado das conversas que circulavam entre os executivos, não era convidado para participar de reuniões. Como Jack em seu papel de presidente do conselho "silencioso", Ev agora era um diretor de produto "silencioso".

Nas férias de Natal, Ev foi para o Havaí com a família — viagem que havia feito muitas vezes com Dick. Sentado na beira da piscina, refletindo sobre o trauma psicológico dos últimos meses, deu-se conta de que na verdade não tinha um papel no Twitter. Ele havia sido demitido sem ser posto para fora do prédio.

No dia 2 de janeiro de 2011, Ev mandou um e-mail para toda a empresa anunciando que estava na hora de dar um tempo. "Decidi estender minhas férias — até março", ele escreveu. "Por quê? Faz tempo que preciso de um descanso, e este me parece o momento ideal. Estarei disponível e monitorando os e-mails, participando das reuniões do conselho, falando com Dick e outras pessoas regularmente, falando com a imprensa se necessário e vou ficar de olho nas coisas. Mas também vou passar muito mais tempo com Miles e Sara." E assinou o e-mail: "*Mahalo*, Ev".

Com Goldman fora e Ev afastado, Biz também não estava aparecendo no escritório. Ele se sentia um intruso ao lado de Dick e passava os dias tentando decidir se também deixaria o Twitter.

"Olá. Biz não está no momento", disse um engenheiro baixinho e branquelo para o grupo de Snoop Dogg. "Ele está vindo para cá, mas... Posso mostrar tudo a vocês enquanto ele não chega."

O funcionário do Twitter conduziu o grupo por uma porta que levava ao coração do escritório. Houve um pequeno tumulto enquanto os homens corriam para os cubículos silenciosos.

"E aí, gata?", Snoop disse para uma funcionária bonita. "Qual é seu nome, beleza?", ele disse para outra, espiando o que ela estava fazendo em seu cubículo. O barulho do grupo atrapalhou a rotina dos funcionários, como se alguém tivesse quebrado uma garrafa em uma biblioteca pública.

"Desculpe, sr. Snoop Dogg", disse o engenheiro, "é melhor irmos direto para a sala de reuniões."

Snoop estava em San Francisco para um show que seria realizado naquela noite. Nick Adler, que gerenciava sua presença no mundo digital, havia marcado o encontro e fora informado de que Biz estaria ali para receber a comitiva de Snoop, que incluía Warren G e outros rappers. Só havia um pequeno problema: Biz não havia sido informado. E nenhum dos outros executivos, que estavam todos fora em reunião.

A visita de Snoop foi organizada por uma nova funcionária da equipe de relações públicas, equipe montada para estabelecer relações com celebridades, incluindo atores, atletas e músicos. Essas pessoas eram chamadas de VITS (*Very Important Tweeters*) na empresa.

Também assinalava uma mudança na cultura musical. Apesar de outros músicos terem visitado o Twitter — como Kanye West e P. Diddy — essas estrelas já não visitavam outro veículo: o rádio. Ironicamente, o veículo que Ev e Noah pretendiam reinventar em 2005 com a Odeo.

Em vez disso, os músicos queriam ver o Twitter.

Mas aquele tour de Snoop Dogg não estava seguindo como planejado.

Após a saída de Ev, Dick havia organizado uma série de reuniões fora dali para reestruturar a empresa. Por isso, a maioria dos executivos não estava no escritório enquanto o engenheiro branquelo tentava distrair o rapper e sua comitiva. As coisas não estavam indo nada bem; ele parecia um professor substituto tentando controlar uma classe de crianças rebeldes.

"Esta é nossa nova ferramenta de análise", ele disse ao grupo. "Posso mostrar a vocês os tuítes com maior repercussão."

"Sério, cara? Isso é muito bacana, cara", Snoop disse, tentando imitar o jeito de falar de um branco. "Sua nova ferramenta de análise. Cara, isso é muito legal." O riso irrompeu na sala enquanto todos mexiam em seus celulares sem prestar a menor atenção no que o rapaz dizia.

Mas o engenheiro continuou falando. "Como vocês podem ver, sempre que você tuitar alguma coisa sobre maconha, terá um aumento enorme de seguidores." Ao ouvir isso, Snoop sentou, olhando atentamente para o gráfico da tela.

Depois de algum tempo na sala de reuniões, o grupo concedeu uma rápida entrevista em vídeo para ajudar a divulgar um novo recurso do Twitter. Então foram levados até a cafeteria; ao passarem pela cabine de DJ, Snoop abriu os braços e perguntou: "Posso?". Antes de ouvir a resposta do engenheiro, Snoop já estava com o microfone na mão e a música explodia pelos alto-falantes. O som atravessou as paredes e em pouco tempo a cafeteria se encheu de gente. Os funcionários do Twitter registraram o evento com seus celulares, tirando fotos, filmando e, é claro, tuitando.

Então, como um mágico tirando o coelho da cartola, Snoop Dogg exibiu um baseado enorme na mão. Depois um isqueiro. E alguns segundos depois ele estava fumando maconha avidamente. Vendo isso, os membros de sua comitiva imaginaram que não havia problema algum fumar um baseado no escritório do Twitter, por isso todos resolveram fumar os cigarros de maconha que tinham nos bolsos ou enfiados atrás da orelha.

Em questão de minutos, a cafeteria se transformou em palco improvisado para uma apresentação de Snoop Dogg, com dezenas de baseados passando de mão em mão, entre os rappers e os funcionários do Twitter, a maioria dançando, alguns se agarrando. Algumas garotas subiram nas mesas e começaram a acenar com os braços como se estivessem em uma casa noturna e não em seu local de trabalho. Estavam todos festejando enquanto os pais estavam fora.

Até aparecer um advogado do Twitter. Pedir a Snoop Dogg e outros rappers para que parassem de fumar maconha no escritório não foi fácil, mas todas as festas têm seu fim e eles acabaram indo embora e deixando um rastro de fumaça, dezenas de funcionários chapados e centenas de tuítes.

O advogado lembrou aos funcionários que não podiam usar drogas no local de trabalho. Pediu a todos que apagassem os tuítes. Que removessem as fotos da internet. Os únicos vídeos incriminadores que sobreviveram pertenciam a Snoop Dogg.

Dick ficou furioso quando soube da maconha e da festa dos funcionários. Jurou que era a última vez que uma coisa dessas aconteceria. Estava na hora de o Twitter crescer, ele disse.

Jack voltou!

ESTAVA CLARO LÁ FORA E ESCURO LÁ DENTRO. Jack andava de um lado para outro diante da tela do projetor enquanto algumas frestas de luz do dia penetravam através das cortinas fechadas. Os sapatos marrons deslizavam no carpete como os chinelos de um bailarino. Um crachá branco com o nome "Jack Dorsey" e a palavra "Twitter" pendurado na cintura balançava sobre o jeans.

"Vamos chamar de Twitter 1.0", ele disse às centenas de funcionários que o assistiam. "Vamos abreviar para 'T1'." Então ele explicou a todos que, antes daquele momento, até Jack voltar para a empresa, o Twitter estava incompleto. "Prestem atenção à direção, não aos detalhes", ele disse, confiante. Aquele era o novo Twitter. Ele não fez elogios à operação anterior do produto — a versão de Ev —, mas pegou algumas coisas. Aquela era uma versão beta, e incompleta, ele disse.

Ele havia iniciado seu discurso com a música "Blackbird", dos Beatles, que fala de um pássaro com a asa quebrada que aprende a voar. Conveniente. Alguns dos funcionários estavam entusiasmados, porém muitos olhavam ao redor, contrariados, enquanto Jack depreciava o trabalho que haviam feito nos últimos dois anos.

Era o momento que Jack havia esperado e planejado — o momento que deveria ter acontecido alguns meses antes, quando Ev foi forçado a recuar. Agora Ev estava sendo forçado a sair.

Depois de muitas conversas com Dick e com o conselho, Jack havia voltado ao castelo no fim de março, um rei banido retornando do exílio.

Quando Dick o apresentou durante a Hora do Chá, ele foi ovacionado pela maioria dos quase 450 funcionários da empresa, muitos dos quais acreditavam que ele era o herdeiro legítimo voltando para casa. Mas alguns poucos não ficaram em pé: um pequeno grupo de pessoas que sabia o que realmente havia acontecido.

Enquanto Jack se deleitava com os aplausos, Ev enviava um e-mail para todos os funcionários do Twitter.

"Tenho refletido bastante", Ev escreveu a respeito dos dois meses em que se afastara. "É claro que o Twitter é a coisa mais importante em que tive um papel significativo. E, apesar de estar muito orgulhoso do que conseguimos realizar, é evidente que o trabalho não está concluído. Se atingir seu potencial, o Twitter estará presente por muitos, muitos anos ainda, e olharemos para o ano de 2011 como um período pitoresco dos primeiros anos.

"Decidi que, a partir de agora, não terei um papel no dia a dia do Twitter", ele escreveu. "Farei o que puder para ajudar, como cofundador, membro do conselho, acionista e amigo da empresa (e de tantas pessoas)."

E concluiu: "Não pretendo sumir, de maneira alguma. Continuem a mudar o mundo. Seu amigo, Ev".

Três dias depois, na manhã de segunda-feira, a empresa anunciou oficialmente que Jack havia voltado. Seguiu-se a confirmação de Jack com um tuíte: "Estou muito feliz por voltar a trabalhar como líder de produto no @Twitter e como presidente do conselho. E sim: chefiando a @Square para todo o sempre como CEO".

E então chegou a imprensa. Em peso. Fenton apareceu para se certificar de que Jack seria retratado como herói. "Foi uma tragédia o período de dois anos em que ele não esteve envolvido com a empresa e estávamos sentindo falta do fundador", Fenton disse ao *New York Times* em um artigo sobre a volta de Jack.

Em entrevistas e declarações públicas, Jack continuou a personificar Jobs, usando termos como "mágico", "surpreendente", "agradável" e "melhor" para descrever os produtos, juntamente com o vernáculo quase exato usado por Jobs em conferências e na televisão, incluindo a frase "somos apenas humanos dirigindo esta empresa", apregoando uma declaração que havia sido feita por Jobs, que disse estar "mais orgulhoso" das coisas que a empresa não havia feito.

Então, circulando em uma órbita ainda mais alta, a *Vanity Fair* publicou no dia 1º de abril de 2011 um poderoso perfil intitulado "Twitter Was Act One" [O Twitter foi o primeiro ato]. Junto ao longo texto, uma foto de Jack usando terno e gravata, o peito meio estufado — e um passarinho azul no ombro.

O artigo se referia a Jack como o "inventor" do Twitter e dizia que era uma das primeiras vezes em que ele falava publicamente sobre sua destituição como CEO. "Foi como levar um murro no estômago", Jack disse a David Kirkpatrick, autor da matéria. A frase foi citada milhares de vezes nas mídias sociais.

Mas para algumas pessoas a frase soava estranhamente familiar. Como muitas das coisas que Jack havia dito no ano anterior, era mais uma citação sem a atribuição da autoria. Quando Jobs foi destituído da Apple em 1987, ele disse à revista *Playboy*: "Senti como se alguém tivesse me dado um murro no estômago".

Duas semanas depois, pela primeira vez em muitos anos, outra pessoa ressurgiu na imprensa: Noah. Nicholas Carlson, um blogueiro do Business Insider, localizou Noah e o entrevistou para uma matéria sobre a verdadeira história da fundação do Twitter. Nicholas escreveu que "todos os funcionários e investidores da Odeo com quem conversamos são unânimes em dizer que logo no início não havia ninguém mais apaixonado pelo Twitter do que o cofundador da Odeo, Noah Glass".

Ray, Blaine, Rabble e muitos outros disseram que Noah era o "líder espiritual" do Twitter. Noah, apesar da relutância, também acabou falando.

"Algumas pessoas receberam o crédito, outras não. A verdade é que foi o esforço de um grupo. Eu não criei o Twitter sozinho. Ele surgiu a partir de várias conversas", Noah disse a Carlson. "Só sei que sem mim o Twitter não existiria. De jeito nenhum." Mas sua grande queixa era contra Ev, que Noah ainda acreditava ter sido o responsável por sua saída da empresa.

No mesmo dia em que o artigo foi postado, Ev tuitou: "É verdade que Noah nunca recebeu o merecido crédito por seu papel no início do Twitter. Também foi ele quem sugeriu o nome, que foi brilhante".

Mas nada disso foi capaz de segurar Jack. Como o novo Steve Jobs da mídia, ele era grande demais, poderoso demais para que alguém maculasse sua versão da história, que havia aparecido em milhares de veículos. E com o correr dos meses, a imagem e a fama de Jack só cresceram. Ele começou a passar mais tempo com celebridades — participando de festas chiques em Los Angeles e Nova York — a voar em jatos fretados e a aparecer em revistas e sites de fofoca divertindo-se com modelos e famosos. Metamorfoseou-se com a ajuda de *stylists* e aumentou drasticamente a equipe de relações públicas que orquestrava sua presença em programas de TV e revistas.

Biz foi o último dos cofundadores a sair. No dia 28 de junho de 2011 ele anunciou que estava se afastando do dia a dia do Twitter. Mas, na verdade, estava saindo porque *não tinha* um papel no dia a dia. Seus colaboradores já haviam saído.

Um dia após o anúncio da saída de Biz, todos os funcionários do Twitter receberam um e-mail informando que no dia seguinte a Casa Branca tornaria públicos seus planos para o primeiro "Twitter Town Hall" com o presidente Obama. O evento seria realizado no Salão Leste da Casa Branca e transmitido ao vivo para milhões de americanos pela internet, e pelo Twitter, dizia o e-mail. Também informava que o moderador seria Jack Dorsey.

Biz estava sentado na cama quando leu o e-mail. Ao ver o nome de Jack, ficou irritado. Nos anos anteriores, ele nunca ficara realmente enfurecido com toda a campanha de Jack na mídia, a não ser quando Jack batia de frente com a ética que ele e Ev haviam lutado tanto para infundir na cultura do Twitter. Isso ocorreu quando o nome de Jack foi incluído na história da revolução iraniana no *New York Times* e quando Jack falou sobre o Twitter na China. E agora estava prestes a acontecer novamente.

Sentindo um arrepio na nuca, Biz começou a escrever um e-mail em seu iPhone.

"Quando Amac me explicou isso, ele disse que ninguém do Twitter seria o moderador justamente para enfatizar o fato de que somos uma tecnologia neutra", Biz escreveu no e-mail enviado para toda a empresa. "Discordo fortemente do fato de alguém do Twitter estar envolvido como moderador, principalmente um dos fundadores." Ele prosseguiu: "Isso contraria os três anos de trabalho para manter distância dos acontecimentos e conservar a neutralidade. Amac, o que aconteceu? Isso é o oposto do que você me disse e foi a única coisa que eu exigi que fosse evitada e com a qual você concordou inteiramente. A única coisa. Por favor, não faça isso. Não podemos nos envolver dessa maneira".

Então, como um interruptor desligando a última lâmpada de uma sala que já tinha sido muito iluminada, o e-mail de Biz com acesso a toda a empresa foi desativado. Sua voz foi silenciada.

Jack Dorsey iria entrevistar o presidente dos Estados Unidos, ficaria sob os holofotes da mídia para que todos vissem. Ev, Biz e Goldman não conseguiriam segurá-lo agora.

Cometa erros melhores amanhã

OS QUASE SEISCENTOS FUNCIONÁRIOS do Twitter passaram a maior parte da semana de 4 de junho de 2012 colocando seus pertences em caixas de papelão. Livros, teclados, fios, tudo. E então deixaram o escritório que Ev havia construído, na Folsom Street, n. 795.

No fim de semana, as caixas e os computadores foram colocados em caminhões enfileirados na rua. Uma brisa leve balançava as árvores da Folsom Street quando os motores ganharam vida. Então eles cruzaram as ruas tranquilas de San Francisco até chegarem a um edifício bege do tamanho de um quarteirão na Market Street: o novo lar do Twitter.

Junto com as caixas e computadores, foram levadas também as obras de arte que Ev e Sara haviam escolhido, um belo neon luminoso que dizia *Tell Your Stories Here* [Conte suas histórias aqui] e o símbolo @ que ficava pendurado na cafeteria.

Na sexta-feira seguinte, Dick surgiu diante de todos os funcionários da empresa no espaço da nova cafeteria. Comparado ao anterior, aquele lugar era gigantesco. À direita da entrada, no último andar do edifício, havia um enorme deck ao ar livre onde os funcionários poderiam descansar e trabalhar cercados pela linha do horizonte. Foram criados espaços para lanches em cada um dos três andares. Havia uma sala de jogos com tênis de mesa, sofás e video games. Mesas de madeira. Sala de ioga. Sala de descanso. E a cafeteria, onde Dick iria falar com os funcionários, era gigantesca, com um pé direito alto que subia em direção ao céu prestes a formar a crista de uma onda.

Apesar de a imagem de Jack estar se espalhando muito rápido, internamente sua aura começou a se desvanecer. No final de julho de 2011 ele demitira quatro gerentes de produto que faziam parte da equipe de Ev e (de certa forma) estavam a par da participação de Jack na destituição de Ev. Depois Jack se livrou de Sean Garrett, em parte como vingança por ele ter tentado abafar o frenesi da mídia em torno de seu nome um ano antes. Os funcionários do Twitter também começaram a se queixar com seus gerentes porque era difícil trabalhar com Jack, que estava sempre mudando de ideia em relação às sugestões de produtos.

A atividade midiática em período integral também havia começado a afetar o relacionamento de Jack e Dick, que nas entrevistas era tratado como mero funcionário do Twitter, não como CEO.

Quando Jack aparecia em entrevistas na TV, muitas vezes era apresentado como CEO do Twitter e da Square, e não fazia nenhuma questão de corrigir o engano. O equívoco quanto ao fato de Jack ser o CEO se espalhou entre líderes de outras empresas, pela mídia e até mesmo entre os motoristas de táxi da cidade.

Um dia, Dick saiu de uma reunião e pegou um táxi para voltar ao escritório.

"Para onde?", perguntou o motorista.

"Para o escritório do Twitter, na esquina da Market com a Tenth."

O motorista disse que o deixaria na esquina pois não havia como parar na Market Street. "Acontece sempre que preciso deixar alguém ali. Deveriam providenciar um lugar para desembarcar os passageiros que vão para o escritório do Twitter."

"Talvez eu faça algo a respeito", Dick respondeu, entendendo a queixa do homem. "Sou o CEO do Twitter."

O motorista virou para trás com um olhar animado e perguntou: "Caramba! Você é o Jack Dorsey?".

Dick apenas suspirou.

Embora o público não soubesse, os funcionários sabiam: Dick estava no comando.

Ele havia trabalhado muito no último ano para levantar o moral da empresa após a tumultuada troca de CEOs. Os funcionários adoravam Dick, e ele realmente cuidava do Twitter e das pessoas que trabalhavam ali. Ele se esforçava para manter os valores éticos instituídos por Ev, Biz e Goldman, resistindo aos pedidos do governo por informações a respeito dos usuários. E também sabia que tinha o dever de transformar o Twitter em uma empresa lucrativa e bem-sucedida.

Dick convocou a primeira reunião da Hora do Chá no novo escritório depois de todos terem desempacotado suas coisas, arrumado os livros, instalado fios e teclados e organizado tudo o mais em seus respectivos locais de trabalho. Postado diante dos funcionários reunidos na cafeteria, ele deu as boas-vindas a todos em sua nova casa — casa que ele considerava uma grande empresa corporativa. Empresa que sob a liderança de Dick havia atingido o valor de 10 bilhões de dólares em 2012. Empresa que havia começado a ganhar 1 milhão de dólares por dia com a publicidade dos tuítes patrocinados e outros anúncios e que, no final do ano, se tornaria consistentemente rentável, atraindo centenas de milhões de dólares em publicidade anualmente. Empresa que, sob o comando de Dick, logo resolveria seus problemas de apagão, mantendo-se quase 100% do tempo no ar. Empresa que planejava abrir o capital em menos de dois anos. Empresa que os investidores esperavam que viesse a valer centenas de bilhões de dólares.

Com os funcionários sentados, Dick contou uma história a respeito da mudança.

Disse que ao orientar os trabalhadores encarregados de transportar as obras de arte do antigo escritório, havia dado instruções para que deixassem uma das obras. Ela estava no escritório da Folsom Street desde o fim de dezembro de 2009. Ironicamente, havia sido pendurada de cabeça para baixo. E em grandes letras brancas sobre o fundo preto, dizia: "Cometa erros melhores amanhã".

O novo escritório, Dick explicou, significava que estava na hora de o Twitter crescer como empresa. Acabar com as quedas do site e com a longa lista de problemas que haviam infernizado a infância do Twitter.

"Estamos deixando o lema 'cometer erros melhores amanhã' no velho edifício", Dick disse. "Não somos mais esse tipo de empresa."

O que está acontecendo?

TODOS OS DIAS, Chris Hadfield, comandante da Expedição 35 da Estação Espacial Internacional, olha pela janela da nave, segura a câmera digital e capta pequenas imagens da Terra. Depois passa as fotos para seu computador e faz posts no Twitter. São imagens que a imensa maioria das 7 bilhões de pessoas que estão circulando abaixo dele jamais terão a oportunidade de ver na vida real.

Ele captura imagens do Oriente Médio, onde os protestos contra os ditadores ainda são organizados pelo Twitter. Captura imagens de Roma, de onde o papa agora fala com milhões de católicos em sermões de 140 caracteres. Fotografa Washington, onde o presidente dos Estados Unidos se dirige regularmente aos americanos com tuítes. Captura Israel e Gaza, onde uma guerra tão antiga quanto a própria religião agora se irradia na internet, pelo Twitter. Captura imagens de centenas de milhões de pessoas que enviam bilhões de tuítes por semana, em todas as línguas e de todos os cantos do planeta.

No dia 24 de janeiro de 2013, "sobrevoando" San Francisco, ele tirou uma foto da cidade onde o Twitter nasceu. Depois tuitou a imagem. Se olhar atentamente para a foto, você verá a ponte Golden Gate, com suas imensas colunas vermelhas apontando para o céu, cercada pela baía de San Francisco. A mesma baía onde alguns anos antes um grupo de amigos que trabalhava em uma start-up de podcasting chamada Odeo atravessou em um veleiro para beber um drinque no café Sam's Anchor. Um grupo formado por quase uma dúzia de pessoas que iriam contribuir, cada uma à sua maneira, para a criação do Twitter.

Se pudéssemos olhar bem de perto a foto do comandante Hadfield, dando um zoom nas ruas, casas, escritórios e edifícios, parques e praias da cidade, veríamos Jack, Ev, Biz e Noah andando por ali — separadamente, juntos.

No verão de 2012, Noah entrou no consultório médico com sua namorada, Delphine. Eles se aproximaram da recepção, identificaram-se e preencheram os formulários. Depois esperaram o atendimento, ansiosos, de mãos dadas.

Noah tinha voltado para San Francisco em meados de 2011 quando percebeu que estava na hora de retomar sua vida. Uma vida diferente daquela que havia deixado dois anos antes. Colocara tudo o que possuía em caixas de papelão e, dessa vez, seguiu na direção contrária, indo para o norte. Se o Twitter não existiria sem Noah, Noah agora não existia por causa do Twitter.

O tempo cura todas as feridas, mas algumas deixam marcas visíveis. Por isso ele voltou para a mesma cidade, diferente, e alugou um loft com Delphine em outro bairro. Fez novos amigos, que não trabalhavam com tecnologia. Pessoas que não se tornariam parceiros comerciais.

Então, em julho de 2012, eles receberam a notícia e marcaram uma consulta com o médico.

Foram chamados e, depois de atravessar o corredor, entraram em uma sala relativamente escura. Havia algumas telas, luzes piscando. Delphine deitou-se na cama e puxou a blusa para cima enquanto Noah observava, nervoso. O médico apertou uma série de botões e começou a passar gel na barriga de Delphine. Noah segurou sua mão.

Houve uma longa pausa enquanto o médico olhava para a tela, depois ele se virou para Noah e Delphine.

"Parabéns", o médico disse, sorrindo. "Vocês vão ter uma menina." Noah olhou para Delphine com os olhos cheios de lágrimas. Ela retribuiu o olhar com um sorriso de felicidade genuína. Noah cobriu o rosto com as mãos e chorou. Ele havia chorado centenas de vezes nos últimos anos. Havia chorado sozinho. Na cama. No carro. Mas dessa vez era diferente. Dessa vez ele estava chorando de alegria. Sempre desejara ter uma filha, havia sonhado com uma menininha em seus braços, para beijar, cuidar. E amar. Agora, ali estava ela.

Nesse momento ele percebeu que era isso o que estava procurando em 2006, quando se sentou diante do computador e escreveu o pequeno post sobre o nome do projeto que estava começando com seus amigos: Twitter.

Ele havia explicado o que esse novo projeto poderia fazer: "O fato de eu poder saber o que meus amigos estão fazendo a qualquer hora do dia faz com que eu me sinta mais próximo deles e, para ser sincero, um pouco menos solitário".

Era essa sensação de completude que ele vinha buscando quando ajudou a começar o Twitter. Era a esperança de que a tecnologia pudesse conectá-lo com as pessoas. Mas a mão que ele estava segurando naquele momento era a verdadeira conexão que ele sempre procurara. A tecnologia presente naquela sala também fizera o que o Twitter jamais havia conseguido fazer por Noah. Havia permitido que ele sentisse uma conexão com alguém que não estava ali. A tecnologia o havia conectado com a filha que ainda não havia nascido!

Noah se recompôs, enxugou as lágrimas e beijou Delphine. Eles saíram do consultório e sentiram o calor do sol nas faces úmidas. Olharam para cima e viram alguns pássaros, voando e piando sob o céu quente de San Francisco. Ele baixou os olhos para a mão de Delphine, segurando-a mais forte enquanto caminhavam. Juntos.

No dia 6 de abril de 2013, Noah tuitou pela primeira vez em mais de dois anos. "O rosto coberto com lágrimas gloriosas de felicidade e profunda humildade ao celebrar o nascimento da minha filha Oceane Donnie Marie-Louise Poncin Glass".

* * *

Biz e Livy acordam em sua casa de quase duzentos metros quadrados no condado de Marin, a cabeça repousando nos imensos travesseiros enquanto os raios de sol penetram através das janelas. "Livy! Estamos ricos! Estamos ricos!" Eles riem como crianças e lembram que sua vida era completamente diferente quando o Twitter ainda estava nascendo. Lembram-se de certo dia, cinco anos antes, na farmácia Elephant, em Berkeley.

Num final de tarde do fim de semana, Biz e Livy foram até a cozinha de sua minúscula casa e descobriram que estava vazia. Era só um buraco de plástico branco. Procuraram nos armários: vazios. As carteiras: vazias. Livy olhou para Biz e, com um sorriso triste, perguntou a ele o que iriam fazer. Na época, eles tinham uma dívida de dezenas de milhares de dólares nos cartões de crédito. Já tinham emprestado dinheiro de Ev duas vezes. Seus tuítes lamentavam a situação: "Estamos cheios de dívidas".

Eles estavam falidos, sem opções. Bem, quase sem opções.

"Aposto que temos muitos trocados nesta lata", Biz disse ao pegar a lata de café que os dois usavam para guardar moedas. Era o típico porquinho feito em casa, redondo, de alumínio, com uma tampa de plástico. Todos os dias eles guardavam as moedas ao voltarem para casa. Agora, falidos e famintos, eles decidiram que estava na hora de trocá-las. Desceram a Cedar Street, carregando a lata como se fosse feita de vidro, e chegaram na farmácia Elephant no Gourmet Ghetto. Entraram e pararam diante da máquina de moedas.

Biz começou a colocar as moedas, segurando a lata com cuidado; Livy ficou atrás dele. Imaginavam que conseguiriam uns trinta dólares — talvez cinquenta! Mas os números que apareciam no mostrador continuavam subindo e, em pouco tempo, eles chegaram aos sessenta. Depois setenta. Oitenta. E continuava subindo.

"Ai, meu Deus! Ai, meu Deus!", Livy vibrava, batendo palmas de alegria.

"Parece que estamos em Las Vegas!"

"Ai, meu Deus! Vamos passar de cem dólares?", Livy perguntou enquanto os números continuavam a subir. Eles ficaram em silêncio quando a máquina chegou nos noventa dólares. Depois 91. Noventa e dois. Livy começou a pular sem sair do lugar, as mãos erguidas, e soltou um grito quando passou de cem. E parou nos 103. Os dois sorriram, incrédulos.

Depois de pegarem seu prêmio, eles foram até o Trader Joe's, encheram o carrinho de comida — salgadinhos, patês, pães, cerveja — e foram para casa, felizes.

Anos depois, suas vidas são bem diferentes. Às vezes, Biz ganha mais de 500 mil dólares para dar uma palestra de quinze minutos. A conta bancária, que vivia no negativo, agora ostenta vários zeros.

Quando as pessoas perguntam a Biz sobre sua riqueza, ele diz que o dinheiro raramente muda as pessoas; em geral, apenas mostra quem elas realmente são. Biz e Livy ainda usam os mesmos carros para ir ao trabalho. Biz ainda se veste como se tivesse saído de uma loja barata. E a maior parte do dinheiro que ele ganha vai para a Biz and Livia Stone Foundation (que eles criaram para dar apoio a organizações que ajudam estudantes carentes) e para muitos abrigos para animais. Por isso, alguns ratinhos agora têm um lar em uma fazenda.

No início de 2012, Jack vendeu o loft no Mint Plaza, dizendo adeus aos moradores de rua do Tenderloin, e se mudou para a área mais deslumbrante da cidade. Sua nova casa, pela qual pagou quase 12 milhões de dólares, não é visível da rua. Fica atrás de um grande portão de madeira e de uma entrada de carro bastante íngreme, protegida por grandes árvores. A parte de trás da casa, formada por uma parede de vidro, está apoiada em um rochedo e tem vista para a ponte Golden Gate.

Todas as noites, ao chegar em casa, Jack digita a senha para abrir a porta da frente e entra em seu castelo de vidro. A decoração é bem clean. Na sala, poucos móveis, incluindo a poltrona e o sofá Le Corbusier que Steve Jobs já teve em sua casa.

Na sala, portas de vidro se abrem para uma varanda que flutua sobre as pedras do rochedo como um carpete mágico flutuando sobre o ar úmido. Às vezes, Jack fica ali fora, admirando a baía à noite e ouvindo o barulho das ondas batendo contra as pedras, como leões rugindo dentro de uma jaula.

Em 2013, com um patrimônio líquido de 1 bilhão de dólares, poderia parecer que Jack havia "vencido". Mas para algumas pessoas, que o conhecem desde a época em que chegou na Odeo, oito anos antes, parece exatamente o contrário. Naquela época, ele era um jovem programador calado, à procura de amigos e de um mentor. Havia encontrado seu mentor, por assim dizer, ao emular Steve Jobs. Mas perdera amigos aos usar essas pessoas como escada para chegar ao topo.

Jack costuma frequentar as capas das revistas. Foi apresentado pelo programa *60 Minutes* como um visionário e playboy bilionário. Costuma ser citado como o próximo Steve Jobs e o único inventor do Twitter.

Da varanda de sua casa, enquanto observa o mar escuro mais abaixo, ele ouve o barulho dos barcos voltando do mar aberto, soando as buzinas ao retornar para o porto.

No início de 2013, ele estava planejando os próximos passos. Para a Square, onde se tornou um líder competente, transformando a empresa em um negócio multibilionário. E, para o Twitter, para onde talvez volte a ser CEO. Ele também tem planos de um dia se tornar prefeito de Nova York.

Mas nos momentos em que se sente realmente só, ele volta para dentro, fechando as portas de vidro. Pega o smartphone no bolso e tuíta algo.

Nas tardes de segunda-feira, pouco antes das cinco, Ev sai correndo da Obvious Corporation, que ele reabriu depois de sair oficialmente do Twitter. Seu escritório fica em um edifício discreto da Market Street, a alguns quarteirões do QG do Twitter. Ele vai correndo para casa para jantar com a família. Depois eles cumprem o ritual noturno de leitura — sua parte favorita do dia.

Ev passou vários meses tomado pelo desânimo depois de deixar o Twitter. Ele começou a juntar as peças do que havia acontecido, ficou sabendo das reuniões secretas entre Jack e os outros. Relembrou conversas em que as pessoas que trabalhavam com ele agiram como se estivessem surpresas com sua demissão. Algumas delas efetivamente envolvidas no golpe.

Às terças-feiras, ele trabalha até tarde, geralmente é a última pessoa a sair do escritório, onde fica esboçando ideias para novos projetos.

Suas ações do Twitter e de outros investimentos estão se aproximando dos 2 bilhões de dólares, e certamente continuarão a crescer enquanto o Twitter perseguir sua meta de se transformar em uma empresa de 100 bilhões.

Nas tardes de quarta, Ev e Sara recebem um professor de culinária. O casal, Miles — com quatro anos — e o caçula, Owen — com pouco mais de um ano —, têm aulas sobre legumes, solo e plantação.

Em 2012, um ano depois de ter deixado oficialmente o Twitter, pensando em tudo o que havia acontecido pelas suas costas, Ev teve uma conversa com Sara e eles se perguntaram: como poderiam criar seus filhos para que nunca agissem dessa maneira? Como poderiam criar seus filhos para que fossem honestos e amáveis? Como estabelecer um rumo para o tipo de pais que eles queriam ser e o tipo de família que queriam construir?

Encontraram duas respostas. Em primeiro lugar, o dinheiro que haviam acumulado ao longo dos anos iria para um fundo fiduciário. Quando Miles e Owen crescerem, poderão colaborar com obras de caridade e organizações que trabalham para transformar o mundo em um lugar melhor. Em segundo, teriam uma rotina semanal que daria prioridade à vida familiar.

Os fins de semana são especiais. Nas manhãs de sábado, Ev prepara waffles, fazendo misturas bizarras com sementes, nozes e outros ingredientes estranhos.

Miles, como o pai, é um sonhador, e costuma ficar olhando para o vazio, pensando. Nas manhãs de domingo os dois geralmente saem para mais uma aventura, pegando o trem para ir a um museu, a um parque ou a uma biblioteca.

Ev e Sara logo perceberam que Miles, como o pai, é tímido e tem dificuldade para socializar. Por mais que queiram mudar isso, sabem que não podem. Mas também sabem que a tecnologia não mudará isso, de forma que os meninos não podem usar iPads, iPhones ou televisão. As interações humanas são estimuladas. Assim como as atividades físicas e os livros.

Por isso, nas noites de domingo, antes de começar uma nova semana, eles seguem um ritual, a melhor parte do dia de Ev.

No quarto de Miles há um grande sofá cinza. É grande o bastante para acomodar toda a família. Do outro lado, há uma estante, com dezenas de livros de todas as formas e tamanhos. Livros infantis, livros sobre borboletas e piratas. Enciclopédias.

Todas as noites, quando Ev se senta no sofá, Sara ao seu lado com Owen no colo, Miles corre para pegar seu livro preferido: *The Austronaut Handbook* [O manual do astronauta], que conta a história de um grupo de crianças que querem se tornar astronautas quando crescerem. Miles atravessa o quarto trazendo o livro para o pai. Juntos, como uma família, eles leem enquanto Miles olha pela janela, para o espaço, como Ev fazia no trator verde de seu pai quando era criança.

De vez em quando os astronautas da estação espacial fazem sessões de perguntas e respostas pelo Twitter. As pessoas enviam perguntas de 140 caracteres pelo ciberespaço até o espaço, onde vivem os astronautas por períodos de seis meses de cada vez em uma pequena nave que circula ao redor da Terra. Eles tentam explicar da melhor maneira possível como é viver em uma cápsula de vidro a centenas de quilômetros de distância.

Em uma dessas sessões, uma mulher perguntou se a vida no espaço era solitária.

"No centro de todas as grandes cidades do mundo, cercadas por barulho e milhões de pessoas, existem alguns que se sentem solitários", escreveu o comandante Hadfield. "A solidão não tem tanto a ver com o lugar em que você está, mas com seu estado de espírito." Então ele explicou que as poucas pessoas que vivem na estação espacial podem entrar em contato com suas famílias usando as tecnologias criadas para conectar as pessoas, como o rádio, o telefone e a internet.

Outra pessoa perguntou como esses astronautas enviavam suas mensagens pelo Twitter. Hadfield explicou que sempre leva com ele seu laptop. Enquanto flutua pela nave espacial, conferindo experiências que podem curar doenças ou permitir que as pessoas desenvolvam recursos escassos no espaço ou trazer respostas para questões que antes ninguém conseguia resolver, ele sempre encontra um tempinho para dar uma olhada no Twitter. Ali ele conversa com milhões de pessoas que estão flutuando a milhares de quilômetros de distância. Pessoas que podem falar com ele mas não podem tocá-lo. Pessoas que podem fazer com que ele se sinta um pouco menos solitário.

AGRADECIMENTOS

NO TWITTER AS PESSOAS SÓ PODEM FAZER ATUALIZAÇÕES de 140 caracteres por vez; os livros também têm seus limites. Por isso, peço àquelas pessoas a quem não agradeço individualmente que entendam que é uma questão de limitação de espaço e não de apreço.

Agradeço especialmente às centenas de pessoas que me forneceram documentos e e-mails, e abriram mão de seu tempo para conceder entrevistas para este livro, em especial Ev, Biz, Jack, Goldman, Noah, Bijan, Fred, Fenton e Dick. Apesar de algumas dessas pessoas terem concordado em falar com certa relutância, sou eternamente grato a todas. A algumas pessoas não posso agradecer pelo nome — fontes que arriscaram seu emprego e suas amizades para me ajudar a descobrir a verdade —, mas elas sabem quem são e me curvo respeitosa e sinceramente em sinal de gratidão.

Agradeço à minha editora, Niki Papadopoulos, que parecia saber telepaticamente quando eu emperrava em uma frase ou tema e me ajudava, às vezes via Twitter, me dando um empurrão na direção certa. (Também agradeço imensamente por ter me ouvido nas tantas horas que falei a respeito do livro.) Aos meus agentes, Katinka Matson, John Brockman e Max Brockman, que me ajudaram a encontrar este projeto e uma editora que acreditasse nele. E a Natalie Horbachevsky, Jennifer Mascia, Adrian Zackheim e Drummond Moir, por seu envolvimento, ajuda e dedicação a este livro.

Aos meus amigos e colegas de trabalho: Nora Abousteit, Jill Abramson, Melissa Barnes, Ruzwana Bashir, Lane Becker, Veronica Belmont, Danielle B. Marin, Ryan Block, Tom Bodkin, Danah Boyd, Matt Buchanan, David Carr, Brian Chen, Mathias Crawford, Tony e Mary Conrad, Tom Conrad, Paddy Cosgrave, Dennis Crowley, Damon Darlin, Anil Dash, Mike Driscoll, Aaron Durand, Josh Felser, Tim Ferris, Brady Forrest, David Gallhager, Michael Galpert, John Geddes, Shelly Gerrish, Ashley Khaleesi Granata, Mark Hansen, Quentin Hardy, Leland Hayward, Erica Hintergardt, Mat Honan, Arianna Huffington, Kate Imbach, Larry Ingrassia, Walter Isaccson, Mike Issac, Joel Johnson, Andrei Kallaur, Paul Kedrosky, Kevin Kelly, Jeff Koyen, Brian Lam, Jeremy LaTrasse, Steven Levy, Allen Loeb, Kati London, Om Malik, John Markoff, Hubert McCabe, Christopher Michel, Claire Cain Miller, Trudy Muller, Tim O'Reilly, Carolyn Penner, Nicole Perlroth, Megan Quinn, Narendra Rocherolle, Jennifer Rodriguez, Evelyn Rusli, Naveen Selvadurai, Ryan e Devon Sarver, Elliot Schrage, Mari Sheibley, MG Siegler, Courtney Skott, Robin Sloan, Andrew Ross Sorkin, Suzanne Spector, Brad Stone, David Streitfeld, Gabriel Stricker, Arthur Sulzberger Jr., Kara Swisher, Clive Thompson, Deep Throat, Baratunde Thurston, Mark Trammell, Sara Morishige Williams, Nick Wingfield, Jenna Wortham, Aaron Zamost, Edith Zimmerman.

À minha família: Terry e Margie, Betty e Len, Eboo, Weter e Roman, Sandra e David, Stephen, Amanda, Ben e Josh, Matt e Sam, e, é claro, Michael, Luca, Willow e Crazy Lotte, que me deram abrigo e alimentaram a mim — e ao Pixel — enquanto eu escrevia na mesa da sala de jantar.

Aos leitores que, em um mundo de mídias sem fim, dedicaram seu tempo à leitura deste livro.

Por fim, mas não menos importante, agradeço a Chrysta Olson, por sua sabedoria, seu apoio e seu amor. Graças às nossas conversas no Cecconi's e em outros lugares da trama de *A eclosão do Twitter* pudemos eclodir nossa própria relação. Eu te amo.

TIPOLOGIA Miller
DIAGRAMAÇÃO Acqua Estúdio Gráfico
PAPEL Pólen Soft
IMPRESSÃO Gráfica Bartira, novembro de 2013

FSC
www.fsc.org
MISTO
Papel produzido a partir de fontes responsáveis
FSC® C105484

A marca FSC® é a garantia de que a madeira utilizada na fabricação do papel deste livro provém de florestas que foram gerenciadas de maneira ambientalmente correta, socialmente justa e economicamente viável, além de outras fontes de origem controlada.